大学入試

ランク順

RANK

高校生物一問一答

〔改訂版〕

東京大学大学院理学系研究科 名誉教授
赤坂甲治〔監修〕

Gakken

はじめに

本書は大学入試を目指す皆さんが，生物の重要項目を効率的に覚えられるように編まれたものです。入試過去問分析を基に，編集部で検討を重ね，入試に出題される可能性の高い問題を一問一答形式にまとめました。

1 入試過去問分析を基に「出る」問題を厳選！

過去問分析を基に，大学入試によく出題されている問題を掲載しました。本書を使って学習をすることで，入試問題で実際によく出題されている問題を，効率良くインプットすることができます。

2 全ての見出し語に「出題ランク」付き！

全ての見出し語には，入試出題頻度に基づき，「金」「銀」「銅」の３段階で出題ランクを示しました。まず，最頻出の「金」のランクの問題を学習し，その範囲の幹となる知識をおさえましょう。そしてつぎにやや発展的な内容である「銀」や難関レベルの「銅」のランクにチャレンジし，枝葉となる知識をインプットしていきます。情報量の多い「一問一答集」にとりくむ際は，このような「段階的な知識のインプット」を行うことが効果的です。

3 本書の内容に対応した無料アプリ付き！

本書に収録されている生物の重要項目は，本書を単に読んだだけでは覚えきれるものではありません。皆さんの学習をサポートすべく，本書に対応したアプリを無料でご用意しています。本書とアプリを存分に活用して，生物の重要項目をしっかり身に付けてください。

本書で生物を学習した皆さんが，大学入試で第一志望に合格されることを心よりお祈りしています。

学研編集部

CONTENTS

ランク順 生物一問一答 改訂版

本書の特長

本書は，入試過去問分析を基に，入試に出題される可能性の高い問題を一問一答形式にまとめました。全ての見出し語には，入試出題頻度に基づき，「金」「銀」「銅」の３段階で出題ランクを示しており，自分のおさえたい問題レベルに応じて段階的に学習することも可能です。また，本書の内容に対応した無料アプリも付いているのでいつでもどこでも復習ができます。

ビジュアル要点で各テーマをおさらい！

各テーマにはビジュアル要点がついています。重要な内容を図解やグラフとともにコンパクトに解説しています。

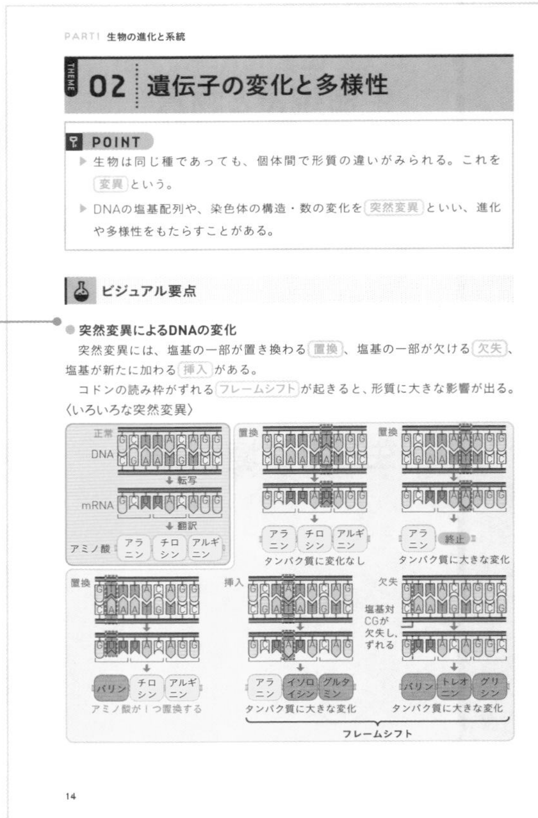
PART1 生物の進化と系統

THEME 02 遺伝子の変化と多様性

POINT

▶ 生物は同じ種であっても、個体間で形質の違いがみられる。これを 変異 という。

▶ DNAの塩基配列や、染色体の構造・数の変化を 突然変異 といい、進化や多様性をもたらすことがある。

ビジュアル要点

● 突然変異によるDNAの変化

突然変異には、塩基の一部が置き換わる 置換 、塩基の一部が欠ける 欠失 、塩基が新たに加わる 挿入 がある。

コドンの読み枠がずれる フレームシフト が起きると、形質に大きな影響が出る。

〈いろいろな突然変異〉

14

アプリを無料で用意！

本書に掲載している用語をクイズ形式で確認できるアプリを無料でご利用いただけます。スマートフォンなどに取り込めば，いつでもどこでも学習が可能です。（詳しい情報は →６ページ）

出題頻度に応じてランクを掲載！

全ての見出し語には，入試における出題頻度を示す「金」「銀」「銅」のランクを明示しています。

赤シートでの暗記チェックに対応！

本書に付属する「赤シート」を使えば，暗記テストができるようになっています。

問題文は学習効果の高いものを掲載！

見出し語に対応した問題文はその用語を問う際の一般的な問い方であることを主眼に選定しています。また，より効果的な演習をするために改題やオリジナル問題を掲載しています。

遺伝子と遺伝的多様性

● 一塩基多型

同じ生物種の同じ遺伝子であっても、個体間ではDNAの配列に違いがみられる。1塩基単位での塩基配列の違いを 一塩基多型 （SNP、スニップ）という。

〈一塩基多型〉

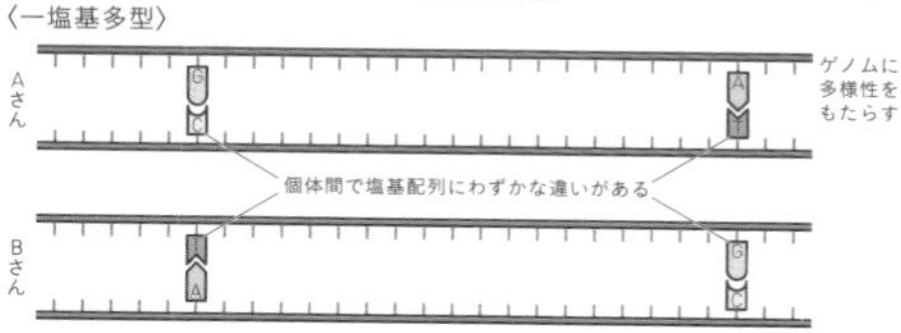

0028	ある種の薬剤やX線，紫外線の影響などによってDNAの塩基配列が変化してしまうことがある。このように遺伝情報が変わることを［　　］とよぶ。（関西大）	突然変異
0029	DNAの［　　］過程でまれに生じる誤った塩基対の形成が修復されず，塩基配列が変化してしまうことがある。（島根大）	複製
0030	同じ種の個体間で，ゲノム上の同じ位置の塩基配列について，異なる配列が存在することを［　　］という。（神戸大）	DNA 多型（遺伝的多型）
0031	遺伝子突然変異では，１つの塩基が他の塩基に換わる［ ① ］や，１つ以上の塩基が失われる［ ② ］，逆に新たに入りこむ［ ③ ］がある。（愛媛大）	①置換 ②欠失 ③挿入
0032	個体間でみられる一塩基単位での塩基配列の違いを［　　］といい，ヒトの遺伝的多様性につながっている。（センター試験生物追試）	一塩基多型（SNP）

15

無料アプリについて

本書に掲載されている内容を，クイズ形式で確認できるアプリを無料でご利用いただけます。
※アプリの仕様上，アプリ未収録の問題も一部ございます。

アプリのご利用方法

スマートフォンで LINE アプリを開き、「学研ランク順」を友だち追加いただくことで、クイズ形式で単語が復習できる WEB アプリをご利用いただけます。

WEB アプリ

LINE 友だち追加はこちらから

学研ランク順 検索

※クイズのご利用は無料ですが、通信量はお客様のご負担になります。
※ご提供は予告なく終了することがあります。

PART

1

生物の進化と系統

0001–0265

生命は約40億年前に地球上で誕生しました。水中でさまざまな構造が進化し，複雑な体形を獲得して，陸上への進出もはたしました。現在では広範囲に多様な生物が生活しています。生物は，どのように変遷してきたのか，どのようなしくみで進化するのか理解してゆきましょう。

THEME 01 生命の起源と生物の変遷

POINT

- 生命誕生以前に生命に必要な有機物が生み出された過程を**化学進化**という。
- 20～30億年前にシアノバクテリアが存在した痕跡は**ストロマトライト**とよばれる岩石から発見された。
- ミトコンドリアや葉緑体は，それぞれ好気性の細菌やシアノバクテリアが別の宿主細胞に共生することで生じたという考えを**共生説**という。

ビジュアル要点

化学進化

原始地球は，水蒸気や二酸化炭素（CO_2），窒素（N_2），硫化水素（H_2S）のガスで覆われていた。

地表の冷却化が進むと海ができ，深海にある熱水噴出孔付近では，高温高圧の環境下で化学反応が活発に進み，メタン（CH_4）やアンモニア（NH_3），硫化水素（H_2S），水素（H_2）などから有機物が生成されたと考えられている。

〈原始地球の環境〉

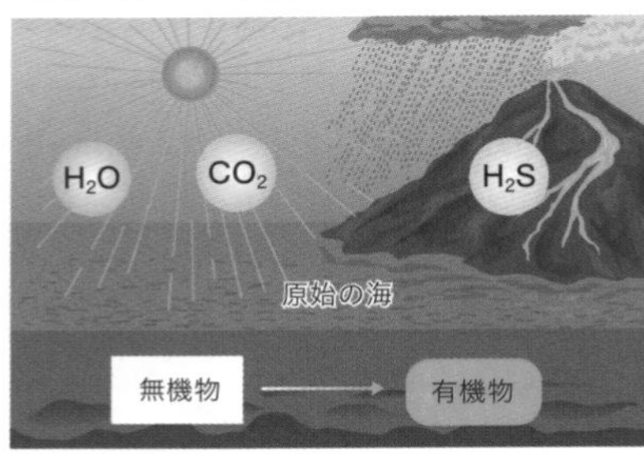

〈化学進化の過程〉

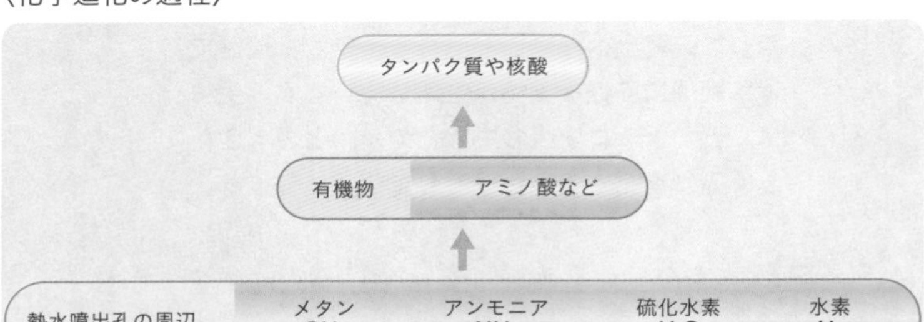

RNAワールド

始原生物では，RNAが遺伝情報と酵素の両方の役割をはたしていたと考えられている。その頃の時代を RNAワールド といい，現在のようにDNAが遺伝情報を担い，タンパク質が酵素の役割を担っている時代を DNAワールド という。

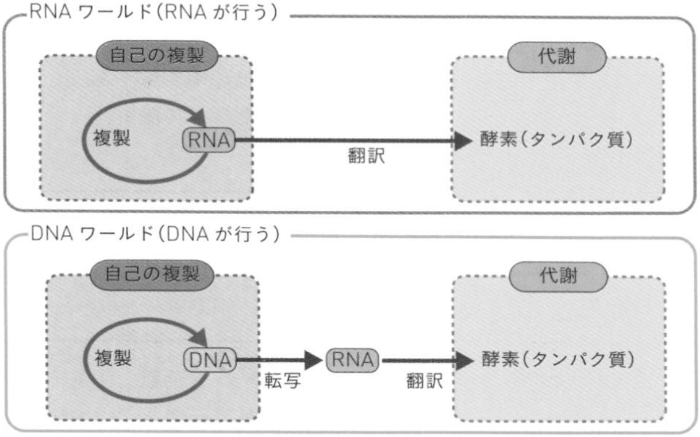

共生説

ミトコンドリアと葉緑体の祖先は，それぞれ 好気性の細菌 と シアノバクテリア であり，別の宿主細胞に取りこまれて 細胞内共生 するうちに細胞小器官になったと考えられている。

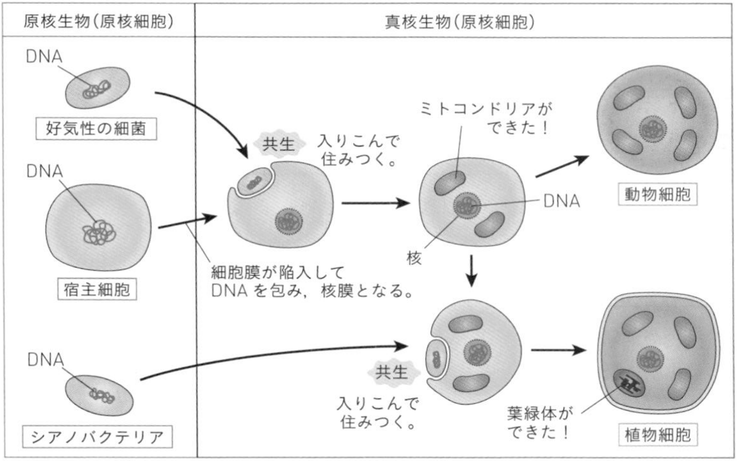

0001	地球が誕生したのは約［　　］年前である。（慶應義塾大）	46億
0002	原始地球には微惑星が降り注ぎ，地表温度が1000℃を超えマグマの海が形成された。その後，微惑星の衝突数が減少し，表面温度が低下すると水蒸気が雨となって降り注ぎ原始の［　　］が形成された。（琉球大）	海
0003	原始地球に存在した水，メタン，アンモニアなどから，生命が誕生するのに必要な分子量の大きい有機物が形成される過程を［　　］という。（立命館大）	化学進化
0004	［①］が自己複製と代謝を担う［①］ワールドを経て，現在の生物が行っているような［②］が遺伝情報を担い，［①］を介してタンパク質を合成する［②］ワールドへと移行した。（新潟大）	① RNA ② DNA
0005	1953年，［　　］らは原始地球の大気を想定した混合ガスに高圧電流を流して放電し，アミノ酸などの有機物が生成することを示した。（立命館大）	ミラー
0006	地球上で最初に出現した生物は［原核生物　真核生物］である。（大阪市立大）	原核生物
0007	これまでに知られている最も古い生物化石は，約［　　］年前にできたと推定される岩石から発見されている。（浜松医科大）	35億
0008	太古の地球には酸素がほとんどなく，最初に出現した原核生物は嫌気性細菌と考えられている。その後，光合成により酸素を発生する［　　］とよばれる原核生物や好気性細菌が誕生した。（熊本大）	シアノバクテリア

0009	シアノバクテリアが地球上に出現したのは，地質年代でいうと［　　　］である。（横浜国立大）	先カンブリア時代
0010	初期のシアノバクテリアの痕跡は［　　　］という層状構造をもつ岩石から発見されている。（宮崎大）	ストロマトライト
0011	葉緑体は，細胞内に［　　　］が共生したものと考えられている。（京都工芸繊維大）	シアノバクテリア
0012	ミトコンドリアは，［　　　］が別の宿主細胞内に共生した結果できたという説が有力である。（オリジナル）	好気性細菌
0013	葉緑体の成り立ちは進化の過程でシアノバクテリアが真核細胞内に共生することによって生じたという［　　　］説が有力である。（横浜市立大）	共生（細胞内共生）
0014	嫌気性の原核生物が好気性細菌を細胞内に取りこみ，［　　　］という細胞小器官をもつ真核生物が出現した。（熊本大）	ミトコンドリア
0015	共生説によれば，真核生物の細胞にみとめられるミトコンドリアと葉緑体は［　　　］によって生まれた細胞小器官であり，それらの起源は細菌とされている。（岡山大）	細胞内共生
0016	約７億年前には，極地域の氷河が低緯度地域にまで広がり，地球全体が氷河に覆われた。この現象を［　　　］とよぶ。（琉球大）	全球凍結

0017	化石記録からは，およそ6億年前にあたる［　　］の後期の海には，エディアカラ生物群とよばれる扁平で硬い骨格をもたない，大型の多細胞生物が繁栄したと考えられている。（鹿児島大）	先カンブリア時代
0018	約6億年前の先カンブリア時代には多細胞生物が出現し始めた。その代表的な生物群は，化石が出現したオーストラリアの地名から［　　］とよばれている。（宮崎大）	エディアカラ生物群
0019	大気中のO_2濃度が現在より低かった時代の生物に関する記述として最も適切なものを答えなさい。 ア　最古の生物化石は，呼吸にO_2を必要としない接合菌類の菌糸であると考えられている。 イ　O_2濃度が極めて低かった30億年前には，原核生物のみが生息していたと考えられている。 ウ　呼吸にO_2を使う好気性細菌が出現したのは，約10億年前であると考えられている。 エ　大気中のO_2濃度は，硫黄細菌の光合成によって増加したと考えられている。（センター試験生物追試）	イ
0020	酸素を発生する最初の光合成生物は，［　　］である。空欄に入る生物名として最も適切なものを選べ。 ア　シアノバクテリア　　イ　緑藻類 ウ　アーキア（古細菌）　エ　緑色硫黄細菌 （センター試験生物追試）	ア
0021	酸素を利用する好気性細菌が出現した時期として最も適切なものを答えなさい。 ア　先カンブリア時代　　イ　古生代 ウ　中生代　　エ　新生代　（北里大）	ア

0022	ミトコンドリアの起源として考えられている生物を選べ。 ア　嫌気性細菌　イ　好気性細菌 ウ　アーキア（古細菌）　エ　シアノバクテリア （宮崎大）	イ
0023	共生説の証拠にあてはまらないのはどれか。 ア　細胞小器官が二重の膜で包まれている。 イ　細胞小器官のDNAは，核のDNAと異なり，しかも小さい。 ウ　ミトコンドリアDNAの遺伝子はある種の細菌のものと近縁である。 エ　真核生物のリボソームRNAの塩基配列はすべて同じである。 （早稲田大）	エ
0024	次の先カンブリア時代のできごとを年代の古い順に左から並べよ。 ア　エディアカラ生物群の出現 イ　最後の全球凍結 ウ　シアノバクテリアの出現 エ　真核生物の出現 （立命館大）	ウ→エ→イ→ア
0025	生物は誕生してから進化を続け，現在に至るまで，さまざまな生物が現れては繁栄や衰退の歴史をたどってきた。こうした生物の変遷をもとに区分した地球の歴史を［　　］という。 （富山大）	地質時代
0026	生物化石の変遷に基づき地質年代が区分されており，古い順に，先カンブリア時代，［①］代，［②］代，［③］代に区分されている。 （横浜国立大）	①古生 ②中生 ③新生
0027	大気中に酸素が蓄積していき，カンブリア紀末ごろには上空に［　　］が形成され，生物が陸上に進出できるようになった。 （徳島大）	オゾン層

THEME 02 遺伝子の変化と多様性

POINT

- 生物は同じ種であっても、個体間で形質の違いがみられる。これを変異という。
- DNAの塩基配列や、染色体の構造・数の変化を突然変異といい、進化や多様性をもたらすことがある。

ビジュアル要点

突然変異によるDNAの変化

突然変異には、塩基の一部が置き換わる置換、塩基の一部が欠ける欠失、塩基が新たに加わる挿入がある。

コドンの読み枠がずれるフレームシフトが起きると、形質に大きな影響が出る。

〈いろいろな突然変異〉

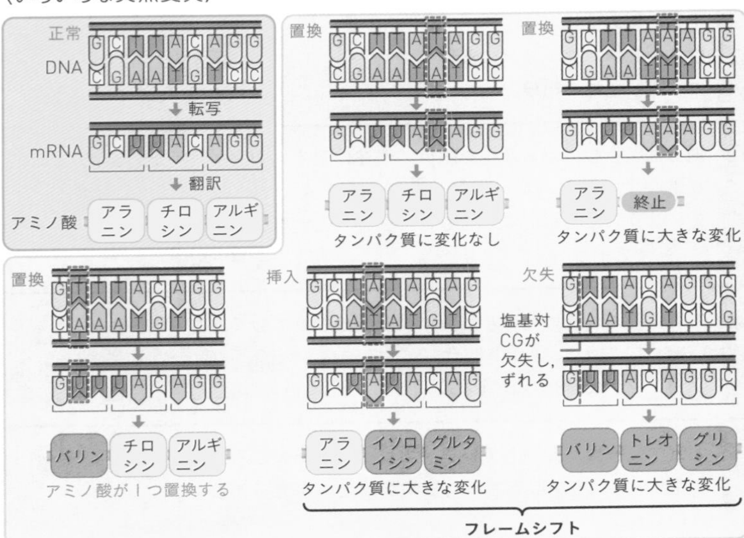

一塩基多型

同じ生物種の同じ遺伝子であっても、個体間ではDNAの配列に違いがみられる。1塩基単位での塩基配列の違いを**一塩基多型**（SNP、スニップ）という。

〈一塩基多型〉

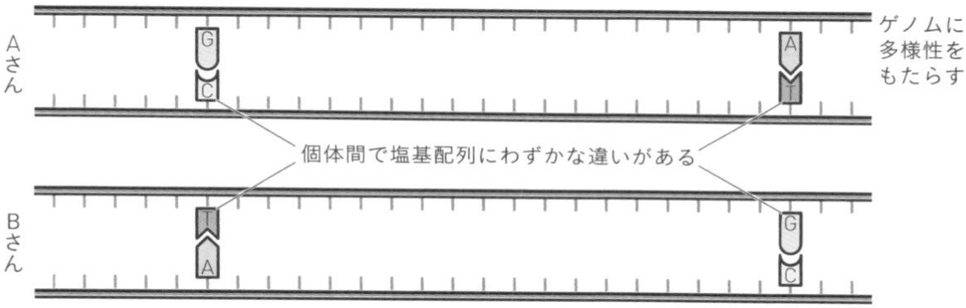

0028	ある種の薬剤やX線，紫外線の影響などによってDNAの塩基配列が変化してしまうことがある。このように遺伝情報が変わることを［　　］とよぶ。（関西大）	突然変異
0029	DNAの［　　］過程でまれに生じる誤った塩基対の形成が修復されず，塩基配列が変化してしまうことがある。（島根大）	複製
0030	同じ種の個体間で，ゲノム上の同じ位置の塩基配列について，異なる配列が存在することを［　　］という。（神戸大）	DNA多型（遺伝的多型）
0031	遺伝子突然変異では，1つの塩基が他の塩基に換わる［①］や，1つ以上の塩基が失われる［②］，逆に新たに入りこむ［③］がある。（愛媛大）	①置換 ②欠失 ③挿入
0032	個体間でみられる一塩基単位での塩基配列の違いを［　　］といい，ヒトの遺伝的多様性につながっている。（センター試験生物追試）	一塩基多型（SNP）

0033	1つの塩基が置換することでアミノ酸を指定するコドンが終止コドンとなる[①]，異なるアミノ酸を指定するコドンへ変化する[②]などがある。（関西大）	①ナンセンス突然変異 ②ミスセンス突然変異
0034	塩基の挿入や欠失により，コドンの読み枠がずれることを[　　]とよぶ。（関西大）	フレームシフト
0035	[　　]の患者ではヘモグロビンの遺伝子の1つの塩基が健常者と異なっており，正常なヘモグロビンがつくられず，貧血症を引き起こす。（岩手大）	鎌状赤血球貧血症
0036	一塩基多型（SNP）が生物の形質の個体間差に関係する場合がある。これは，非同義置換や[　　]が新たに生じる置換により，タンパク質の機能が変化あるいは消失したためである。（神戸大）	終止コドン
0037	一塩基多型（SNP）に関する記述として最も適当なものを選べ。 ア　SNPは特定の染色体にのみ存在する。 イ　SNPは次世代に遺伝する。 ウ　SNPはエキソンにのみ存在する。 エ　SNPはすべて，形質の発現に影響する。 （センター試験生物追試）	イ

THEME 03 遺伝子と染色体

POINT

- 1個の体細胞には形と大きさが同じ染色体が2本ある。このように対をなす染色体を相同染色体という。
- 雌雄で共通する染色体を常染色体，性の決定にかかわる染色体を性染色体という。
- 染色体の中で占める遺伝子の位置を遺伝子座という。

ビジュアル要点

染色体の構成

体細胞に含まれる1組の相同染色体は，一方は父親に由来し，もう一方は母親に由来する。

ヒトの体細胞の場合，23本の染色体からなるセットを，父親由来と母親由来の合計2組もっているので，染色体数は合計46本である（$2n=46$）。

ヒトの23対の染色体のうち，22対は男女で共通する常染色体，残りの1対は性の決定にかかわる性染色体である。ヒトの性染色体には，男女に共通するX染色体と，男性だけがもつY染色体がある。男性の性染色体の構成はXY（ヘテロ型），女性の性染色体の構成はXX（ホモ型）である。

〈ヒトの染色体〉

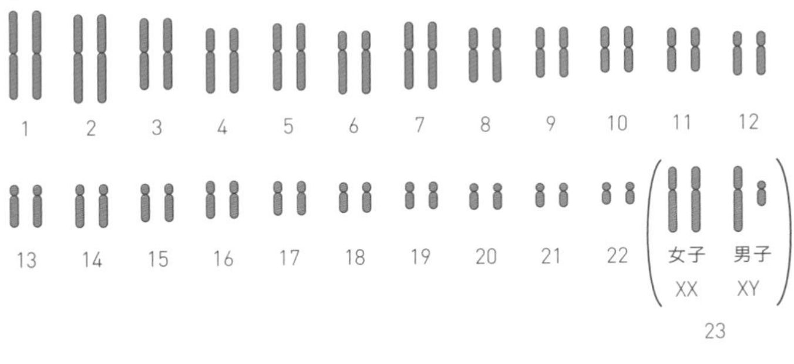

さまざまな性決定様式

ヒトのような性決定様式は雄ヘテロ型の **XY** 型と表される。雄ヘテロ型には，Y染色体がない **XO** 型もある。

雌の性染色体がヘテロ型で，雄の性染色体がホモ型の生物もいる。この場合は，雌ヘテロ型のZW型，またはZO型と表される。

性決定の型		体細胞	生殖細胞	受精卵と性別	染色体数の例
雄ヘテロ型	XY型	♀ 2A+XX	A+X	2A+XX ♀	ショウジョウバエ 2n=8(♀，♂)
		♂ 2A+XY	{A+X A+Y	2A+XY ♂	
	XO型	♀ 2A+XX	A+X	2A+XX ♀	トノサマバッタ 2n=24(♀) =23(♂)
		♂ 2A+X	{A+X A	2A+X ♂	
雌ヘテロ型	ZW型	♀ 2A+ZW	{A+W A+Z	2A+ZW ♀	ニワトリ 2n=78(♀，♂)
		♂ 2A+ZZ	A+Z	2A+ZZ ♂	
	ZO型	♀ 2A+Z	{A A+Z	2A+Z ♀	ミノガ 2n=5(♀) =6(♂)
		♂ 2A+ZZ	A+Z	2A+ZZ ♂	

Aは常染色体を表している。

遺伝子座と遺伝子型

ある遺伝子座を占める遺伝子は，常に塩基配列が同じとは限らない。相同染色体の同じ遺伝子座にあって，塩基配列が異なり，異なる形質を担う遺伝子がある場合，それぞれの遺伝子を **対立遺伝子** という。

対立遺伝子は，*A*や*a*のようにアルファベットなどの記号で表される。これを **遺伝子型** という。体細胞では相同染色体が対になっているので，遺伝子型は*AA*や*Bb*のように表される。

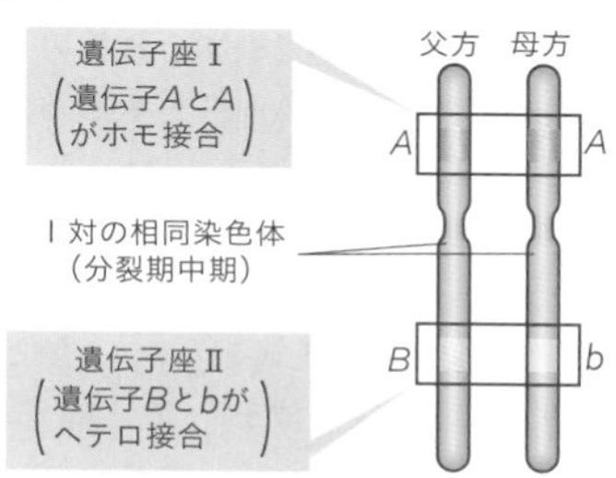

☐ 0038	体細胞には，基本的には形や大きさが同じ[①]が2本ずつ含まれている。それらの一方は母方から，もう一方は父方から受け継いだものである。この対になっている[①]は[②]とよばれる。（秋田大）	①染色体 ②相同染色体
☐ 0039	細胞がもつ染色体の組数を[ ]といい，2組をもつ体細胞は$2n$，1組をもつ配偶子はnのように表される。（オリジナル）	核相
☐ 0040	体細胞は染色体を2組ずつ含んでおり$2n$と表される[①]であるのに対し，生殖細胞はnと表される[②]である。（宇都宮大）	①複相 ②単相
☐ 0041	ヒトの体細胞には，男性・女性に共通する[①]染色体の他に，性別によって組み合わせの異なる[②]染色体がある。（日本大）	①常 ②性
☐ 0042	ヒトの体細胞の染色体数は$2n$＝[①]，配偶子の染色体数はn＝[②]と表される。（東京都立大学）	① 46 ② 23
☐ 0043	ヒトの性染色体は雌が同型，雄が異型であり，雌雄に共通してみられる性染色体を[①]染色体，雄にしかみられない性染色体を[②]染色体という。こうした性決定様式を[③]型とよぶ。（東京都立大学）	① X ② Y ③ XY
☐ 0044	ヒトについて，常染色体の1組をAで表すと女性の体細胞の染色体構成は2A＋XX，男性は2A＋XYと表せる。その場合，精子の染色体構成は[①]または[②]となり，卵はすべて[①]となる。（日本大）	① A＋X ② A＋Y
☐ 0045	雄が同型，雌が異型である性決定様式を[①]型とよび，雌雄に共通してみられる性染色体を[②]染色体，雌にしかみられない性染色体を[③]染色体として区別する。（東京都立大学）	① ZW ② Z ③ W

0046	ヒトについて，男性はX染色体を，［母親　父親］から受け継いでいる。（秋田大）	母親
0047	ヒトの体細胞1個には46本（23対）の染色体が存在する。この23対のうち（　）対は男女で構成の異なる染色体でありこれを性染色体という。（学習院大）	1
0048	キイロショウジョウバエの性の決定様式は（　）型である。（群馬大）	XY
0049	ある遺伝子が染色体の中で占める位置を，（　）という。（秋田大）	遺伝子座
0050	エンドウにおいて，茎の高さ，種子の色といった外見に現れる形質を（　）という。（群馬大）	表現型
0051	個体がもつ遺伝子の組み合わせを（　）といい，アルファベットなどの記号で表される。（オリジナル）	遺伝子型
0052	エンドウにおいて，「種子が丸いもの」と「種子にしわがあるもの」のように対をなしている表現型を（①）といい，（①）を支配する遺伝子を（②）という。（群馬大）	①対立形質 ②対立遺伝子
0053	1対の相同染色体について，同じ遺伝子が対になっている状態を，（①）といい，異なる遺伝子が対になっている状態を，（②）という。（秋田大）	①ホモ接合 ②ヘテロ接合

THEME 04 減数分裂と遺伝情報の分配

POINT

- ▶ 2種類の細胞が合体して新しい個体をつくる生殖方法を 有性生殖 という。
- ▶ 卵や精子のように合体して新しい個体をつくる生殖細胞を 配偶子 という。
- ▶ 染色体の数が半減する特別な細胞分裂を 減数分裂 という。

ビジュアル要点

減数分裂の流れ

- ・第一分裂前期：DNAが複製された相同染色体どうしが対合し 二価染色体 を形成する。このとき相同染色体の間で，一部が交換される 乗換え が起こる。
- ・第一分裂中期～後期：二価染色体が 赤道面 に並び，それぞれの相同染色体は分離して互いに異なる極へ移動する。
- ・第二分裂：DNAが複製されないまま各染色体が分離し，細胞質分裂が起こり，4 個の娘細胞が生じる。

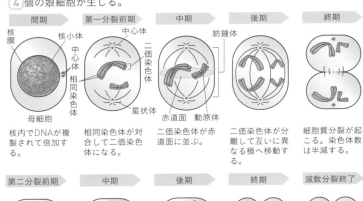

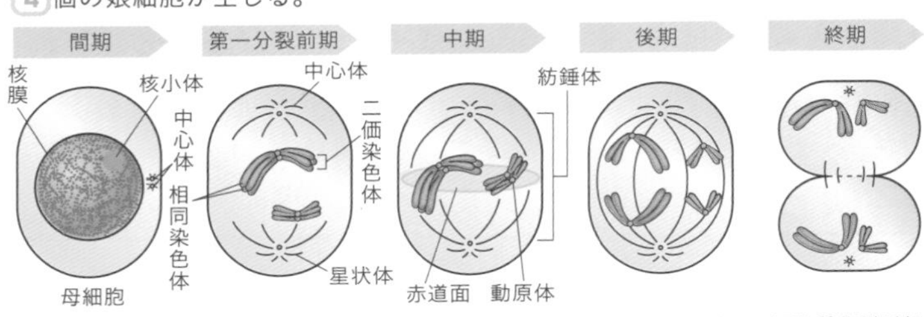

核内でDNAが複製されて倍加する。

相同染色体が対合して二価染色体になる。

二価染色体が赤道面に並ぶ。

二価染色体が分離して互いに異なる極へ移動する。

細胞質分裂が起こる。染色体数は半減する。

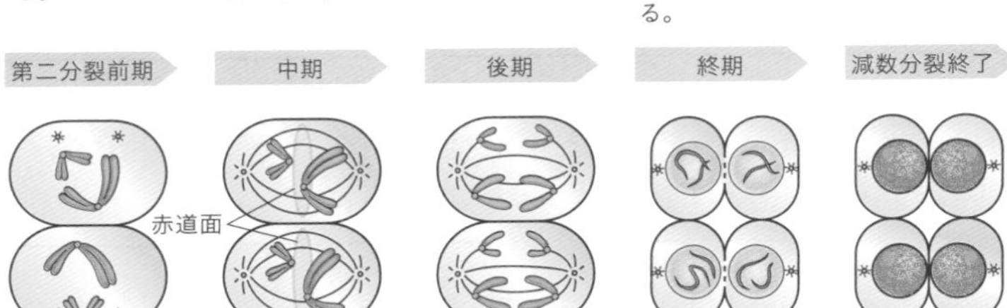

染色体が赤道面に並ぶ。

染色体が両極に移動する。

核膜が形成され，細胞質分裂が起こる。

4個の配偶子が生じる。

染色体数の変化

減数分裂の第一分裂で，染色体数は半分になる。

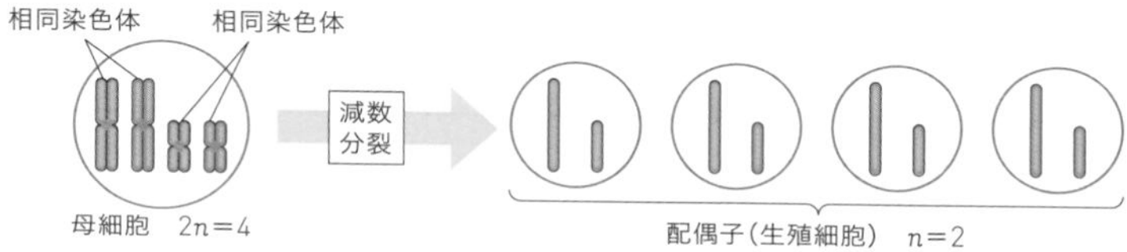

減数分裂によって染色体数が４から２に半減する。

DNA量の変化

間期にDNAが複製された後，連続して２回の分裂が起こるため，最終的に娘細胞のもつDNA量は母細胞の半分になる。

受精すると，卵と精子の核が合体して母細胞と同じDNA量にもどる。

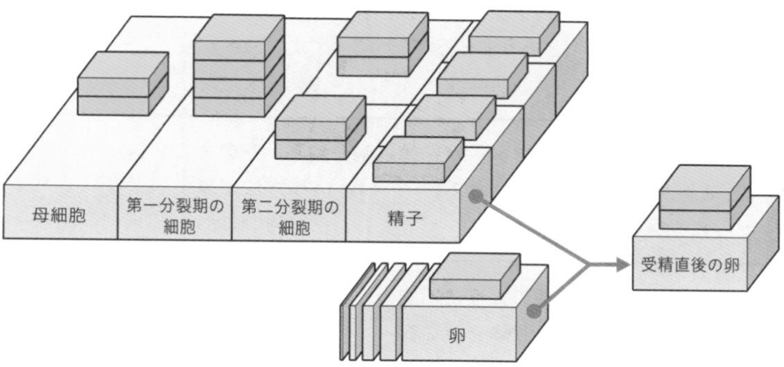

0054	動物は個体としての寿命が限られているが，自身が生きている間に次世代の生命をつくり出して種を存続させており，この営みを［　　］という。（岩手大）	生殖
0055	配偶子が合体することを［①］といい，その結果生じた細胞を［②］という。（愛媛大）	①接合 ②接合子

0056	精子と卵が融合する接合を特に[ ]という。(金沢大)	受精
0057	[ ]生殖では，分裂や出芽などにより新しい個体が生じる。(弘前大)	無性
0058	[ ]生殖を行う動物は性別があり，それぞれが雄性および雌性の配偶子を形成して，両性の配偶子の合体によって子の発生が始まる。(岩手大)	有性
0059	卵や精子のような配偶子を形成するときのみにみられる細胞分裂を[ ]という。(東海大)	減数分裂
0060	無性生殖の例として，アメーバが体細胞分裂し，そのまま2細胞が独立した個体になる[ ]という方法が挙げられる。(早稲田大)	分裂
0061	無性生殖には，酵母菌のように細胞の一部に膨らみができ，それが分かれて新個体をつくる[ ]などがある。(愛媛大)	出芽
0062	無性生殖では遺伝的に同一の子孫が増える。このように，遺伝的に全く同じ細胞あるいは個体の集団を[ ]という。(中央大)	クローン
0063	有性生殖では，[ ]とよばれる生殖細胞がつくられ，２つの生殖細胞が合体することで新しい個体が生じる。(弘前大)	配偶子
0064	有性生殖は，接合と減数分裂を交互にくり返す生殖方法であり，この方法により生物の[ ]が生じる。(明治大)	多様性

0065	雌性配偶子に運動する能力がなく，雄性配偶子だけに運動能力がある場合，それぞれ卵，精子とよび，卵と精子による接合子を［　　］という。（明治大）	受精卵
0066	減数分裂の第［①］分裂［②］期では複製された相同染色体どうしが対合し，一部では染色体の乗換えが起こる。（静岡大）	①一 ②前
0067	減数分裂は，連続した2回の分裂により，1個の母細胞から［　　］個の娘細胞が形成される。（群馬大）	4
0068	配偶子が形成される減数分裂の過程では，第一分裂期に相同染色体が対合して［　　］を形成する。（愛媛大）	二価染色体
0069	第一分裂後期に相同染色体が離れるとき，［　　］を形成していた部分でその一部を交換した染色体ができる。このようなしくみで起こる染色体の交換を乗換えという。（群馬大）	キアズマ
0070	減数分裂第一分裂の前期には相同染色体どうしが平行に並んで［　　］し，二価染色体を形成する。この間に相同染色体の一部が乗換えを起こすことで，配偶子間での遺伝的な多様性が増す。（岐阜大）	対合
0071	それぞれの相同染色体は複製によってできた［①］本の染色体がまとまっているため，1つの二価染色体は［②］本の染色体でできている。（岡山大）	① 2 ② 4
0072	減数分裂の第一分裂では相同染色体どうしが対合して二価染色体を形成する。このとき，相同染色体の間で交さが起こって，染色体の一部が交換される［　　］が起こる場合がある。（法政大）	乗換え

0073	減数分裂第一分裂の[①]にはすべての二価染色体が赤道面に並び，[②]には対合していた相同染色体が互いに異なる極に移動する。最終的には，ひとそろいの相同染色体をもつ2個の娘細胞に分裂する。（岡山大）	①中期 ②後期
0074	減数分裂第二分裂の[①]に赤道面に並んだ染色体は，[②]に二分され，互いに異なる極に移動する。[③]には，各染色体を1本ずつもち最終的に4個の娘細胞に分裂する。（岡山大）	①中期 ②後期 ③終期
0075	減数分裂では1回のDNAの複製によりDNAが相対量4となった核相$2n$の母細胞が連続した2回の細胞分裂を起こす。第一分裂が終わった時点での核相は[①]であり，DNAの相対量は[②]である。2回目の分裂によりDNAの相対量が[③]の娘細胞が4個形成される。（岐阜大）	① n ② 2 ③ 1
0076	無性生殖を表す文章として不適切なものを選べ。 ア　酵母菌では，細胞の一部に芽のような膨らみができ，それが成長して分かれ，新たな個体が生じる。 イ　ジャガイモから芽が出て，新たな個体となる。 ウ　アオミドロは2つの個体が接合して原形質を合体させ，生殖を行う。 エ　ヒビミドロが海水温度の低い冬季に遊走子を放出して生殖する。（横浜国立大）	ウ
0077	減数分裂の過程において，DNAはどの時期に複製されるか。 ア　第一分裂開始前 イ　第一分裂前期 ウ　第一分裂後期 エ　第一分裂から第二分裂に移行する時期（群馬大）	ア

番号	問題	解答
0078	減数分裂を体細胞分裂と比較した場合，減数分裂にだけ現れる構造として最も適切なものを選びなさい。 ア　相同染色体　　イ　二価染色体 ウ　紡錘体　　エ　動原体　（早稲田大）	イ
0079	減数分裂が始まる前の間期から減数分裂第二分裂の終期までに起きていることを次のア～オから選択し，順に並べよ。ただし，同じ記号を何度使用しても構わない。 ア　細胞質が分かれる。 イ　染色体が赤道面に並ぶ。 ウ　相同染色体どうしが対合する。 エ　DNAが複製される。 オ　染色体が両極に移動する。　（法政大）	エ→ウ→イ→オ→ア→イ→オ→ア
0080	動物の体細胞分裂と減数分裂について述べた文のうち，正しいものを選べ。 ア　体細胞分裂では相同染色体が対合する。 イ　減数分裂の第一分裂と第二分裂の間には間期はみられない。 ウ　減数分裂の第二分裂では染色体は赤道面に並ばずに二分される。 エ　減数分裂では核膜は形成されない。　（山形大）	イ
0081	相同染色体に関する記述のうち正しいものはどれか。 ア　相同染色体は減数分裂により，異なる娘細胞に分配されることになる。 イ　体細胞分裂中期の相同染色体は４本の染色体からなるが，それは父方，母方の祖父母から受け継いだ１本ずつから構成されている。 ウ　減数分裂第二分裂時に相同染色体は対合し，互いの間で乗換えが起きる。 エ　相同染色体の同じ遺伝子座に存在する遺伝子を比較すると，その塩基配列に類似性はみられない。（日本大）	ア

THEME 05 遺伝子の多様な組み合わせ

POINT

- 1本の染色体に複数の遺伝子が存在していることを，連鎖しているという。
- 異なる染色体に遺伝子が存在していることを，独立しているという。
- 乗換えを起こした相同染色体間で新たな遺伝子の組み合わせが生じることを組換えという。

ビジュアル要点

連鎖と独立

連鎖している遺伝子は，減数分裂のとき，行動をともにする。

独立している遺伝子は，減数分裂のとき，独立に配偶子に分配される。

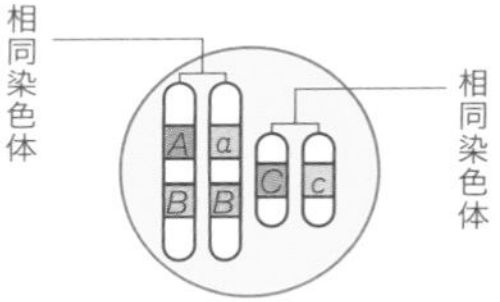

AとBは連鎖している。AとCは独立している。

遺伝子が独立している場合

注目する遺伝子AとCが異なる遺伝子上にあるとき，対立遺伝子Aとa，Cとcは，減数分裂により次のように分配される。

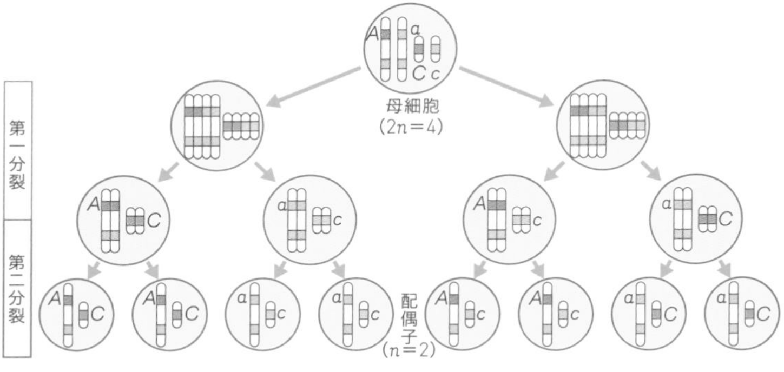

● 遺伝子が連鎖し，乗換えが起こらない場合

注目する遺伝子AとBが同じ遺伝子上にあり，乗換えが起こらない場合は，遺伝子AとB，aとbは，減数分裂の過程で行動をともにする。

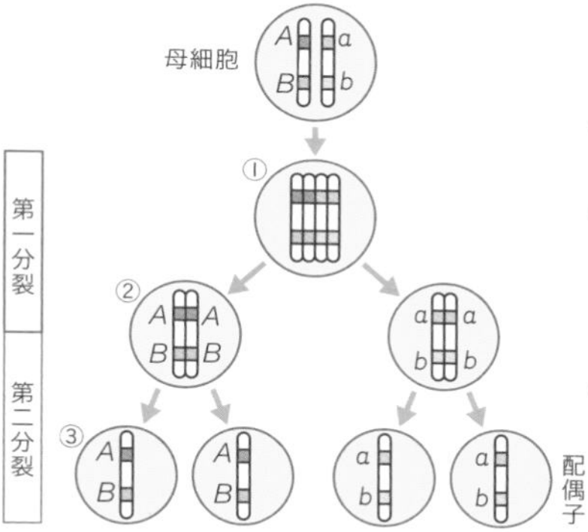

①減数分裂が始まる前に染色体が複製され，第一分裂前期に二価染色体となる。

②第一分裂の過程で生じる２つの細胞に，AとBをもつ相同染色体とaとbをもつ相同染色体のいずれかが分配される。
生じる２つの細胞の遺伝子はAとB，またはaとbの組み合わせとなる。

③第二分裂では染色体の複製が起こらないまま染色体が分配されるため，AとBをもつ細胞からはAとBの組み合せをもつ配偶子が生じ，aとbをもつ細胞からはaとbの組み合わせをもつ配偶子が生じる。

● 遺伝子が連鎖し，乗換えが起こる場合

染色体の乗換えが起こる場合，相同染色体間で新たな遺伝子の組み合わせが生じる。これを遺伝子の **組換え** という。

遺伝子AとBをもつ相同染色体と，遺伝子aとbをもつ相同染色体の間で乗換えが起こると，次のように新たにAとb，aとBの組み合わせが生じる。

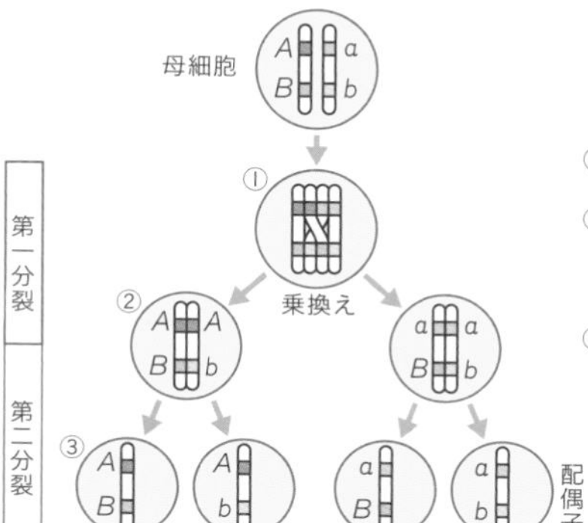

①二価染色体形成時に乗換えが起こる。

②第一分裂の過程で生じる２つの細胞に，AとB，Aとbの相同染色体とaとB，aとbの相同染色体に分配される。

③第二分裂では，染色体の複製が起こらないまま染色体が分配されるため，AとB，Aとb，aとB，aとbの組み合わせをもつ配偶子が生じる。

0082	同一染色体上の2つの遺伝子座にある遺伝子は，減数分裂によって分配される際，基本的には行動をともにする。これを［　　］しているという。（群馬大）	連鎖
0083	それぞれ異なる染色体上に存在する遺伝子は，減数分裂で染色体が分配される際，互いに影響しあうことなく配偶子に入る。これを［　　］しているという。（オリジナル）	独立
0084	異なった遺伝子が同じ染色体上に存在するとメンデルの法則の［　　］の法則に従わない。（東京農工大）	独立
0085	二価染色体において，染色体どうしの乗換えが起きると，染色体上にある対立遺伝子の組み合わせが新しいものに変わることがある。この現象を遺伝子の［　　］という。（岡山大）	組換え
0086	配偶子が形成される過程で，遺伝子の組換えが起きて新たな遺伝子の組み合わせが生じることがある。そのとき，生じた全配偶子のうち，遺伝子の組換えを起こした配偶子の割合を［　　］という。（香川大）	組換え価
0087	組換えが起こった頻度（組換え価）を求めるために，雑種の個体（ヘテロ接合体）に対して潜性形質の個体（潜性ホモ接合体）を交配させる［　　］という方法を用いることがある。（愛媛大）	検定交雑
0088	同一染色体上にある遺伝子群のなかから3つの遺伝子を選び，それぞれの組換え価を求める方法を［　　］といい，これを用いることで3つの遺伝子の相対的な位置関係を知ることができる。（群馬大）	三点交雑（三点交雑法）
0089	モーガンは，組換え価についてキイロショウジョウバエを用いて詳細に調べ，［　　］を作成し，遺伝子説を提唱した。（愛媛大）	染色体地図

0090	同じ染色体上にある2つの遺伝子間の距離が大きいと，組換えが起こる頻度が［高く　低く］なる。（上智大）	高く
0091	三点交雑によって作成された遺伝子の相対的位置関係を示す図を［　　］という。（オリジナル）	染色体地図
0092	シロイヌナズナ（$2n=10$）の場合，減数分裂の結果生じる染色体の組み合わせは何種類か答えよ。ただし乗換えは起こらないとする。（愛媛大）	32 種類
0093	体細胞の染色体数が$2n=16$の生物の場合，染色体上の対立遺伝子がヘテロ接合で，かつ乗換えが起こらないと仮定すると，卵細胞の核における染色体の組み合わせは何通りになるか。（自治医科大）	256 通り

0092 解説：$n=5$ 種類の染色体が存在し，1種類の染色体について，父親由来，母親由来の2通りが考えられるので，求める組み合わせは，

$2^5=32$種類

0093 解説：$n=8$ 種類の染色体が存在し，1種類の染色体について，父親由来，母親由来の2通りが考えられるので，求める組み合わせは，

$2^8=256$通り

0094

有性生殖を行う$2n=4$の生物では，配偶子を形成するときの染色体の分配のされ方の違いによって［①］種類の配偶子ができるため，遺伝子型AaBbの親から自家受精で生じる子の遺伝子型は［②］種類である。ただし乗換えは起こらないとする。（センター試験生物追試）

①4
②9

解説
2組の相同染色体があるので，$2^2=4$種類の配偶子ができる。
配偶子がもつ遺伝子型の組み合わせは，*AB*，*Ab*，*aB*，*ab*の4通りである。よって，これらの配偶子から生じる子の遺伝子型は，*AABB*，*AABb*，*AAbb*，*AaBB*，*AaBb*，*Aabb*，*aaBB*，*aaBb*，*aabb*の9通りである。

0095

同一染色体に存在する遺伝子*A*，*B*と異なる染色体上に存在する*C*の顕性ホモ個体（*AABBCC*）と潜性ホモ個体（*aabbcc*）とを交配し，F_1個体を作成した。乗換えが生じる場合に，F_1から生じる配偶子の遺伝子型は何種類あるか。（自治医科大）

8種類

解説
遺伝子*A*，*B*をもつ染色体では乗換えで*AB*，*Ab*，*aB*，*ab*の4種類が生じ，遺伝子*C*をもつ染色体では*C*，*c*の2種類が生じる。よって，
$4\times2=8$種類

0096

検定交雑を行うために用いる接合体として正しいものを選べ。
ア　顕性ホモ接合体
イ　潜性ホモ接合体
ウ　ヘテロ接合体
エ　顕性ホモ接合体と潜性ホモ接合体の1：1混合物
（群馬大）

イ

0097

ある植物の種子の形の遺伝子を丸（*A*）としわ（*a*），花の色の遺伝子を赤（*B*）と紫（*b*）とする。種子の形が丸で花の色が赤の親個体を検定交雑したら，子の表現型の比は，［丸・赤］：［丸・紫］：［しわ・赤］：［しわ・紫］＝1：4：4：1となった。この場合の組換え価を選びなさい。

ア　5％　　イ　15％　　ウ　20％　　エ　25％

（駒澤大）

ウ

解説

$$組換え価＝\frac{組換えを起こした配偶子の数}{全配偶子の数}\times 100$$

$$＝\frac{1+1}{1+4+4+1}\times 100＝20\%$$

0098

ある2つの対立遺伝子*A*と*a*，および*B*と*b*に注目したとき，表現型*AB*の個体と*ab*の個体を交雑すると，生じたF_1の表現型はすべて*AB*であった。このF_1どうしを交雑させた場合，F_2の表現型の分離比は，*AB*：*Ab*：*aB*：*ab*＝9：3：3：1となった。この結果から対立遺伝子*A*（*a*）と*B*（*b*）は［　　］して存在していると考えられた。

（明治大）

独立

0099

ある2つの対立遺伝子*C*と*c*，および*D*と*d*に注目したとき，表現型*CD*の個体と*cd*の個体を交雑すると，生じたF_1の表現型はすべて*CD*であった。このF_1を表現型*cd*の個体と検定交雑した場合，*CD*が160個体，*Cd*が35個体，*cD*が33個体，*cd*が165個体であった。この結果から組換え価は［　　］％であると考えられた。（明治大）

17

解説

$$組換え価＝\frac{組換えを起こした配偶子の数}{全配偶子の数}\times 100$$

$$＝\frac{35+33}{160+35+33+165}\times 100≒17\%$$

THEME 06 進化のしくみ

POINT

- 集団内において，生存や生殖に有利な変異をもつ個体が，次世代により多くの子を残すことを自然選択という。
- 偶然によって集団内の遺伝子頻度が変化することを遺伝的浮動という。
- 突然変異は，生存に有利でも不利でもない中立なものがほとんどであるという考えを中立説という。

ビジュアル要点

遺伝的浮動

交配に使用される配偶子の対立遺伝子が偶然偏ることにより，次世代の集団の遺伝子プールにおいて，遺伝子頻度が変化することを遺伝的浮動という。遺伝的浮動は，進化の原動力の1つである。

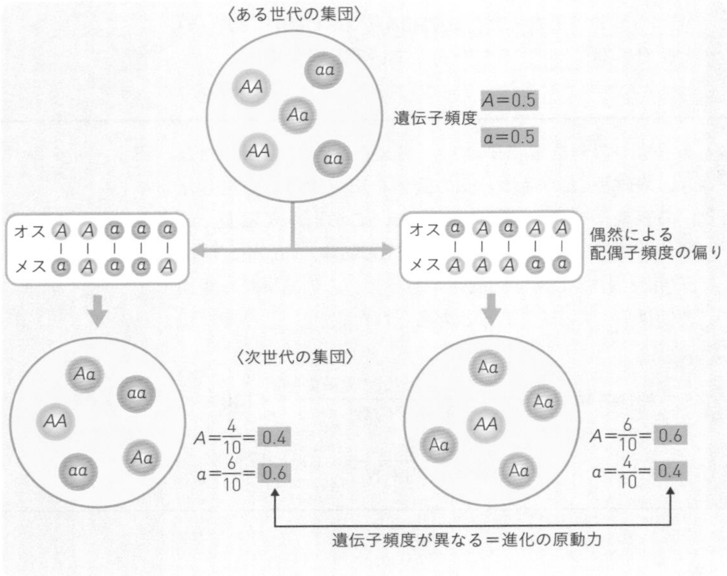

ハーディ・ワインベルグの法則

一定の条件が満たされているとき，世代が変わっても生物の集団における遺伝子頻度は変化しないという法則を ハーディ・ワインベルグの法則 という。

ある生物の集団内に，対立遺伝子Aとaがあり，Aの遺伝子頻度がp，aの遺伝子頻度がqであるとする（$p+q=1$）。この集団で自由に交配が行われているとき，次世代の遺伝子頻度は，それぞれ次のようになる。

遺伝子型AAの遺伝子頻度：p^2

遺伝子型Aaの遺伝子頻度：$2pq$

遺伝子型aaの遺伝子頻度：q^2

	$A(p)$	$a(q)$
$A(p)$	$AA(p^2)$	$Aa(pq)$
$a(q)$	$Aa(pq)$	$aa(q^2)$

*(　)の中は確率を示す
*$p+q=1$となる

したがって，次世代の対立遺伝子Aの遺伝子頻度は，

$$\frac{2p^2+2pq}{2(p^2+2pq+q^2)}=\frac{2p(p+q)}{2(p+q)^2}=\frac{p}{p+q}=p$$

となる。また，次世代の対立遺伝子aの遺伝子頻度は，$p+q=1$ の関係式より q となる。

それぞれの遺伝子頻度が，親世代の遺伝子頻度と等しいことから，遺伝子頻度は世代をこえて変化しないことがわかる。

ハーディ・ワインベルグの法則が成立するための条件

① 自由に 交配 する。
② 自然選択 がはたらいていない。
③ 突然変異 が起こらない。
④ 十分に大きな集団であり， 遺伝的浮動 の影響が無視できる。
⑤ 他の集団との間で 移出 や 移入 がない。

実際の生物集団では，自然選択・突然変異・遺伝的浮動・個体の移出や移入が起きているので，遺伝子頻度が変化し，進化が起きている。

0100	生物の形質が世代を経るにつれて変化することを（　　）という。（香川大）	進化
0101	同じ種の個体間にみられる形質の違いを（　　）という。（センター試験生物追試）	変異
0102	生物集団に存在する遺伝的な変異のうち，生存や繁殖に有利な変異が選択されることを（　　）という。（関西学院大）	自然選択（自然淘汰）
0103	変異には，遺伝しない（　①　）と遺伝する（　②　）とがある。（　①　）による多様性は進化には寄与しないが，（　②　）による多様性は進化に寄与することがある。（センター試験生物追試）	①環境変異 ②遺伝的変異
0104	同種の個体間にみられる形質の違いを変異といい，進化に関係する遺伝的変異は（　　）によって生じる。（関西大）	突然変異
0105	生物が，それぞれの種がおかれた環境のもとでの生活に適した形態や生理的機能を備えていることを（　　）という。（高知大）	適応
0106	自然選択の結果，ある生物集団が環境に適した性質をもつ集団に進化することを（　　）とよぶ。（千葉大）	適応進化
0107	外部形態やはたらきが異なっていても，発生の起源が同じ器官を（　　）器官とよび，ヒトの腕とコウモリの翼がその一例である。（奈良県立医科大）	相同

0108	形やはたらきは似ているが，その発生上の起源が異なる器官を［　　］とよぶ。（香川大）	相似器官
0109	単一の祖先から分かれた生物が，それぞれが生息するさまざまな環境に適応し，食性や生活様式に応じて著しく多様化する現象を［　　］とよぶ。（茨城大）	適応放散
0110	異なる系統の生物が進化の過程で類似した特徴をもつことがある。このことを［　　］という。（旭川医科大）	収れん
0111	動物が，捕食者から逃れるために，他の生物や周りの風景と区別がつかない形や色になることがある。これを［　　］という。（熊本大）	擬態
0112	異なる複数の種が互いに影響を及ぼしながら進化することもある。このような進化を［　　］という。（横浜国立大）	共進化
0113	訪花昆虫においては，より［①］口吻をもつ個体は，花筒の奥の蜜を吸いやすく，生存や繁殖において［②］であるため，口吻は長くなる傾向にある。（センター試験生物）	①長い ②有利
0114	植物においては，訪花昆虫の口吻より［①］花筒をもつ個体は，蜜を吸われやすく，昆虫のからだに花粉が付着［②］ため，繁殖において不利であり，結果として花筒は長くなる傾向にある。（センター試験生物）	①短い ②しにくい
0115	オオシモフリエダシャクについて，工業地帯と田園地帯での明色型と暗色型の個体数を調べたところ，工業地帯では暗色型の方が多くみられた。これは［　　］という現象によると考えられている。（オリジナル）	工業暗化

0116	現代の進化論では，チャールズ・ダーウィンの［　　］説，ド・フリースの突然変異説，木村資生の中立説をもとに，進化のしくみが説明されている。（名古屋市立大）	自然選択
0117	配偶行動で見られる自然選択を［　　］といい、オスのクジャクの羽が美しいのはメスに選ばれることで進化したからである。（オリジナル）	性選択
0118	フランスのラマルクは，頻繁に使用する器官は発達し，使用しない器官はしだいに退化して進化が起こると提唱した。この考え方を［　　］説という。（琉球大）	用不用
0119	進化が生じるしくみとして，ダーウィンは1859年に『［　　］』を出版し，その中で自然選択説を提唱した。（岐阜大）	種の起源
0120	集団内における突然変異が起きた遺伝子の遺伝子頻度は，世代を経るごとに変化するが，その変化はランダムで予想がつかない。このような，偶然による遺伝子頻度の変化を［　　］という。（大阪府立大）	遺伝的浮動
0121	個体群のもつ遺伝子の全体を［　　］とよぶ。（関西大）	遺伝子プール
0122	ある地域に生息する同種の集団の1つの遺伝子座における対立遺伝子の割合を［　　］とよぶ。（関西学院大）	遺伝子頻度
0123	遺伝的浮動によって集団に広まった突然変異は，生存に［有利な場合　不利な場合　有利でも不利でもない場合］が多い。（北里大）	有利でも不利でもない場合

0124	有性生殖を行う生物の集団において，ある条件を満たしているとき，遺伝子頻度は世代をこえて変わらない。この法則を［　　］という。（大阪市立大）	ハーディ・ワインベルグの法則
0125	キンギョソウの花色を決定する対立遺伝子Rとrの遺伝子頻度をそれぞれpとqとする（$p+q=1$）と，次世代におけるRRの遺伝子型頻度は［①］，Rrの遺伝子型頻度は［②］，rrの遺伝子型頻度は［③］で表される。（帯広畜産大）	① p^2 ② $2pq$ ③ q^2
0126	次の5つの条件がすべて成立する集団では，遺伝子頻度は世代をこえて一定となる。 条件1：自由な交配が行われている。 条件2：個体間に生存力や繁殖力の差がない。 条件3：十分に多くの個体によって構成されている。 条件4：他の集団との間に個体の移入や移出がない。 条件5：対立遺伝子の［　　］が起こらない。（帯広畜産大）	突然変異
0127	集団が大きく，［①］が行われ，個体間に［②］がはたらかず，他の同種集団との間の移住がなく，突然変異が生じないという条件が満たされていると，遺伝子頻度は世代が変わっても変化しない。（関西学院大）	①任意交配（自由交配） ②自然選択
0128	ある条件の下では，遺伝子プール内の対立遺伝子の割合，遺伝子頻度は変化しない。これをハーディ・ワインベルグの法則といい，この法則が常に成り立っていれば［　　］は起こらないことになる。（北里大）	進化
0129	ある条件を満たしていて，対立遺伝子の遺伝子頻度が世代を経ても変化しないような集団を［　　］にあるという。（立教大）	ハーディ・ワインベルグ平衡（遺伝子平衡）

0130	特に何らかの要因で集団の大きさが極端に小さくなると遺伝的浮動の効果が強くはたらき，集団全体の遺伝的構成に大きな偏りが生じる場合がある。これを［　　］とよぶ。（関西学院大）	びん首効果
0131	交配できない，または交配しても子に生殖能力がなくなる隔離のことを［　　］という。（神戸大）	生殖的隔離
0132	1つの生物集団がいくつかの集団に分かれ，往来することがなく，それぞれ異なる環境のもとで生活することになることを［　　］隔離という。（岩手大）	地理的
0133	生殖的隔離が成立して新たな種が生じることを［　　］という。（岩手大）	種分化
0134	地理的隔離が起こることで新たな種が生じることを［　　］という。（オリジナル）	異所的種分化
0135	種分化は集団の地理的隔離がなくても生じることがある。このような種分化を［　　］という。（金沢大）	同所的種分化
0136	地理的隔離を伴わない種分化も知られている。例えば，植物では染色体が［　　］することにより，短期間に種分化が起こることがある。（神戸大）	倍数化
0137	現代の進化学では，新しい種の形成やそれ以上の大きな時間スケールで生じる現象を［　①　］とよぶのに対し，小さな時間スケールで生じる集団内の対立遺伝子頻度の変化を［　②　］とよぶ。（岐阜大）	①大進化 ②小進化

No.	問題	解答
0138	近縁の種間で，遺伝子のDNAの塩基配列やタンパク質のアミノ酸配列を調べると，種間で違いがみられる。これは，共通の祖先から分かれた後に，それぞれの種で（　　）が起こったことによる。（神戸大）	突然変異
0139	DNAの塩基配列やタンパク質のアミノ酸配列が進化の過程で，突然変異などによって変化することを（　　）とよぶ。（関西学院大）	分子進化
0140	mRNAのコドンにおける3番目の塩基は1番目と2番目の塩基と比べ，変化する速度が［大きい　小さい］ことが多い。（静岡大）	大きい
0141	エキソンに比べて，イントロンの塩基配列が変化する速度は［大きい　小さい］場合が多い。（北里大）	大きい
0142	生物の集団中には，塩基配列の突然変異がたくさん見つかる。これらの多くは，生存や繁殖に有利でも不利でもなく，（　　）に対して中立であると考えられる。（大阪府立大）	自然選択（自然淘汰）
0143	自然選択の影響を受けず，個体の生存に有利でも不利でもない進化のことを（　　）という。（神戸大）	中立進化
0144	特定の遺伝子やタンパク質に注目したとき，この変化の速度はほぼ一定であり，この性質を（　　）とよんでいる。（関西学院大）	分子時計
0145	タンパク質のアミノ酸配列において分子時計が成立する場合，分岐年代が古いほど，アミノ酸置換数が［多い　少ない］傾向がある。（北里大）	多い

0146	自然選択を受けずに一定の速度でDNAに変化が蓄積した場合，２つの種において共通の起源をもつ遺伝子のDNAを比較すると，種が分かれてから時間が短いほど塩基配列の違いが［小さい　大きい］。（岩手大）	小さい
0147	木村資生は，塩基配列やアミノ酸配列の進化の過程での変化の多くが，自然選択に対して有利でも不利でもないことを見出し，［　　］説を提唱した。（関西学院大）	中立
0148	変異に関する記述として最も適当なものを選べ。 ア　生物の遺伝子の突然変異は，化学進化によって生じる。 イ　潜性遺伝子による変異は，遺伝的変異とならない。 ウ　染色体の乗換えで生じた変異は，遺伝的変異となる。 エ　世代を経て子に受け継がれる変異を環境変異という。（センター試験生物追試）	ウ
0149	進化について，誤っているものを選びなさい。 ア　生物が生息する環境によって有利な形態や生態は異なるため，環境の異なる地域間では，たとえ同種であっても，個体群間で異なった進化が生じる場合がある。 イ　自然選択による進化は種の保存のために生じるものであり，一般に，自分を犠牲にしてでも種が存続するような，種にとって有利な形態や生態が進化していく。 ウ　共進化は，相利共生の関係にある生物間で生じるものであり，捕食者と被食者の間や，寄生者と宿主の間で生じることはない。（弘前大）	ウ
0150	相似の関係にある器官（相似器官）の組み合わせの例として最も適当なものを選べ。 ア　メダカの胸びれとイヌの前肢 イ　コウモリの後肢とオオカミの後肢 ウ　ショウジョウバエの翅とカモメの翼 エ　チンパンジーの腕とコウモリの翼 （センター試験生物追試）	ウ

0151	生物進化について，適切なものを選びなさい。 ア　大腸菌などの原核生物は，進化していないので単純な構造をしている。 イ　ヒトは最も進化した動物である。 ウ　クジラの脚にみられる退化という現象も進化によってもたらされる。 エ　シーラカンスなどの「生きている化石」といわれる生物は進化が止まった生物である。　（島根大）	ウ
0152	適応放散の例として適当なものを選べ。 ア　哺乳類は，恐竜類が絶滅した後，さまざまな環境で多様化した。 イ　毒をもたないハナアブが，毒をもつハチと同じような黄と黒のしま模様をもつようになった。 ウ　ヒトは，直立二足歩行により，両手をさまざまな作業に使えるようになった。 エ　イギリスに生息するガの一種は，周囲の工業化が進むにつれて体色の黒い個体の割合が増加した。 （センター試験生物）	ア
0153	あるランの花は蜜ツボが40 cmもの深さになる。ある種のガだけがこの蜜ツボの底に届く長い口器をもつ。この事例について，進化に基づいて説明する語として最も適切なものを答えなさい。 ア　共進化　　イ　収れん ウ　性選択（性淘汰）　　エ　中立進化　（北里大）	ア
0154	ハーディ・ワインベルグの法則が成り立つための集団の条件として<u>誤っているもの</u>を選びなさい。 ア　集団が小さい。 イ　個体間に生存・繁殖力の差がない。 ウ　他の同集団との間に移出・移入がない。 エ　任意交配する。　（関西大）	ア

0155

十分に大きな集団において遺伝子頻度が変化する場合，その要因として適当でないものを選べ。
ア　自然選択がはたらく。
イ　集団内の個体が自由に交配する。
ウ　集団内に突然変異が生じる。
エ　他の集団との間で個体の移出入が起こる。

（センター試験生物）

イ

0156

２つの対立遺伝子Aとaをもつ遺伝子座を考える。Aは顕性，aは潜性であり，前者は体色を緑色，後者は体色を赤色にする。いま，体色に関して自然選択ははたらいておらず，ハーディ・ワインベルグの法則が成立する条件が満たされているとする。AA，Aa，aaの各遺伝子型の集団中での頻度が0.36，0.48，0.16のとき，遺伝子Aの遺伝子頻度は［　　］になる。（関西学院大）

0.6

解説

遺伝子Aの遺伝子頻度をpとする。
このとき，遺伝子型AAの頻度は$p^2=0.36$だから，

$p=0.6$

0157

エンドウの種子の形について，F_1における対立遺伝子Rの出現頻度は$p=0.3$，rの出現頻度は$q=0.7$とすると，この集団の自由交配によって生じる遺伝子型の分離比は$RR:Rr:rr=$［①］：［②］：［③］となる。

（慶應義塾大）

① 9
② 42
③ 49

解説

遺伝子型RRの頻度は$p^2=0.09$
遺伝子型Rrの頻度は$2pq=0.42$
遺伝子型rrの頻度は$q^2=0.49$
よって，

$$RR:Rr:rr=0.09:0.42:0.49$$
$$=9:42:49$$

0158

ある遺伝性の疾患の潜性対立遺伝子がホモ接合となっているヒトは，2500人に１人の割合である。ハーディ・ワインベルグの法則が成り立つとすると，集団中にヘテロ接合体のヒトは［　　］％存在する。

ア　0.079　　イ　0.392

ウ　1.96　　エ　3.92

（自治医科大）

エ

解説

潜性対立遺伝子をr，顕性対立遺伝子をRとし，それぞれの頻度をq，p（$p+q=1$）とすると，

$$rr\text{の頻度}=q^2=\frac{1}{2500}\text{だから，}q=\frac{1}{50}$$

よって，ヘテロ接合体Rrの頻度は，

$$2pq=2\times\left(1-\frac{1}{50}\right)\times\frac{1}{50}\times100=3.92\%$$

0159

塩基配列の変化の傾向として適切なものを選べ。

ア　代謝などの重要な機能をもつ遺伝子の塩基配列は，あまり変化しないことが多い。

イ　エキソンの塩基配列は，イントロンの塩基配列と比べて変化する速度が速い。

ウ　アミノ酸を指定するトリプレットの２番目の塩基は，１番目や３番目の塩基と比べて変化する速度が速い。

（大阪府立大）

ア

0160

以下の記述のうち，<u>適切でないもの</u>を選べ。

ア　中立な突然変異が生じた遺伝子は，自然選択によって集団全体に広がることがある。

イ　生存に不利な突然変異が生じた遺伝子は，自然選択によって集団から排除されやすい。

ウ　タンパク質のはたらきに重要な部位のアミノ酸配列は，それ以外の部位と比較して変化が少ない。

エ　アミノ酸に翻訳されないイントロンなどの塩基配列は，変化しても生物の表現型への影響が少なく，変化速度が大きい。

（東京医科大）

ア

THEME 07 生物の系統

POINT

- 生物は共通性にしたがって，低位から順に，種，属，科，目，綱，門，界，ドメインのように段階的に分類されている。
- 生物の種名を，属名と種小名によって表現する方法を二名法という。
- 生物が進化してきた道すじを系統という。

ビジュアル要点

分類の階層

生物の分類では，よく似た種をまとめて属に，よく似た属をまとめて科とし，さらに上位のグループは順に，目，綱，門，界，ドメインとしている。

〈ヒトの分類と学名〉

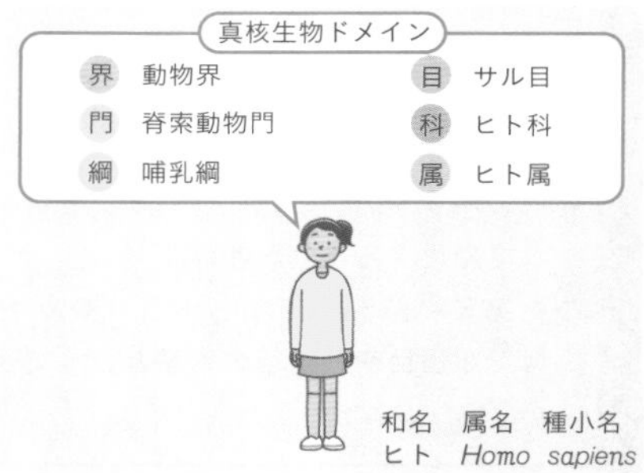

二名法

生物の種の学名には，属名と種小名を並べて記載する二名法が使われる。この方法は，リンネによって確立された。

系統分類と系統樹

生物が進化してきた道すじを系統といい，進化の道すじにもとづいて生物を分類することを系統分類という。生物の系統は，系統樹という図で表される。

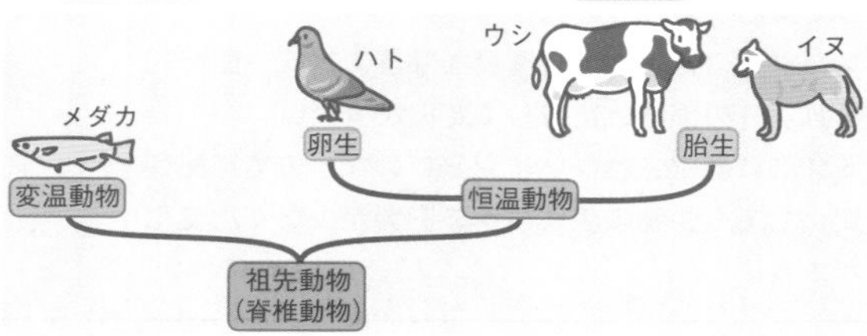

No.	問題	解答
0161	地球上の多様な生物群をグループ分けするため，形態などにみられる形質の共通性に基づいて整理することを（　　）とよぶ。（横浜国立大）	分類
0162	（　　）は生物を分類する際の最も基本的な単位である。（茨城大）	種
0163	互いに似た種を集めて（①）という階級がつくられている。同様に似た（①）をまとめて科がつくられ，さらに上位の階級としては目，綱，門，（②），ドメインが設けられている。（茨城大）	①属 ②界
0164	類似した種は属という上位の階級にまとめられる。類似した属は，（①）というさらに上位の階級にまとめられる。類似した（①）は，（②）というさらに上位の階級にまとめられる。（鹿児島大）	①科 ②目
0165	以下の空欄に入る分類階級を答えよ。 界－（①）－（②）－目－科－属－種（広島大）	①門 ②綱
0166	種の名前は，世界共通の（　　）によって表記される。（熊本県立大）	学名
0167	交配で生まれた子に生殖能力があるかどうかを同種か別種の基準にして定義される種を（　　）とよぶ。（金沢大）	生物学的種
0168	学名では属名と種小名とを組み合わせて生物の種名を表記するが，この表記方法を（　　）という。（茨城大）	二名法

☑0169	ヒト，イヌのように日本語でつけられた生物の種の名前を［　　］という。（オリジナル）	和名
☑0170	種を表す学名にはリンネの二名法が使用され，その学名は属名と［　　］名からなる。（金沢大）	種小
☑0171	学名の表記には，［　　］語やギリシャ語が用いられることが多い。（熊本県立大）	ラテン
☑0172	学名は，［①］名の後に種小名をつけて表される。これら2つを並べて記載する方法は二名法とよばれ，スウェーデンの［②］によって確立された。（熊本県立大）	①属 ②リンネ
☑0173	生物が進化してきた道すじを［　　］という。（日本大）	系統
☑0174	生物が進化してきた道すじを反映し，生物間の類縁関係を表す図を［　　］とよぶ。（関西大）	系統樹
☑0175	現在では生物間のDNAの塩基配列の差異から系統関係を推定した［　　］も広く用いられている。（横浜国立大）	分子系統樹
☑0176	生物のもつさまざまな形態的特徴や発生・生活様式などの共通性をもとに類縁関係を推定し体系づけることを［　　］という。（愛知教育大）	系統分類

0177 生物の分類は種を基本単位として階層的に体系化されている。体系化の序列として正しいものを選びなさい。

ア　種－属－科－目－綱－門－界
イ　種－科－属－目－綱－門－界
ウ　種－科－属－綱－目－門－界
エ　種－属－目－科－綱－門－界　（学習院大）

ア

0178 ライオンの学名は*Panthera leo*である。*Panthera*の部分が示す分類階級として最も適切なものを答えなさい。

ア　綱　イ　種　ウ　属　エ　目　（北里大）

ウ

0179 ウニの一種，タコノマクラの学名は*Clypeaster japonicus*である。タコノマクラと最も近い類縁関係にあると考えられる種を選びなさい。

ア　*Ophioplocus japonicus*
イ　*Echinothrix diadema*
ウ　*Ophioplocus giganteus*
エ　*Clypeaster reticulatus*　（鹿児島大）

エ

0180 マダラヒタキの学名は*Ficedula hypoleuca*であり，シロエリヒタキの学名は*Ficedula albicollis*である。これらの種に関連する記述として最も適当なものを選べ。

ア　マダラヒタキとシロエリヒタキは同じ科に属する。
イ　マダラヒタキとシロエリヒタキは異なる属に属する。
ウ　*hypoleuca*はマダラヒタキが属する目の名称を表している。
エ　シロエリヒタキの種小名は*Ficedula*である。

（センター試験生物）

ア

THEME 08 生物の多様性

POINT

- 生物は，多くの原核生物を含む**細菌**（バクテリア），極限環境に生息する原核生物が多い**アーキア**（古細菌），それ以外の**真核生物**（ユーカリア）の3つのドメインに分けられる。
- 三胚葉性の動物は，原口が成体の口になる**旧口動物**と，原口またはその付近に肛門が形成される**新口動物**に分けられる。
- 旧口動物の内，脱皮しないで成長する扁形動物・輪形動物・環形動物・軟体動物などの動物を**冠輪動物**，脱皮して成長する線形動物・節足動物を**脱皮動物**という。

ビジュアル要点

五界説

アメリカのホイッタカーは，生物を原核生物界（モネラ界），原生生物界，植物界，動物界，菌界の5つの界に分類した。

3ドメイン説

アメリカの**ウーズ**はrRNAの塩基配列にもとづき，生物を細菌（バクテリア），アーキア（古細菌），真核生物（ユーカリア）の3つのドメインに分類した。

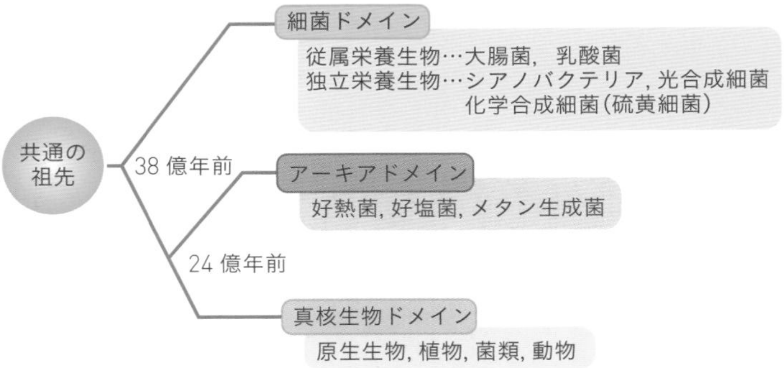

● 原生生物

運動性が高い 原生動物 や光合成を行う 藻類，アメーバ状の単細胞の時期ときのこ状の子実体の時期をくり返す 粘菌類 などが分類されている。

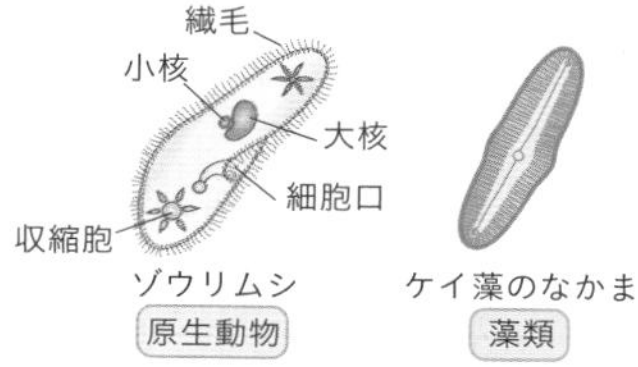

● 植物

コケ植物，シダ植物，裸子植物，被子植物が分類されている。裸子植物と被子植物をまとめて 種子植物 という。

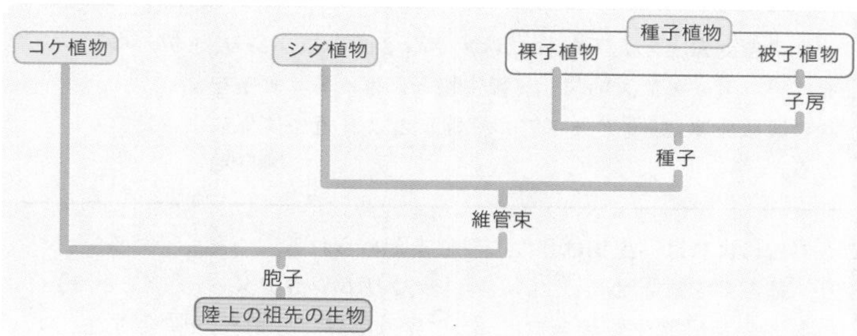

● 菌類

アオカビなどの 子のう菌類 や，シイタケなどの 担子菌類 が分類されている。

● 動物

胚葉が分化していない 海綿動物 や二胚葉動物，三胚葉動物が分類されている。三胚葉動物は，原口がそのまま口になる 旧口動物 と，原口またはその付近が肛門になる 新口動物 に分けられる。

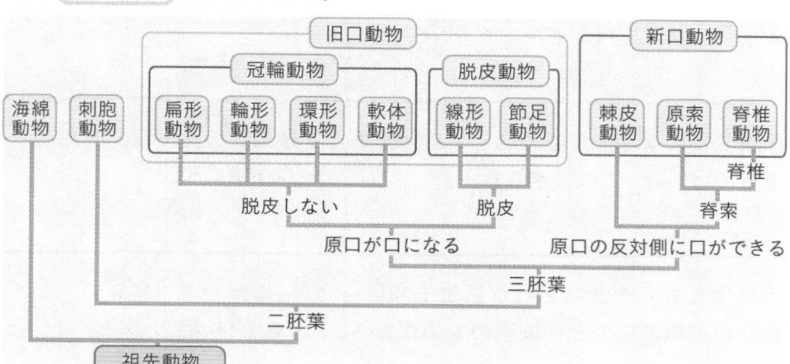

0181	塩基配列をもとにつくられた生物全体の系統樹では，真核生物は1群にまとまるが，原核生物は［ ① ］と［ ② ］の2群に分かれる。このうち，［ ① ］には大腸菌やシアノバクテリアが含まれる。（愛知教育大）	①細菌（バクテリア） ②アーキア（古細菌）
0182	マーグリスとホイッタカーによって［ ］説が提唱された。（日本大）	五界
0183	全生物を対象とした系統樹には大きな3つの枝があり，それぞれアーキア，細菌，真核生物とよばれる。ヒトを含む真核生物は，［アーキア　細菌］とより近い関係にある。（神戸大）	アーキア
0184	五界説によれば，生物は5つの界にまとめられる。つまり，細菌類をまとめた［ ① ］界，ゾウリムシやアメーバなどの単細胞生物を含む［ ② ］界，菌界，植物界，そして動物界である。（岡山大）	①原核生物（モネラ） ②原生生物
0185	［ ① ］はrRNAの塩基配列を比較することにより，すべて生物を細菌，アーキア，真核生物の3グループに大別する［ ② ］説を提唱した。（日本大）	①ウーズ ②3ドメイン
0186	rRNA遺伝子の塩基配列に基づいて生物全体の系統関係が調べられるようになると，生物には大きく［ ］とよばれる3つの群があることが明らかになった。（茨城大）	ドメイン
0187	原生生物のなかで，単細胞で葉緑体をもたず運動性のあるものは［ ］に分類される。（滋賀医科大）	原生動物
0188	葉緑体をもち光合成を行う原生生物は［ ］に分類され，単細胞のものと多細胞のものがある。（滋賀医科大）	藻類

0189	［　］という原生生物は，海綿動物などのえり細胞とよく似たからだの構造をもっており，べん毛により遊泳し，またそのはたらきで起きる水流を利用してバクテリアを捕食する。（慶應義塾大）	えりべん毛虫
0190	藻類のうち，ケイ酸を含む殻をもつ［①］や，光合成を行うとともにべん毛で運動するミドリムシ類や［②］は単細胞であり，褐藻類，紅藻類，緑藻類，シャジクモ類は多細胞である。（滋賀医科大）	①ケイ藻類 ②渦べん毛藻類
0191	［　］は，藻類に属する微生物で，からだは緑色で，植物のように光合成を行うことができる。また，動物のように移動することもできる。（慶應義塾大）	ミドリムシ
0192	陸上の植物は［　］のような淡水に生育する藻類から進化してきたと考えられている。（熊本大）	シャジクモ類
0193	陸上で生活する植物や，緑藻類，褐藻類などの藻類は，光合成色素として［　］を共通にもつ他，それぞれに特徴的な光合成色素をもっている。（東京農工大）	クロロフィル a
0194	現在みられる陸上植物は，大きく分けると，［①］植物，［②］植物，種子植物があり，この順番に進化してきたと考えられている。（愛知教育大）	①コケ ②シダ
0195	生物の一生を生殖と成長のくり返しであるととらえて，生殖細胞の形成から次の世代の生殖細胞の形成までをつないで輪の形に表したものを［　］という。（東京慈恵会医科大）	生活環
0196	陸上植物には動物にはみられない生活環がみられ，配偶体と胞子体による［　］がある。（奈良県立医科大）	核相交代 (世代交代)

0197	植物の生活環では，受精卵が成長して［①］になり，胞子を形成する。胞子は発芽・成長して［②］になり，配偶子（卵・精子など）を形成し，受精卵になる。（東京慈恵会医科大）	①胞子体 ②配偶体
0198	植物のからだは，外表面が［　］で覆われ，胚は多細胞の組織の中にあり，乾燥した陸上環境から保護されている。（熊本大）	クチクラ層
0199	シダ植物と種子植物は茎や葉の内部に水分や栄養分の移動にかかわる組織を発達させている。その組織名を［　］という。（熊本大）	維管束
0200	シダ植物の一種であるイヌワラビの葉の裏をみると胞子が入っている［　］がみられる。（奈良県立医科大）	胞子のう
0201	裸子植物の生活環は被子植物とほぼ同じであるが，イチョウ類やソテツ類では，雄性配偶子にあたるものは，精細胞ではなく［　］である。（立教大）	精子
0202	種子植物は［①］と被子植物に分類され，［①］では胚珠がむき出しであるのに対して，被子植物では胚珠が［②］に包まれている。（奈良県立医科大）	①裸子植物 ②子房
0203	植物のイチョウとソテツのなかまでは［　］で精子が形成され，シダ植物の精子と同じように自力で卵細胞まで泳いでいく。（奈良県立医科大）	花粉
0204	種子植物は，胚の発生が［　］の中で進むことや，生育に適さない時期に種子の状態で休眠することで，環境の変化が大きい陸上での生活に適応してきた。（東京農工大）	胚珠

0205	種子植物のうち，胚珠が子房の中にある植物のことを［　　］とよぶ。（千葉大）	被子植物
0206	DNAの塩基配列による系統解析の結果から，［　　］が動物に最も近縁な単細胞生物と推定されている。（奈良県立医科大）	えりべん毛虫
0207	動物のなかでは，組織（胚葉）の分化がみられない［　　］動物が，進化の早い段階で他の動物群から分かれたと考えられている。（奈良県立医科大）	海綿
0208	クラゲやサンゴなどの刺胞動物はその体制から［①］相称動物とよばれ，それ以外の動物は［②］相称動物とよばれる。（奈良県立医科大）	①放射 ②左右
0209	ヒドラは淡水産の［　　］動物で，約0.5 cmの長さの管状のからだをもつ。二胚葉性の動物で，内胚葉と外胚葉から構成されている。（滋賀医科大）	刺胞
0210	［①］動物であるセンチュウは三胚葉動物のうち胚発生における原口がそのまま成体の口になる［②］動物で，成長のパターンやDNAの塩基配列の比較から，昆虫などの節足動物に近い系統である。（香川大）	①線形 ②旧口
0211	節足動物は丈夫な［①］をもつとともに，からだの中にはりめぐらされた気管に空気を取りこんで呼吸を行う。また，この仲間は［②］とよばれる現象によって成長する。（熊本大）	①外骨格 ②脱皮
0212	［　　］幼生は，幼生期の軟体動物と環形動物にみられる。（鹿児島大）	トロコフォア

0213	背骨をもつ動物群である脊椎動物は，[　　]動物門に含まれる。（奈良県立医科大）	脊索
0214	新口動物のなかには脊索を形成しない[①]動物や発生の過程で一時的に脊索を形成する[②]動物，脊椎を形成するなど最も複雑な構造をもつ脊椎動物が含まれる。（明治大）	①棘皮 ②原索
0215	初期の魚類の骨格は軟骨であった。顎のある[①]類から，軟骨が骨に置き換わるものが現れた。このグループを[②]類という。（奈良県立医科大）	①軟骨魚 ②硬骨魚
0216	[　　]類は水中で産卵し，幼生期に水中で生活するので，幼生はえらを備えている。幼生が成長するとえらが退化して，肺呼吸に移行し，尾ひれが退化して上陸する。（奈良県立医科大）	両生
0217	[①]類は，毛で覆われた皮膚をもっており，同じく脊椎動物中では羽毛で覆われた皮膚をもつ[②]類とともに高い体温保持能力をもつ。（茨城大）	①哺乳 ②鳥
0218	哺乳類は，鳥類や[①]類とともに胚が[②]などの膜に包まれているため，[②]類とよばれる。（茨城大）	①は虫 ②羊膜
0219	哺乳類のなかで原始的なものには，卵を生む[①]類と，子が母親の育児のうの中で乳を飲んで発育・成長する[②]類がある。これら以外の哺乳類を[③]類という。（新潟大）	①単孔 ②有袋 ③真獣
0220	[①]の栄養型式は従属栄養で，細胞壁の主成分は多糖類の一種である[②]が含まれ，からだが菌糸からできている点などから植物とは全く異なっている。（東京農業大）	①菌類 ②キチン

0221
菌類に所属する生物は，有性生殖の様式や分子系統解析などにより，［　　　］類，子のう菌類，担子菌類などに分けられる。（東京農業大）
接合菌（ツボカビ，グロムス菌）

0222
菌類の多くは固着生活をし，他の生物が生産した有機物を分解して栄養分を得ている［　　　］生物である。（奈良県立医科大）
従属栄養

0223
3ドメイン説を提唱したのはだれか。最も適当な人名を選べ。
ア　ヘッケル　　イ　ウーズ
ウ　マーグリス　　エ　ホイッタカー　（順天堂大）
イ

0224
3ドメイン説が提唱された経緯とその内容として，最も適当なものを選べ。
ア　細胞構造や栄養生産の比較から，アーキアは，真核生物よりも細菌と近縁であることが示された。
イ　細胞構造や栄養生産の比較から，アーキアは，細菌よりも真核生物と近縁であることが示された。
ウ　分子データの比較から，アーキアは，真核生物よりも細菌と近縁であることが示された。
エ　分子データの比較から，アーキアは，細菌よりも真核生物と近縁であることが示された。（順天堂大）
エ

0225
ドメインについて説明した文章として最も適当なものを選びなさい。
ア　細菌よりもアーキアの方が真核生物に近縁である。
イ　すべての生物が共通にもつタンパク質のアミノ酸配列をもとに分類される。
ウ　葉緑体の祖先となったシアノバクテリアはアーキアに含まれる。
エ　T_2ファージは細菌に分類される。（日本大）
ア

0226	細菌やアーキアに関する説明として<u>不適切</u>と考えられるものを選びなさい。 ア　アーキアの細胞内では，染色体はむき出しの状態で存在している。 イ　細菌の細胞膜を構成する脂質はエーテル型で，アーキアはエステル型である。 ウ　細菌もアーキアも膜に包まれたミトコンドリアなどの細胞小器官は存在しない。 エ　アーキアには，超好熱菌や高度好塩菌といった極限環境に生育する微生物が含まれている。　（慶應義塾大）	イ
0227	原核生物はアーキアと細菌に分類されている。細菌の説明として適切なものを選べ。 ア　アメーバやゾウリムシと同じグループに属する単細胞生物で，複数の系統からなる。 イ　変形体を形成する真正粘菌と変形体を形成しない細胞性粘菌からなる。 ウ　従属栄養生物の大腸菌や化学合成独立栄養生物の硝化菌などからなる。 エ　熱水噴出環境にすむ好熱菌や嫌気的環境にすむメタン菌などからなる。　（大阪市立大）	ウ
0228	原生生物に含まれる生物についての記述として最も適当なものを選べ。 ア　単細胞で，すべて従属栄養である。 イ　単細胞で，独立栄養のものと従属栄養のものとがある。 ウ　単細胞または多細胞で，すべて従属栄養である。 エ　単細胞または多細胞で，独立栄養のものと従属栄養のものとがある。　（センター試験生物追試）	エ

0229	原生生物のなかで仮足によって運動するものを選びなさい。 ア　ゾウリムシ　　イ　アメーバ ウ　トリパノソーマ　　エ　ミドリムシ　（慶應義塾大）	イ
0230	以下の記述のうち，正しいものはどれか。 ア　現在，約1800万種の生物に名前がつけられている。 イ　原生生物は単細胞の生物群である。 ウ　維管束植物はシダ植物と種子植物からなる。 エ　菌類には独立栄養生物と従属栄養生物が含まれる。 （自治医科大）	ウ
0231	植物が種子を獲得したことでもたらされた変化として，最も適切なものを選べ。 ア　子房が発達して果実となり，動物による子孫散布の可能性が広がった。 イ　植物が乾燥地や寒冷地を含む陸上の広い地域へ進出した。 ウ　植物体の機械的強度が増した。 エ　生殖の際に精子が必要なくなった。　（筑波大）	イ
0232	植物に関連する記述として適当なものを選べ。 ア　コケ植物には根，茎および葉の区別がないが，維管束が発達する。 イ　植物は光合成色素としてクロロフィルaとクロロフィルbをもち，シャジクモ類と共通祖先をもつ。 ウ　イチョウは子房が発達した果実を実らせ，その中に硬い種子をもつ。 エ　シダ植物は葉と根をもつが，茎はもたない。 （センター試験生物）	イ

0233	次の記述から正しいものを選べ。 ア　コケ植物は，シダ植物同様，雌雄同株である。 イ　多くのシダ植物の胞子には，雌雄の区別がある。 ウ　裸子植物には，精子をつくるものがある。 エ　コケ植物やシダ植物の造卵器，造精器はいずれも複相（2n）である。（東京慈恵会医科大）	ウ
0234	シダ植物に属する生物を以下のなかから選べ。 ア　アオサ　イ　スギナ ウ　テングサ　エ　ヒノキ（立教大）	イ
0235	胚葉が未分化な動物を以下のなかから選べ。 ア　センチュウ　イ　プラナリア ウ　カイメン　エ　イソギンチャク（滋賀医科大）	ウ
0236	二胚葉が分化する動物を以下のなかから選べ。 ア　カイメン　イ　クラゲ ウ　サザエ　エ　ワムシ（立教大）	イ
0237	刺胞動物門に属する種を以下のなかから選べ。 ア　プラナリア　イ　ナメクジウオ ウ　ヒドラ　エ　バフンウニ（藤田保健衛生大）	ウ
0238	ミミズと同じ環形動物門に属するゴカイの幼生の形態が［　　］の幼生と似たトロコフォア幼生をとることから，ゴカイと［　　］は系統的に近いと考えられるようになった。空欄に当てはまる動物名を選びなさい。 ア　チョウ　イ　ヤスデ ウ　エビ　エ　ハマグリ（学習院大）	エ

0239	適切な文章を選びなさい。 ア　扁形動物，棘皮動物は，発生過程における原口が肛門になる。 イ　ミズクラゲの受精卵はのちに外胚葉と中胚葉へと分化する，二胚葉性である。 ウ　ヒドラやイソギンチャクは，えり細胞をもつ。 エ　脊索動物のなかには，脊椎をもたないものも存在する。（鹿児島大）	エ
0240	節足動物門の特徴として正しいものを選べ。 ア　散在神経系をもち中枢神経系はない。 イ　外骨格をもち脱皮をくり返して成長する。 ウ　からだは鱗で覆われ，えらで呼吸を行う。 エ　一生のうち脊索をもつ時期がある。（滋賀県立大）	イ
0241	以下の記述のうち，誤りはどれか。 ア　環形動物は体節をもたない。 イ　扁形動物は体腔をもたない。 ウ　線形動物は脱皮して成長する。 エ　節足動物は硬い外骨格をもつ。（自治医科大）	ア
0242	節足動物と最も系統的に近い動物群を選べ。 ア　環形動物　　イ　線形動物 ウ　扁形動物　　エ　軟体動物（熊本大）	イ
0243	原口付近は肛門になり，その反対側に口が形成される動物に属するものを選べ。 ア　ホヤ　　イ　クラゲ ウ　ミミズ　　エ　センチュウ（日本医科大）	ア
0244	ウニを含む分類群として最も適当なものを選べ。 ア　刺胞動物　　イ　棘皮動物 ウ　軟体動物　　エ　環形動物（岩手医科大）	イ

0245	脊椎動物にみられる形質のうち，脊椎動物がその出現以降に新たに獲得した形質の組み合わせとして最も適当なものを選べ。 ア　脊索，神経管　　イ　脊索，羊膜 ウ　四肢，羊膜　　エ　四肢，体腔 （センター試験生物追試）	ウ
0246	すべての哺乳類に共通する特徴を選びなさい。 ア　胎生である。 イ　子を養うための乳をつくる乳腺をもつ。 ウ　散在神経系をもつ。 エ　窒素代謝物をおもに尿酸として排出する。 （旭川医科大）	イ
0247	菌類でないものはどれか。 ア　担子菌類　　イ　接合菌類 ウ　変形菌類　　エ　子のう菌類　（自治医科大）	ウ
0248	担子菌類には二次菌糸による子実体を形成する［　　］が所属する。空欄に入る最も適切なものを選べ。 ア　ツユカビ，ミズカビ イ　酵母菌，ツキヨタケ ウ　クモノスカビ，ケカビ エ　マツタケ，シイタケ　（東京農業大）	エ

THEME 09 人類の系統と進化

POINT

- ▶ 霊長類とは、「手足に5本の指をもつ」、「両方の目が前を向き、立体的にものをみることができる」という特徴を備えた動物のことである。
- ▶ 約2200万年前、類人猿が出現した。類人猿の一部はやがて地上生活を始め、人類へと進化していった。

ビジュアル要点

● 霊長類の特徴

霊長類のツメは平爪である。また、親指がやや小さめで、他の4本の指と離れて向かい合っている。これを拇指対向性といい、木の枝などにつかまりやすい形態をしている。また、両方の目が顔の前方につき、対象を立体的に見る立体視が可能な範囲が広い。

〈拇指対向性〉

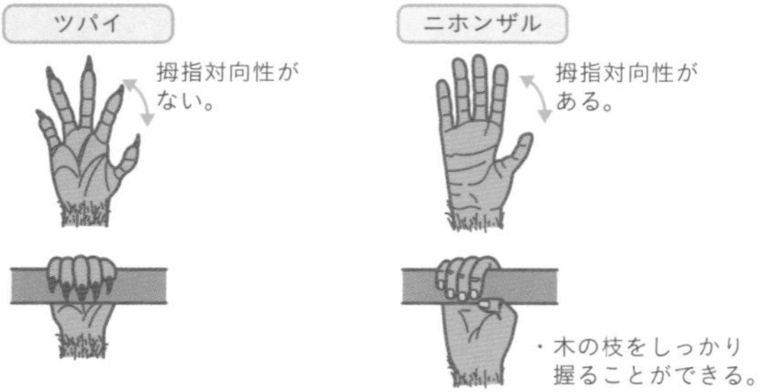

〈ツパイと霊長類（キツネザル）の視野〉

人類の誕生と進化

人類は 類人猿 から分岐し、進化してきた。人類とは、 直立二足歩行 を行う霊長類である。

人類では、 大後頭孔 が頭骨の下部に存在し、真下に向かって開いている。このため、頭部が脊柱によって垂直に支えられ、脳を大きくすることができた。

〈類人猿（ゴリラ）とヒトの骨格〉

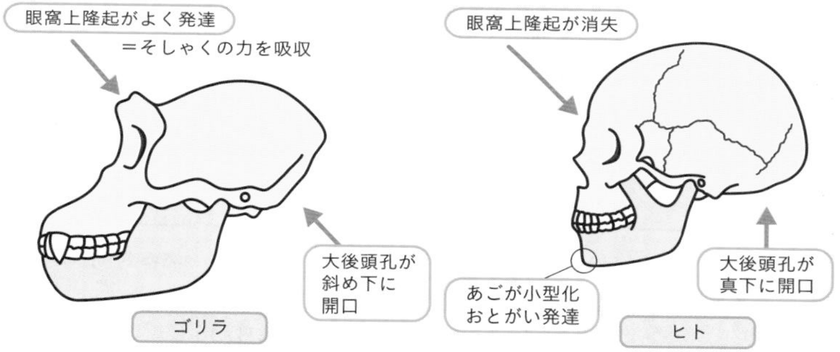

人類の系統

ヒト属は約300万年前にアフリカで出現した。ホモ・エレクトスはアフリカからアジアに広がり、ジャワ原人や北京原人となった。現生のヒトの起源は約 30 万年前とされる。

〈人類の脳容積の変化〉

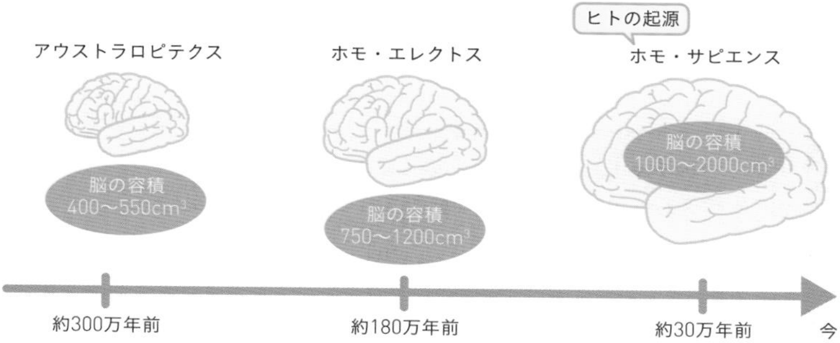

0249	[　　　]類の祖先はは虫類とは別の系統から進化し，体毛を発達させ，恒温性となり恐竜類の絶滅後，新生代に入って大放散した。（奈良県立医科大）	哺乳
0250	哺乳類のうち，ゴリラやチンパンジー，ヒトなどを含む動物のグループを[　　　]という。（オリジナル）	霊長類
0251	テナガザルやゴリラ，チンパンジーなどの人類に近縁な動物をまとめて[　　　]という。（オリジナル）	類人猿
0252	霊長類の多くは，指の爪が平爪で[　　　]性の手をもち，また両眼は顔の前面にあるなどの特徴をもつ。（旭川医科大）	拇指対向
0253	霊長類では両眼が顔の前面にあるため，[　　　]できる範囲が広くなり，遠近感をつかむ力が向上した。（オリジナル）	立体視
0254	人類が進化の過程で直立二足歩行を行うようになったことで，[　①　]が前方に位置して下向きになったり，[　②　]が短く幅広くなったりするなど，骨格も大きく変化した。（旭川医科大）	①大後頭孔 ②骨盤
0255	アフリカのチャドで約700万年前の地層から最古の人類化石と考えられている[　　　]が発見されている。（立命館大）	サヘラントロプス
0256	エチオピアのおよそ440万年前の地層から発見された[　　　]の一種であるラミダス猿人の化石からは，初期の人類が直立二足歩行をしていたと推定される。（滋賀医科大）	アルディピテクス

0257	400万年前から200万年前にかけて人類の多様性は劇的に増加し，この時期の多くの種はまとめて［　　］類とよばれる。これらの初期人類は，類人猿と異なる特徴をもっている。（滋賀医科大）	アウストラロピテクス
0258	［　　］（原人）は，腕が短く足が長い体形をし，形の整った石器や火などを使用していた。（立命館大）	ホモ・エレクトス
0259	80万年ほど前には，より脳の発達した旧人が出現し，そのなかから30万年前ごろに［　　］が出現した。彼らは現生人類と同じくらい大きな脳をもち，狩猟のための道具もつくっていた。（滋賀医科大）	ネアンデルタール人
0260	およそ30万年前にアフリカで現生人類である［　　］が出現し，全世界に広がっていったと考えられている。（慶應義塾大）	ホモ・サピエンス
0261	アウストラロピテクスの化石は数多く発見され，大後頭孔が真下に開口していることや，骨盤が横に広いことなどが確認されていることから，［　　］をしていたことがうかがえる。（立命館大）	直立二足歩行
0262	現在，生息しているホモ属は［　　］種類である。（立命館大）	1
0263	類人猿と現生人類の違いに関する記述として最も適当なものはどれか。 ア　現生人類は眼窩上隆起が発達している。 イ　現生人類は大後頭孔が頭骨の真下にある。 ウ　類人猿にはおとがいがある。 エ　類人猿は現生人類と比べて骨盤の幅が広い。 （獨協医科大）	イ

0264	次の人類が出現した順序を答えなさい。 ア　アウストラロピテクス類 イ　サヘラントロプス ウ　ネアンデルタール人 エ　ホモ・エレクトス　（獨協医科大）	イ→ア→エ→ウ
0265	人類に関する記述として最も適当なものを選べ。 ア　アウストラロピテクスは，直立二足歩行を行わなかった。 イ　アウストラロピテクスは，約700万年前のアフリカに生息した。 ウ　ヒト（ホモ・サピエンス）のあごは，類人猿のあごに比べて大きく発達する。 エ　ヒト（ホモ・サピエンス）は，約30万年前にアフリカで出現した。　（センター試験生物）	エ

PART

2

生命現象と物質

0266–0658

すべての生物は，細胞からできており，ATP を介してエネルギーのやりとりを行い，DNA の遺伝情報をもとにして新たな細胞や次世代の個体をつくっています。ここでは，これらの生物に共通するしくみについて理解してゆきましょう。

THEME 10 生体を構成する物質

POINT

- 細胞を構成している物質のうち，最も多く含まれているのは水である。
- 細胞を構成するおもな有機物は，タンパク質，核酸，脂質，炭水化物である。
- 無機塩類は，細胞内や体液中にイオンとして溶け込み，タンパク質や核酸の構造を安定させるなどのはたらきをしている。

ビジュアル要点

● 細胞を構成する物質の割合

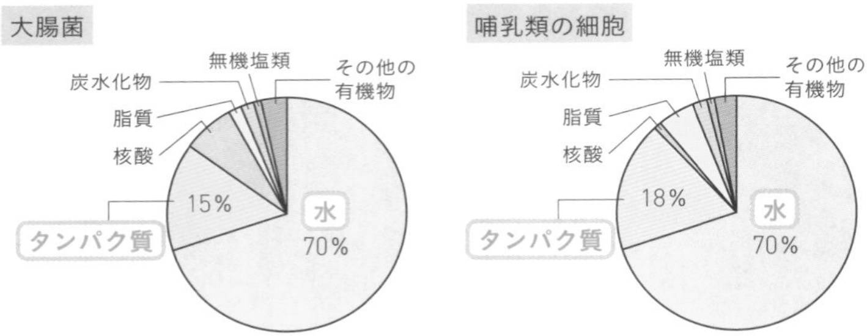

● 有機物を構成する元素

有機物	構成元素	特　徴
タンパク質	C，H，O，N，S	酵素・抗体・ホルモンなどの成分であり，生体の構造や機能にかかわっている。
脂　質	C，H，O，P	生体膜の成分であるリン脂質や，エネルギー源である脂肪などがある。
炭水化物	C，H，O	生体内のおもなエネルギー源である。単糖類・二糖類・多糖類がある。
核　酸	C，H，O，N，P	遺伝情報を担うDNAや，タンパク質合成にはたらくRNAなどがある。

0266	生物のからだに含まれる［　　］には，水素，炭素，窒素，酸素，ナトリウム，リン，硫黄，塩素，カリウム，カルシウムなどがある。（大阪市立大）	元素
0267	細胞を構成する物質には，タンパク質や炭水化物，脂質などの［①］，Na，K，Caなどの［②］などがある。（オリジナル）	①有機物 ②無機塩類（無機物）
0268	［　　］は生物体を構成するタンパク質，アミノ酸，クロロフィルやATPなどに含まれる重要な元素である。（明治大）	窒素
0269	タンパク質を構成するアミノ酸に含まれる元素を下から１つ選びなさい。 ア　フッ素　イ　ケイ素　ウ　リン　エ　硫黄（法政大）	エ
0270	［　　］は，核酸の構成単位であるヌクレオチドや，細胞膜を構成する脂質の親水性部分である頭部にも含まれる元素である。（学習院大）	リン
0271	動物と植物の細胞は，いずれも細胞重量の約70％は［　　］が占めている。（関西大）	水
0272	水分子は極性分子である。また，水分子どうしは［　　］を介して弱く結合している。（オリジナル）	水素結合
0273	［　　］は，生体内において，おもにエネルギー源となっている。単糖であるグルコースや二糖のスクロース，多糖のデンプンなどがある。（オリジナル）	炭水化物

0274	動物細胞はさまざまな生体物質で構成されているが，水を除くと、そのなかで最も量が多いのが[　　　]である。（慶應義塾大）	タンパク質
0275	[　　　]には，脂肪やリン脂質などがあり，エネルギー源や生体膜の成分としての役割をはたしている。（オリジナル）	脂質
0276	[　①　]にはDNAとRNAがあり，いずれも[　②　]がその構成単位である。（岡山大）	①核酸 ②ヌクレオチド

THEME 11 タンパク質の構造と性質

POINT

- タンパク質は，多数の アミノ酸 が ペプチド 結合によって鎖状につながってできている。
- タンパク質の二次構造には，らせん状の αヘリックス 構造やシート状の βシート 構造がある。
- タンパク質の立体構造が高温や酸・アルカリなどによって変化することを 変性 といい，これによってタンパク質の機能が失われることを 失活 という。

ビジュアル要点

アミノ酸の基本構造

アミノ酸は，1つの炭素原子に アミノ 基，カルボキシ 基，水素原子，側鎖が結合した構造をもつ。

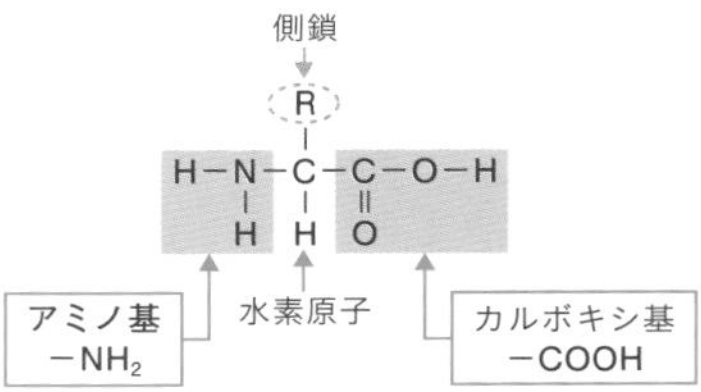

さまざまなアミノ酸

タンパク質を構成するアミノ酸は 20 種類あり，それぞれ側鎖の構造が異なる。アミノ酸の性質は，この側鎖の違いによって決まる。

〈アミノ酸の例〉

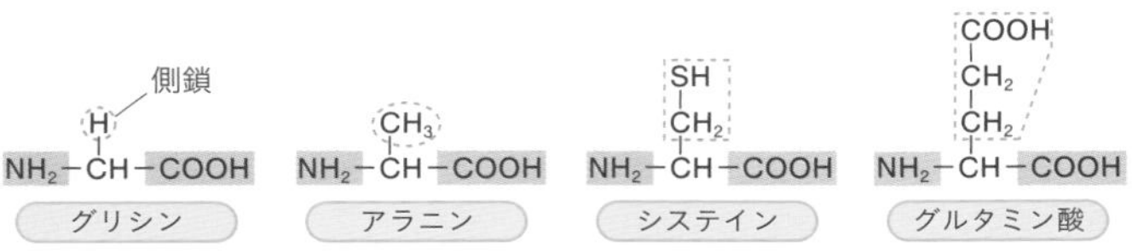

アミノ酸の結合

多数のアミノ酸がペプチド結合によってつながった構造をポリペプチドという。また，ポリペプチドのアミノ酸の並び順を 一次構造 という。

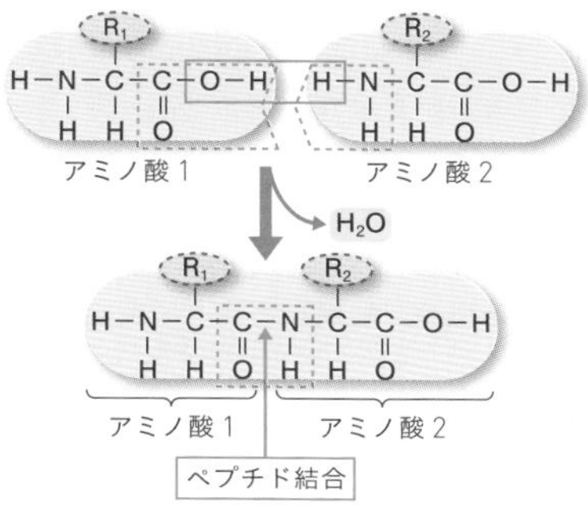

タンパク質の立体構造

ポリペプチドは，水素結合によって，らせん状の αヘリックス構造 や，ジグザグに折れ曲がった βシート構造 をとる。このようなタンパク質の部分的な立体構造を 二次構造 という。

ポリペプチドは，αヘリックス構造やβシート構造をもちながら，分子全体で複雑な立体構造をとる。これを 三次構造 という。

さらに，タンパク質によっては，複数のポリペプチドが組み合わさることにより，四次構造 をつくるものがある。

〈二次構造〉

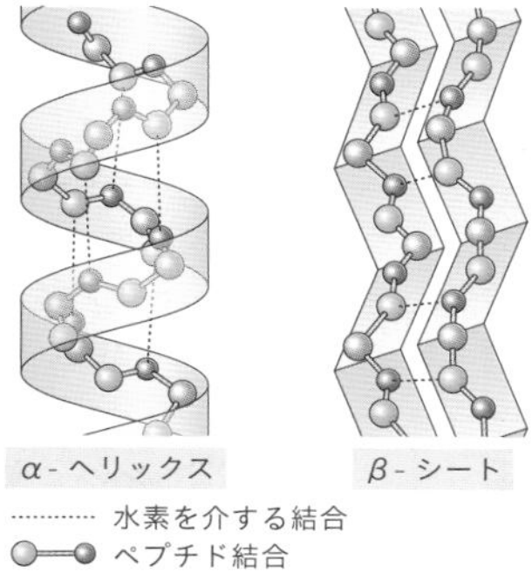

〈三次構造〉

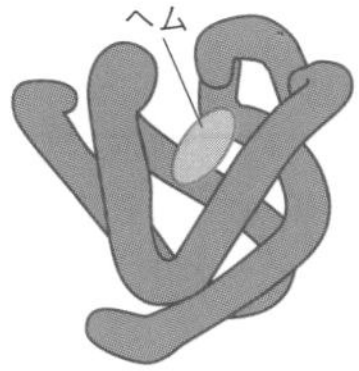

ミオグロビン

〈四次構造〉

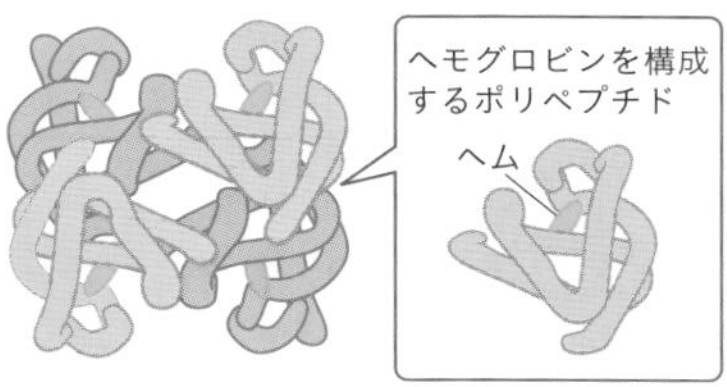

ヘモグロビン

☑ 0277	[　　　]とは同一分子内にカルボキシ基とアミノ基をもつ化合物をいう。（岩手大）	アミノ酸
☑ 0278	生物体内において，[　　　]は，物質の運搬，組織の収縮，情報伝達，触媒など種々の役割を担っている。（近畿大）	タンパク質
☑ 0279	アミノ酸は，１つの[　　　]原子に水素原子，アミノ基，カルボキシ基と側鎖が結合したものである。（近畿大）	炭素
☑ 0280	側鎖に硫黄原子を含むアミノ酸を選びなさい。 ア　イソロイシン　　イ　グリシン ウ　システイン　　　エ　セリン（近畿大）	ウ
☑ 0281	天然のタンパク質を構成するアミノ酸で最も分子量の小さいアミノ酸は，炭素原子にカルボキシ基とアミノ基の他に２つの水素原子が結合した[　　　]である。（岩手大）	グリシン
☑ 0282	[　　　]とシステインの２種類のアミノ酸には硫黄が含まれている。（関西大）	メチオニン
☑ 0283	アミノ酸は，それぞれの[　　　]の違いにより生体内では全部で20種類存在し，疎水性や親水性などの特徴を示す。（名古屋市立大）	側鎖
☑ 0284	アミノ酸の構造を，アラニンを例として見ると， [同一　異なる２つ　異なる３つ] の炭素原子に，アミノ基，カルボキシ基，水素原子，そして側鎖としてメチル基が結合している。（北里大）	同一

0285	タンパク質は多数のアミノ酸が鎖状に結合した物質であり，その結合を［　　］結合とよぶ。（岡山大）	ペプチド
0286	アミノ酸には側鎖の異なる［　　］種類があり，それらがどのような順番でいくつ並んでいるかという一次構造に依存して，それぞれのタンパク質は多様な形や性質をもつ。（学習院大）	20
0287	タンパク質は多数のアミノ酸がペプチド結合とよばれる結合によって鎖状に長く連結され，このアミノ酸の鎖は［　　］とよばれる。（弘前大）	ポリペプチド
0288	タンパク質を構成するアミノ酸の配列を［　　］構造とよぶ。（岡山大）	一次
0289	あるアミノ酸のアミノ基と別のアミノ酸のカルボキシ基が反応すると，［　　］1分子が脱離して，ペプチド結合ができる。（センター試験生物）	水
0290	ペプチド結合では，2つのアミノ酸がどの原子間で結合するか。 ア　C-H間　　イ　C-C間 ウ　C-N間　　エ　C-O間（上智大）	ウ
0291	ポリペプチドの離れた位置にあるアミノ酸どうしが［　　］結合を形成することで，αヘリックス構造やβシート構造をとる。（千葉大）	水素
0292	タンパク質の［　　］構造とは，ジグザグ状やらせん状の構造をいう。（センター試験生物）	二次

0293	タンパク質中の部分的な構造には，1つのポリペプチド鎖内で水素結合してらせん状になった［　　］構造がある。（群馬大）	αヘリックス
0294	鎖のように連なったアミノ酸が平行に並び，びょうぶ状に折れ曲がったシート状の構造を［　　］構造という。（近畿大）	βシート
0295	タンパク質の［　　］構造とは，システインの側鎖間につくられる結合などによって立体的に配置された構造をいう。（センター試験生物）	三次
0296	タンパク質の種類によっては，サブユニットが複数集合して四次構造をとるものもある。例えば，ヘモグロビンは［　　］つのサブユニットが結合した四次構造をとる。（近畿大）	4
0297	アミノ酸に含まれる［　　］どうしが結合してポリペプチドの間を橋渡しすることが，タンパク質が固有の構造をとるのに重要な役割を担っている。（弘前大）	硫黄
0298	インスリンは，2本のペプチド鎖が［　　］結合でつながった構造をもつポリペプチドである。（群馬大）	S−S（ジスルフィド）
0299	複数のポリペプチドが組み合わさってできる立体構造をタンパク質の［　　］構造という。（センター試験生物）	四次
0300	強い酸やアルカリ，高温によって，タンパク質の構造が壊れることを［　　］という。（千葉大）	変性

0301	タンパク質の構造が壊れることにより，そのはたらきが失われることを［　　　］という。（オリジナル）	失活
0302	ポリペプチドは正しく折りたたまれることで，立体構造をつくる。このように，ポリペプチドが折りたたまれることを［　　　］という。（オリジナル）	フォールディング
0303	ほとんどのタンパク質は細胞内で合成されている間は，立体構造は形成されず，合成後に［　　　］というタンパク質の作用を受けて折りたたまれ，立体構造を形成する。（関西大）	シャペロン
0304	以下の生体物質のうちタンパク質からなるものはどれか。 ア　コレステロール　　イ　セルロース ウ　ケラチン　　エ　グリコーゲン（日本大）	ウ
0305	赤血球に存在する［　　　］は，アミノ酸以外の成分を含み，かつ複数のポリペプチドが会合した状態で機能するタンパク質としてよく知られている。（学習院大）	ヘモグロビン
0306	次のうち誤りはどれか。 ア　アミノ酸の性質は，側鎖によって決まる。 イ　タンパク質の立体構造は，熱によって変化する。 ウ　ポリペプチドは，らせん構造をとることがある。 エ　タンパク質の両端は，アミノ基である。（自治医科大）	エ
0307	タンパク質の構造についての記述として適切なものを答えなさい。 ア　一次構造は70℃程度の熱で破壊される。 イ　二次構造の形成には水素結合が重要である。 ウ　三次構造は3つのポリペプチドから形成される。 エ　すべてのタンパク質は四次構造をもつ。（北里大）	イ

THEME 12 酵素のはたらき

POINT

- 酵素は特定の物質だけに作用する。この性質を基質特異性という。
- 酵素には，特有の立体構造をもつ活性部位があり，この部位に基質が結合することで，酵素ー基質複合体が形成される。
- 酵素が最もよくはたらく温度を最適温度といい，酵素が最もよくはたらくpHを最適pHという。

ビジュアル要点

酵素の構造とはたらき

酵素が作用する物質を基質といい，酵素反応によってつくられた物質を生成物という。酵素の活性部位に基質が結合すると，酵素ー基質複合体が形成され，基質は酵素の作用を受けて生成物になる。酵素は，特定の基質だけに作用する。これを基質特異性という。

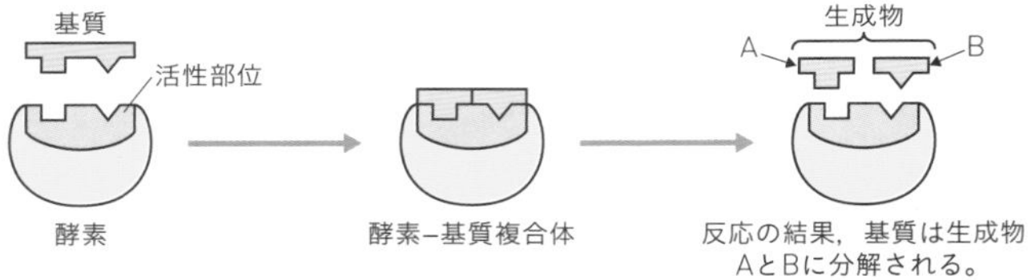

酵素の反応速度

酵素濃度が一定の場合，基質濃度を高くしていくと，酵素の反応速度は上昇する。しかし，基質濃度がある程度以上になると，すべての酵素が基質と結合した状態になるため，反応速度は一定になる。

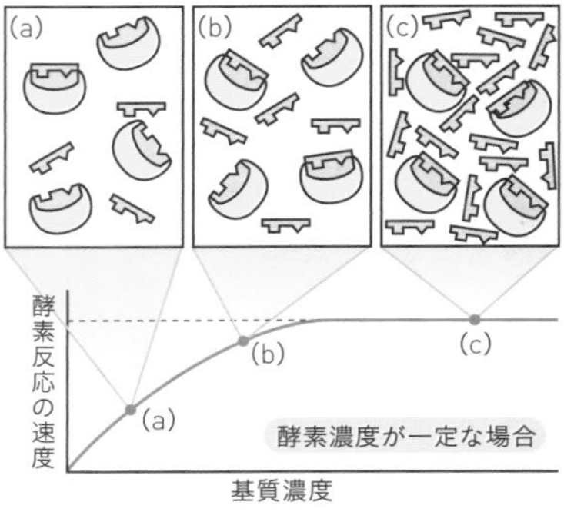

酵素の反応とエネルギー

化合物が変化するためには，反応しやすい状態（活性化状態）になる必要がある。そのために必要なエネルギーが活性化エネルギーである。酵素には，活性化エネルギーを小さくする働きがあるため，反応を起きやすくすることができる。

〈酵素と活性化エネルギー〉

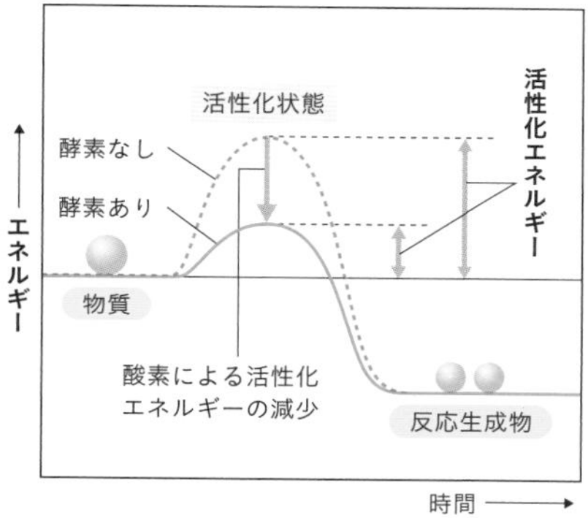

アロステリック酵素

活性部位以外の部位に阻害物質が結合することで，酵素反応が阻害されることを非競争的阻害という。

このような阻害を受ける酵素のひとつにアロステリック酵素がある。この酵素は，活性部位以外の部位（アロステリック部位）に阻害物質が結合すると，立体構造が変化し，酵素ー基質複合体が形成されなくなる。

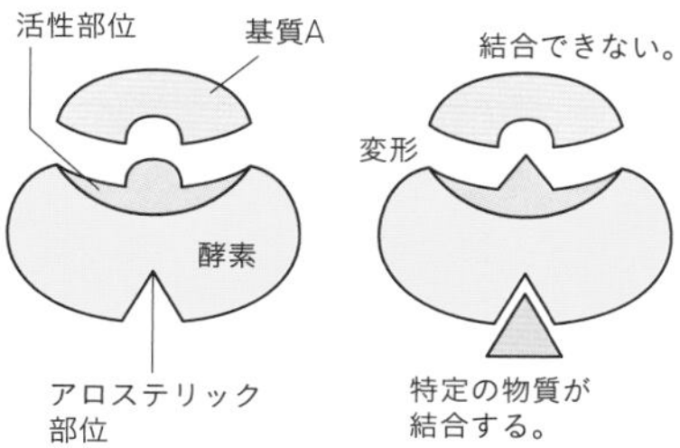

0308	タンパク質は生物体内でさまざまな役割を果たしているが，その1つに体内のさまざまな化学反応を促進する機能があり，この機能をもったタンパク質を[ ]とよぶ。（岩手大）	酵素
0309	生体内で化学反応が進行するためには，中間状態を経なければならない。化学反応の起こりやすさは，この中間状態と反応前の状態のエネルギーの差で決まる。このエネルギーの差を[ ]とよぶ。（愛媛大）	活性化エネルギー
0310	一般に，酵素は[ ]が主成分である。（お茶の水女子大）	タンパク質
0311	酵素は反応に必要とされる活性化エネルギーを［増加　低下］させることで反応を促進する。（岡山大）	低下
0312	酵素は[ ]としてはたらき，生体内の化学反応を効率よく進行させている。（センター試験生物）	触媒
0313	酵素が作用する物質は，その酵素の[ ]とよばれる。（センター試験生物）	基質
0314	基質は酵素の作用を受けて[ ]となる。（上智大）	生成物
0315	酵素にはそれぞれ特有の立体構造をもつ[ ]があり，ここにその構造に適合した基質だけが結合して反応が起こる。（愛媛大）	活性部位

0316	ある酵素が触媒作用を示すことができる物質はきわめて限られており，酵素のもつこの性質を［　　］という。（お茶の水女子大）	基質特異性
0317	酵素は特有の立体構造をとる活性部位をもち，それに適合した基質とのみ［　　］を形成する。（岡山大）	酵素－基質複合体
0318	酵素を構成するアミノ酸の組成は，酵素反応の前後で変化［する　しない］。（センター試験生物）	しない
0319	酵素タンパク質だけでは進まない化学反応もあり，低分子の有機物が必要な場合もある。このような低分子の有機物を総称して［　　］とよぶ。（お茶の水女子大）	補酵素（補助因子）
0320	酵素には，その作用を現すために分子量の小さな有機物を必要とするものがある。この物質は，酵素との結合が弱く，半透膜を利用して分離することができる。この操作を［　　］という。（関西大）	透析
0321	補酵素は，熱に対して比較的［弱い　強い］。（関西大）	強い
0322	だ液に含まれ，デンプンを分解する［　　］など，体内では多種多様な酵素がはたらいている。（岩手大）	アミラーゼ
0323	マルトースは［　　］により分解されて，単糖のグルコースに変わる。（日本医科大）	マルターゼ

0324	（　　）は動物の肝臓などに含まれており，体内で生じた過酸化水素に作用して酸素を発生させる。（愛媛大）	カタラーゼ
0325	だ液アミラーゼは，基質として（　　）を用いて，二糖であるマルトースに分解する反応を行う。（徳島大）	デンプン
0326	小腸内ではマルターゼはマルトースを（　　）に分解する。（関西大）	グルコース
0327	ヒトの口から胃に送られたタンパク質は，胃液に含まれる（　　）というタンパク質分解酵素によって分解され，短いペプチドになる。（大阪市立大）	ペプシン
0328	米に含まれる栄養素であるデンプンは，だ液やすい液に含まれるアミラーゼによって二糖類である（　　）に分解される。（同志社大）	マルトース
0329	反応速度が最大になる温度は酵素ごとに異なる。酵素の反応速度が最大になる温度を（　　）という。（立命館大）	最適温度
0330	多くの酵素においては，作用するのに最も適したpHが決まっている。これを（　　）という。（大阪府立大）	最適 pH
0331	最適温度以下では，温度が上がるほど酵素の反応速度は［高く　低く］なる。（センター試験生物）	高く
0332	胃液中ではたらくペプシンの最適pHは約（　　）である。（センター試験生物）	2

☑0333	□は，弱アルカリ性の条件下で作用するタンパク質分解酵素である。（立教大）	トリプシン
☑0334	ヒトの酵素の多くは，70℃以上で触媒活性を失う。この理由として最も適したものを選びなさい。 ア　タンパク質の共有結合が切断されるから。 イ　タンパク質の立体構造が変化するから。 ウ　タンパク質をコードする遺伝子が切断されるから。 （早稲田大）	イ
☑0335	酵素濃度が一定で基質濃度が十分に低い場合，酵素反応の速度は，[基質濃度　温度] にほぼ比例して大きくなる。（関西大）	基質濃度
☑0336	基質濃度がある濃度以上になると反応溶液中の□が増加しないため，基質濃度を増やしても反応速度は変化しない。（近畿大）	酵素ー基質複合体
☑0337	基質濃度が十分高い場合，酵素反応の速度は [酵素濃度　温度] に比例する。（関西大）	酵素濃度
☑0338	一般的な酵素反応において，単位時間あたりに得られる生成物の量を増加させるための方法として，不適切なものを選びなさい。 ア　温度をその酵素の最適温度まで上げる。 イ　酵素濃度よりも基質濃度が十分に高い条件において酵素濃度を上げる。 ウ　基質とよく似た構造で活性部位と非常に強く結合するような化合物を添加する。（慶應義塾大）	ウ
☑0339	一連の酵素反応によってできた最終産物が，その生成にかかわる酵素のはたらきを促進または抑制することがある。これを□という。（センター試験生物）	フィードバック調節

0340	一連の酵素反応において，最終産物が最初の段階に作用する酵素のはたらきを抑制することで，最終産物の量を減少させる場合を［　　］という。（オリジナル）	フィードバック阻害
0341	酵素には，活性部位以外の場所に他の物質が結合し，立体構造が変化することで活性が変化するものがある。このような酵素を［　　］という。（熊本大）	アロステリック酵素
0342	ある種の酵素には，基質が結合する部位である活性部位の他に，基質以外の特定の物質が結合し，酵素の活性を変化させる部位である［　　］がある。（センター試験生物）	アロステリック部位
0343	ある物質が酵素の活性部位以外に結合して酵素反応が阻害や促進される場合があり，これを［　　］という。（お茶の水女子大）	アロステリック効果
0344	酵素反応の速度は，基質と化学構造の似ている物質が存在すると低下することがある。このような物質の作用を［　　］という。（愛媛大）	競争的阻害
0345	酵素の活性部位以外の場所に阻害物質が結合することで，反応速度が低下することを［　　］という。（センター試験生物）	非競争的阻害
0346	立体構造が［基質　生成物］によく似た物質を酵素反応液に加えると酵素反応が阻害されることがある。この現象を酵素反応の競争的阻害という。（近畿大）	基質
0347	競争的阻害は，阻害物質の濃度が一定のとき，［基質　生成物］の濃度が高くなるとほとんどみられなくなる。（関西大）	基質

0348

酵素に関する記述として誤っているものを選べ。
ア　食物として摂取した酵素の多くは，そのままヒトの体内に取りこまれて細胞内ではたらく。
イ　酵素は，おもにタンパク質でできている。
ウ　多くの酵素は，くり返し作用しうる。
エ　ある種の酵素は，細胞外に分泌されてはたらく。
（センター試験生物基礎追試）

ア

0349

酵素に関する記述のうち，正しいものを選べ。
ア　酵素の量は反応の前後で変化する。
イ　70℃以上で活性をもつ酵素が存在する。
ウ　酵素を構成するアミノ酸の配列を二次構造とよぶ。
（日本医科大）

イ

0350

コハク酸脱水素酵素はコハク酸を酸化してフマル酸を生成すると同時にFADを還元して$FADH_2$にする。この酵素の阻害物質としてマロン酸がある。マロン酸の性質として最も適切なものを選べ。
ア　コハク酸と構造が似ている。
イ　フマル酸と構造が似ている。
ウ　$FADH_2$の酸化に関与する。
エ　FADの還元に関与する。
（日本医科大）

ア

THEME 13 細胞の構造

POINT

- 細胞は，核をもつ 真核 細胞と，核をもたない 原核 細胞に分けられる。
- 真核細胞では，ミトコンドリアや葉緑体などの 細胞小器官 がみられる。
- 細胞の最外層には 細胞膜 があり，細胞内と外界を隔てている。

ビジュアル要点

原核細胞と真核細胞

核をもたない細胞を原核細胞といい，原核細胞からなる生物を 原核生物 という。一方，核をもつ細胞を真核細胞といい，真核細胞からなる生物を 真核生物 という。

真核細胞の構造

真核細胞には細胞小器官というさまざまな構造がみられ，その間を 細胞質基質 が満たしている。

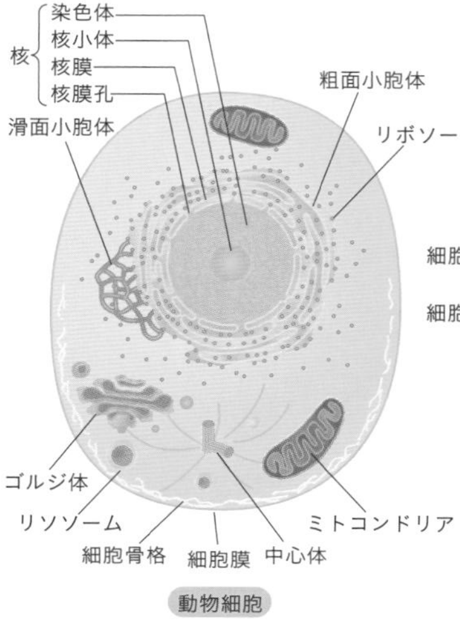

動物細胞

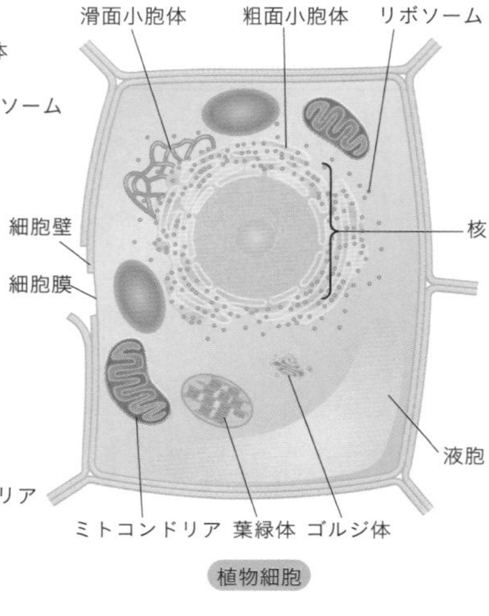

植物細胞

核

核の最外層には二重膜の核膜があり，内部にはクロマチン（染色体）と1～数個の核小体が存在する。核膜には，多数の核膜孔がある。

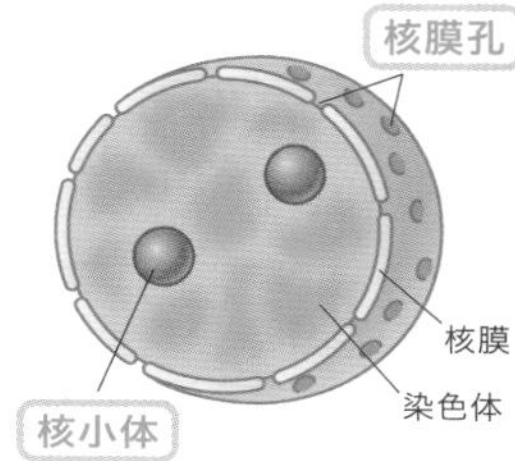

ミトコンドリア

粒状または糸状の細胞小器官で，呼吸の場としてはたらく。外膜と内膜からなる二重膜をもつ。内膜の突出した部分をクリステ，内膜に囲まれた部分をマトリックスという。核とは別のDNAをもつ。

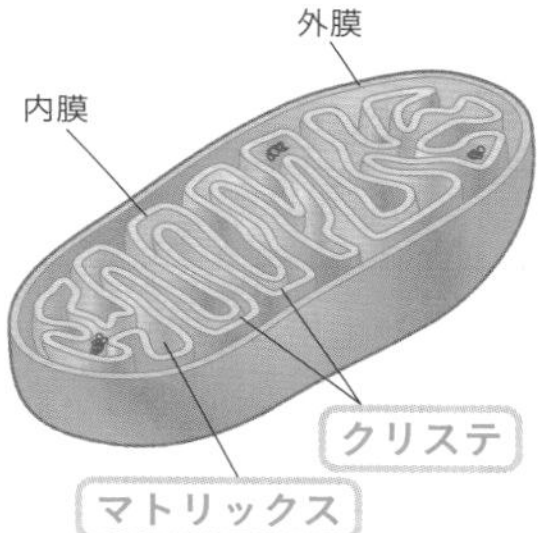

葉緑体

植物や藻類の細胞でみられる細胞小器官で，光合成の場としてはたらく。外膜と内膜からなる二重膜をもつ。内膜はチラコイドという扁平な袋状の構造をつくり，チラコイドは積み重なってグラナという構造をとる。チラコイド以外の部分はストロマとよばれる。核とは別のDNAをもつ。

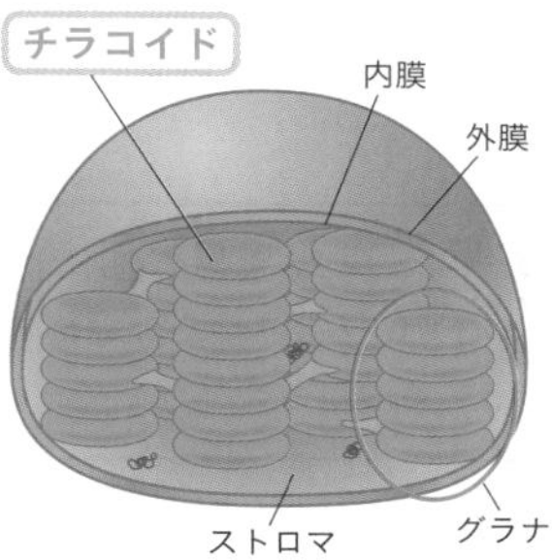

細胞骨格

タンパク質でできた繊維状の構造である細胞骨格は，アクチンフィラメント，微小管，中間径フィラメントの3つがある。

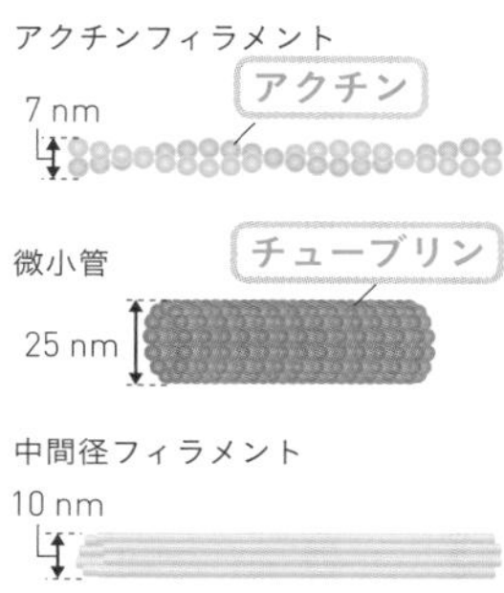

0351	細胞は，［①］と［②］に大きく分けられ，細菌のからだは［①］から，植物や動物のからだは［②］からできている。（愛知教育大）	①原核細胞 ②真核細胞
0352	［原核生物　真核生物］である細菌類は，細胞内にDNAをもつが，それを包む核膜をもたない。（宮崎大）	原核生物
0353	原核生物である大腸菌の染色体DNAは［　］とよばれる領域に偏在している。（信州大）	核様体
0354	原核生物は［①］と［②］の2群に分かれる。このうち，［②］には大腸菌やシアノバクテリアが含まれる。（愛知教育大）	①アーキア ②細菌
0355	真核細胞内には［　］とよばれるさまざまな構造体がみられ，これらはそれぞれ独自のはたらきをもっている。（岐阜大）	細胞小器官
0356	一般に真核生物の細胞は，［①］と［②］からなる。［①］は，生命の維持や成長，細胞の形態の決定に関するはたらきをしている。（京都工芸繊維大）	①核 ②細胞質
0357	細胞小器官の間にあって，構造のみられない液状の部分を［　］という。（関西大）	細胞質基質
0358	生物の細胞の基本的な構造は共通しており，細胞質の最外層は［　］になっている。（宇都宮大）	細胞膜
0359	核は，通常，細胞に1個みられる球形の構造物で，遺伝子の本体である［　］が含まれている。（岐阜大）	DNA

0360	核は，DNAを染色する色素でよく染まり，遺伝情報を含んだクロマチンと1〜数個の[　　]を含む。（京都工芸繊維大）	核小体
0361	核の最外層には2枚の膜からなる[　　]がある。（宇都宮大）	核膜
0362	核小体は[　　]を合成する。（東京農工大）	rRNA
0363	核の最外層は2枚の膜からなる核膜である。核膜の外側の膜と直接つながっている構造体は[　　]である。（高知大）	小胞体
0364	真核生物の細胞質には，さまざまな細胞小器官が含まれているが，そのうち[　　]は，球形あるいは円筒形であり，さまざまな生命現象にかかわるエネルギーをつくり出す。（京都工芸繊維大）	ミトコンドリア
0365	[　　]は，植物細胞に特徴的にみられる細胞小器官で，光合成を行っている。（京都工芸繊維大）	葉緑体
0366	葉緑体，有色体や白色体を総称して[　　]という。（オリジナル）	色素体
0367	[　　]は細胞質基質中に広がる袋状の構造物で，物質の通路としてはたらく。（岐阜大）	小胞体

0368	＿＿は，扁平な袋状の構造が数層に重なってできており，タンパク質や脂質などを，小胞を介して輸送するはたらきをもつ。（近畿大）	ゴルジ体
0369	＿＿は，各種の分解酵素を含み，細胞内に取りこんだものや不要になった細胞小器官などを分解するはたらきをもつ。（岐阜大）	リソソーム
0370	＿＿は，成熟した植物細胞でよくみられ，細胞液で満たされており，糖や無機塩類の貯蔵や濃度の調節などのはたらきをしている。（京都工芸繊維大）	液胞
0371	多くの動物細胞では，細胞膜が細胞どうしを隔てているが，植物細胞では細胞膜の外に＿＿が存在する。（香川大）	細胞壁
0372	細胞内部は細胞質基質で満たされ，細胞の形や細胞内の細胞小器官はタンパク質でできた繊維状の構造物で支えられている。この構造物を＿＿という。（岐阜大）	細胞骨格
0373	＿＿は，中心に微小管が集まってできた２本の中心小体をもち，動物細胞では細胞分裂時に両極から紡錘糸を出す。紡錘糸は細胞分裂の際に染色体を移動させる役割をもつ。（京都工芸繊維大）	中心体
0374	真核細胞には，細胞骨格とよばれる繊維状の構造があり，細胞の形の調節や運動，細胞小器官の移動などにかかわっている。細胞骨格には＿＿，微小管，中間径フィラメントの３種類が存在する。（大阪市立大）	アクチンフィラメント
0375	ミトコンドリアは，有機物のもつエネルギーを取り出す＿＿のおもな場であり，外膜と内膜からなる球状または棒状の細胞小器官である。（岐阜大）	呼吸

0376	ミトコンドリアの内膜には，［　　］とよばれる複雑に入り組んだひだ状の構造が認められる。（岐阜大）	クリステ
0377	ミトコンドリアは，外膜と内膜の二重膜からなる細胞小器官である。内膜に囲まれた内部は［　　］とよばれる。（奈良県立医科大）	マトリックス
0378	葉緑体は2枚の生体膜からできており，内部には，袋状の［ ① ］が層状に積み重なった［ ② ］がところどころでみられ，［ ① ］には光合成色素が含まれている。（宮城大）	①チラコイド ②グラナ
0379	葉緑体には外膜と内膜があり，内膜の内側に水溶性タンパク質などを含む区画である［　　］がある。（山口大）	ストロマ
0380	葉緑体の［　　］には光合成に必要な光エネルギーを吸収する光合成色素が含まれている。（慶應義塾大）	チラコイド膜
0381	ミトコンドリアや葉緑体は，他の細胞小器官と異なり，二重膜構造をもち，内部に［　　］をもつなどの特徴がある。（愛知教育大）	DNA
0382	小胞体には，リボソームが表面にある［ ① ］と，リボソームのない［ ② ］の2種類がある。（京都工芸繊維大）	①粗面小胞体 ②滑面小胞体
0383	ゴルジ体は，［一重　二重］の生体膜からできている。通常，数層に重なる扁平な袋状構造と，そのまわりに散在する球状の小胞からなる。（岐阜大）	一重

0384	変性したタンパク質は小胞に取りこまれ，小胞は[　　]と融合し，分解酵素によりアミノ酸まで分解される。（立命館大）	リソソーム
0385	細胞が，リソソームから供給される酵素によって自身の一部を分解することを[　　]という。（オリジナル）	オートファジー（自食作用）
0386	植物細胞では，細胞の代謝産物や老廃物を含む[　　]で内部が満たされた液胞が発達している。（近畿大）	細胞液
0387	植物細胞の種類によっては，液胞は花の色や紅葉などのもとになる[　　]という色素を含んでいることがある。（京都工芸繊維大）	アントシアン
0388	植物細胞の細胞壁のおもな成分は[　　]であり，細胞の形を決めるはたらきや，細胞どうしを結び付けるはたらきをしている。（京都工芸繊維大）	セルロース
0389	植物の細胞壁にある[　　]は，隣り合う細胞どうしの細胞質をつないでいる。（近畿大）	原形質連絡
0390	[　　]は，おもに細胞や核の形を保つ役割を担う。（岐阜大）	中間径フィラメント
0391	[　　]は，細胞質全体に分布しているが，細胞膜直下に多く存在している。また，筋原繊維にも多量に含まれている。（浜松医科大）	アクチンフィラメント
0392	[　　]は，繊毛の運動を引き起こす役割をはたす。（センター試験生物追試）	微小管

0393	（　　　）は，アメーバ運動にとって不可欠な成分である。（中央大）	アクチンフィラメント
0394	繊毛とべん毛の基本構造は類似しており，（　　　）が重合した構造である微小管が規則正しく並んで構築されている。（岐阜大）	チューブリン
0395	最も細い繊維であるアクチンフィラメントは直径 7 nm の繊維で，（　　　）とよばれるタンパク質が構成単位となっている。（奈良県立医科大）	アクチン
0396	細胞内の物質は，拡散によって移動するばかりでなく，細胞骨格と（　　　）のはたらきによって積極的に輸送されることもある。（センター試験生物追試）	モータータンパク質
0397	（　　　）の上ではダイニンやキネシンなどのタンパク質がATPの分解によって生じるエネルギーを利用して細胞小器官などを移動させている。（浜松医科大）	微小管
0398	細胞内で細胞小器官が動いて見える現象があるが，この現象には細胞骨格の 1 つである（　　　）フィラメントが関与している。（京都工芸繊維大）	アクチン
0399	細胞内では，アクチンフィラメント上を（　　　）というモータータンパク質が移動することによって，細胞小器官が輸送されている。（オリジナル）	ミオシン
0400	繊維状のタンパク質が束ねられた構造をしている細胞骨格を（　　　）という。（熊本大）	中間径フィラメント
0401	細胞質中に観察される中心体の 2 個の（　　　）はそれぞれ 9 個の三連微小管からなる。（獨協医科大）	中心小体

0402	微小管は，細胞分裂の際には［　　］を形成する。（日本医科大）	紡錘体
0403	ヒトの体細胞分裂の過程では，各染色体に向かって，中心体から［　①　］が伸び，染色体上の［　②　］とよばれる部分につながり，全体としては紡錘体とよばれる構造ができる。（徳島大）	①紡錘糸 ②動原体
0404	［　　］は，細胞を粉砕して，大きさや密度が異なる細胞小器官を，遠心力を利用して分画する方法である。（関西大）	細胞分画法
0405	原核生物と真核生物の細胞に関する説明文のうち，正しくないものを選べ。 ア　一般に真核生物の細胞のサイズは，原核生物のそれよりも大きい。 イ　原核生物と真核生物は，いずれもDNAを含む核をもつ。 ウ　真核生物には，単細胞から構成される生物種が存在する。（京都府立大）	イ
0406	原核生物に共通する特徴として正しいものを選べ。 ア　二重膜構造をもつミトコンドリアが観察できる。 イ　DNAが遺伝物質としての役割を担う。 ウ　細胞がタンパク質の殻で囲まれている。（中央大）	イ
0407	真核細胞の核の構造について正しいものを選べ。 ア　核小体は，RNAと脂質からなる。 イ　核小体は，細胞分裂の過程で赤道面に並ぶ。 ウ　核の内部には，1～数個の中心体が存在する。 エ　核膜の一部は，小胞体の膜とつながっている。（上智大）	エ

	問題	答
0408	真核生物に共通する特徴として正しいものを選べ。 ア　膜構造をもつ細胞小器官がみられる。 イ　細胞膜の外側に細胞壁が存在する。 ウ　細胞が集合して形成される多細胞生物である。 （中央大）	ア
0409	真核細胞について正しいものはどれか。 ア　細胞質基質は化学反応の場である。 イ　細胞の大きさは一定である。 ウ　細胞膜は細胞内への物質の出入りを遮断する。 （自治医科大）	ア
0410	葉緑体とミトコンドリアが共通して有する特徴を選べ。 ア　細胞壁をもつ。 イ　分裂して増殖する。 ウ　酸素を発生する。　（関西学院大）	イ
0411	次の構造物のなかで，核酸が含まれているものはどれか。 ア　中心体　　イ　ゴルジ体 ウ　リボソーム　　エ　中間径フィラメント （東京医科大）	ウ
0412	細菌の細胞と植物細胞のどちらにもみられる物質や構造体の名称の組み合わせとして最も適当なものを選べ。 ア　DNA，細胞壁，細胞膜 イ　DNA，細胞膜，ミトコンドリア ウ　RNA，細胞膜，葉緑体 エ　細胞壁，細胞膜，ミトコンドリア （センター試験生物基礎追試）	ア
0413	次の構造または現象のなかで，アクチンフィラメントがかかわっていないものはどれか。 ア　心筋の収縮　　イ　原形質流動 ウ　細胞質分裂　　エ　染色体の分離　（東京医科大）	エ

0414

中間径フィラメントがかかわる現象として適切なものを選べ。

ア　べん毛や繊毛の運動　　イ　原形質流動
ウ　アメーバ運動　　エ　核の形の維持

（日本医科大）

エ

THEME 14 生体膜の構造

POINT

- 細胞膜や細胞小器官の膜をまとめて生体膜という。
- 細胞膜や細胞小器官の膜は，リン脂質の二重層からできている。
- 膜タンパク質は，細胞膜内を比較的自由に移動することができる。このような膜の構造モデルを流動モザイクモデルという。

ビジュアル要点

生体膜の構造

生体膜を構成するリン脂質の分子は，親水性の部分を外側に疎水性の部分を内側に向けるようにして，２層に並んでいる。

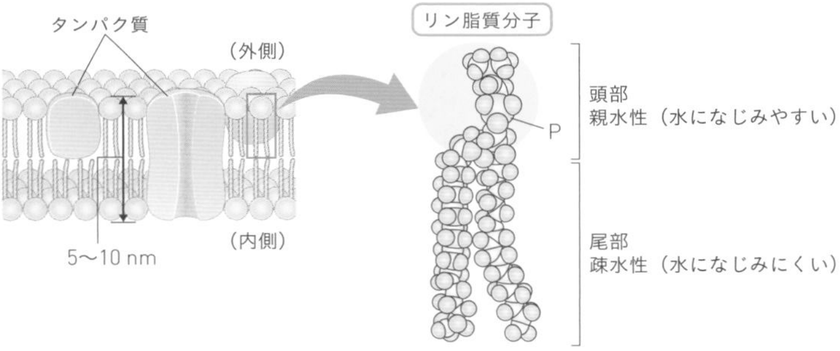

細胞間結合の構造

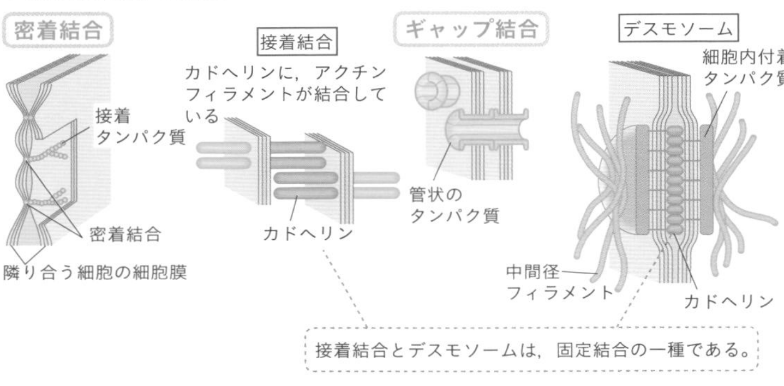

0415	細胞膜は，親水性を示す部分と疎水性を示す部分をもつ□の二重層で形成されている。（東京都立大）	リン脂質
0416	細胞膜や細胞小器官を構成する膜を□といい，基本的な構造はともに同じである。（神戸大）	生体膜
0417	細胞膜の主要な構成物質はリン脂質であり，細胞膜はリン脂質分子が［1層　2層］に並んだ構造をとっている。（センター試験生物追試）	2層
0418	細胞膜のリン脂質分子は，親水性の部分と疎水性の部分をもち，［親水性　疎水性］の部分を外側にして並んでいる。（センター試験生物追試）	親水性
0419	細胞膜は，リン脂質の二重層にタンパク質が□状に分布する構造をもつ。（茨城大）	モザイク
0420	生体膜中に配置されているタンパク質を□という。（オリジナル）	膜タンパク質
0421	細胞膜のタンパク質は細胞膜内を移動［できる　できない］。（山形大）	できる
0422	リン脂質分子は，疎水性部分を内側に向け，親水性部分を外側に向けるような構造をとる二重層を形成し，□とよばれる状態を維持している。（鳥取大）	流動モザイクモデル

0423	真核細胞の膜について正しいものはどれか。 ア　膜ごとに特有なタンパク質がある。 イ　特定の膜だけが選択的透過性を示す。 ウ　リン脂質は特定の膜にだけ存在する。（昭和大）	ア
0424	細胞膜に共通する特徴として正しいものを選べ。 ア　厚みに数nmから数μmまでの幅がある。 イ　二重の膜から形成されている。 ウ　脂質やタンパク質が，水平方向へ移動できる。 （中央大）	ウ
0425	小腸の上皮細胞は，細胞膜を貫通しているタンパク質によって，小さな分子も通れないほど強く結合し，異物の侵入を防いでいる。この細胞間結合を［　　］という。 （宮城大）	密着結合
0426	［　　］結合は，タンパク質と細胞骨格の結合によって形成されており，組織の伸縮性や強度を与えている。 （鳥取大）	固定
0427	［　　］結合は，隣接した細胞どうしがタンパク質によってつながれている。このタンパク質は管状の構造をとり，細胞間で低分子の物質や無機イオンが直接移動できる。（鳥取大）	ギャップ
0428	隣り合う細胞どうしをボタン状に強固に結合する細胞接着の構造は，［　　］とよばれる。（東京農業大）	デスモソーム
0429	組織内では同じ種類の細胞どうしが互いに接着結合している。これには［　　］とよばれる細胞膜を貫くタンパク質が関係している。（群馬大）	カドヘリン

0430	細胞膜には細胞膜を貫くタンパク質（カドヘリン）があり，これにアクチンフィラメントが結合し，上皮組織は湾曲するなどの動きに対応できるようになる。このような固定結合を［　　］結合とよぶ。（関西大）	接着
0431	細胞膜を貫くタンパク質のうち，カドヘリンとよばれる一群のタンパク質は細胞間接着にかかわり，その立体構造の維持に［　　］イオンを必要としている。（岐阜大）	カルシウム
0432	ギャップ結合の説明として最も適当なものを選べ。 ア　細胞が中空のタンパク質によって結合している。 イ　細胞が糖タンパク質によって結合している。 ウ　細胞が多糖でできた構造によって結合している。 （順天堂大）	ア
0433	デスモソームのはたらきとして最も適当なものを選べ。 ア　細胞のつながりを強固にし，形態を保持している。 イ　小さな分子を細胞間で通している。 ウ　上皮を基底膜に固定している。（順天堂大）	ア
0434	デスモソームと結合している細胞骨格は何か。 ア　アクチンフィラメント　　イ　微小管 ウ　中間径フィラメント（順天堂大）	ウ

THEME 15 生体膜と物質輸送

POINT

- 細胞膜が特定の物質を透過させる性質を選択的透過性という。
- 輸送タンパク質を介した物質輸送のうち，濃度勾配にしたがって物質が輸送されるものを受動輸送，濃度勾配に逆らって物質を輸送するものを能動輸送という。
- 小胞と細胞膜が融合することで物質が細胞外へ分泌されることをエキソサイトーシス，細胞膜が陥入し，包みこむようにして取りこんだあと，細胞膜から分離することで物質が細胞内へ取りこまれることをエンドサイトーシスという。

ビジュアル要点

生体膜と物質移動

物質は，濃度勾配にしたがって，濃度の高い方から低い方へ移動し，やがて均一に分布する性質がある。この現象を拡散という。

酸素などの小さい分子や疎水性の分子は生体膜を通過できるので，濃度勾配にしたがって拡散する。

極性のある物質やイオンなどは生体膜を通過しにくいので，輸送タンパク質を通って生体膜を通過する。輸送タンパク質には，濃度勾配にしたがってイオンなどを受動輸送するチャネルや，濃度勾配に逆らって物質を能動輸送するポンプなどがある。

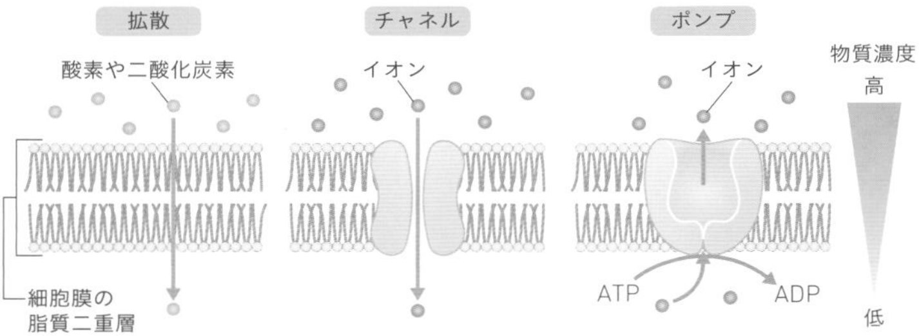

ナトリウムポンプ

動物の細胞内はナトリウムイオン（Na^+）濃度が低く，カリウムイオン（K^+）濃度が高く保たれている。これは，**ナトリウムポンプ**が，ATPのエネルギーを使って，Na^+を細胞内から細胞外へ排出し，K^+を細胞外から細胞内へ取りこんでいるからである。

ナトリウムポンプのはたらきでは，**ナトリウムーカリウムATPアーゼ**という酵素が重要な役割をはたしている。

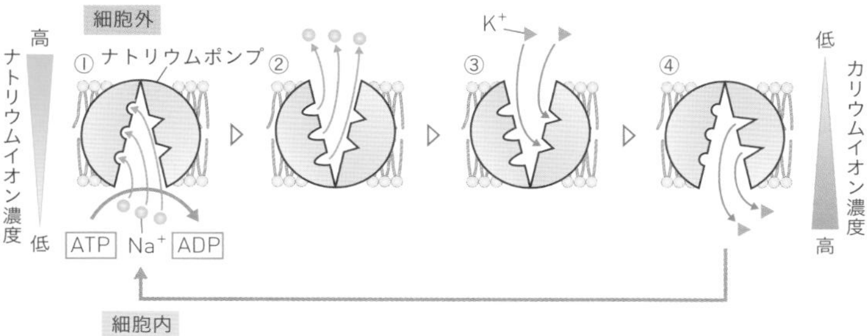

小胞輸送

小胞と細胞膜の生体膜が融合することで，小胞内の物質が細胞外へ分泌されることを**エキソサイトーシス**という。

細胞膜が内側へ凹んで，包みこむようにして取りこんだあと，分離することで物質が細胞内へ取りこまれることを**エンドサイトーシス**という。

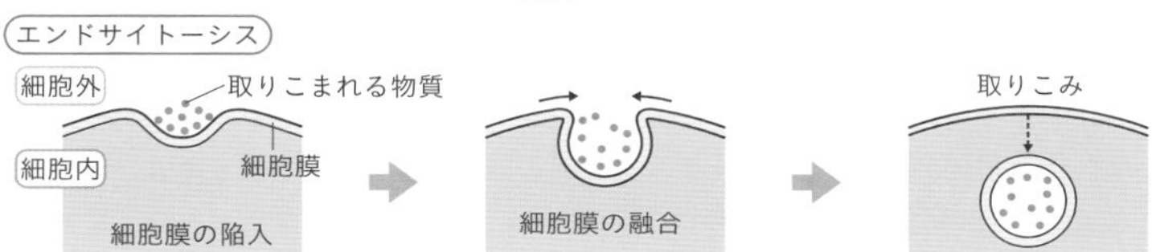

0435	物質の濃度差のことを［　　］という。（オリジナル）	濃度勾配
0436	酸素や二酸化炭素のように小さな分子は，輸送タンパク質を介さずにリン脂質二重層を通過することが［できる　できない］。（茨城大）	できる
0437	生体膜のリン脂質は［親水性　疎水性］の物質を速やかに通過させる。（宇都宮大）	疎水性
0438	物質はふつう濃度勾配にしたがって，濃度の高い方から低い方へ移動して均一になろうとする。このような現象を［　　］という。（茨城大）	拡散
0439	イオンやアミノ酸のようにリン脂質二重層を通過しにくい物質は，細胞膜にある［　　］によって膜を通過することができる。（茨城大）	輸送タンパク質
0440	生体膜がもつ，特定の物質だけを透過させる性質を［　　］という。（神戸大）	選択的透過性
0441	濃度の勾配にしたがった物質輸送は，［　　］とよばれる。（宮崎大）	受動輸送
0442	細胞膜を貫通し，水分子やイオンを濃度勾配にしたがって透過させるはたらきをもつタンパク質を［　　］とよぶ。（高知大）	チャネル

0443	細胞膜にある，イオンが通過する小さな孔の中には受容体をもつものもあり，その受容体に特異的に結合することで，イオンの透過性を変化させる分子を［　　］という。（宮崎大）	リガンド
0444	受容体をもち，その受容体に物質が特異的に結合することによりイオンの透過性が変化するチャネルを［　　］という。（オリジナル）	リガンド依存性イオンチャネル
0445	膜電位の変化によりイオンの透過性が変化するチャネルを［　　］という。（オリジナル）	電位依存性イオンチャネル
0446	［　　］は細胞の内側と外側との間で水を輸送するタンパク質である。（茨城大）	アクアポリン
0447	細胞膜に存在するアクアポリンは，［　　］の透過にかかわるタンパク質である。（センター試験生物追試）	水分子
0448	糖やアミノ酸など比較的低分子で極性のある物質を運搬する輸送タンパク質を［　　］という。（オリジナル）	担体（輸送体タンパク質）
0449	［　　］には，グルコースの受動輸送に関与するものと，能動輸送に関与するものがあり，どちらも細胞膜を横切ってグルコースを輸送する。（金沢大）	グルコース輸送体
0450	濃度勾配に逆らって特定の物質を移動させる細胞のはたらきを［　　］という。（茨城大）	能動輸送

0451	細胞膜には物質濃度の低い側から高い側へと輸送できるタンパク質がある。この輸送にはおもに[　　]のエネルギーを必要とする。（宮崎大）	ATP
0452	物質を濃度の低いところから高いところへと輸送できるしくみがあり，この輸送にかかわるタンパク質は[　　]とよばれる。（茨城大）	ポンプ
0453	動物細胞にはナトリウムイオンとカリウムイオンの細胞内外の輸送に関する輸送タンパク質があり，[　　]とよばれている。（茨城大）	ナトリウムポンプ
0454	一般に，細胞内外のイオン組成は大きく異なっており，Na^+とK^+に着目すると，細胞の内側は外側に比べて[　　]濃度が高く保たれている。（茨城大）	K^+
0455	ナトリウムポンプは，[　　]の加水分解反応によって取り出されるエネルギーを利用している。（神戸大）	ATP
0456	ナトリウムポンプにおけるイオンの輸送では，[　　]という酵素がはたらいている。（オリジナル）	ナトリウム－カリウム ATP アーゼ
0457	代表的なポンプはナトリウムポンプで，ATPのエネルギーを使って細胞内の[　①　]イオンを細胞外にくみ出すとともに，[　②　]イオンを細胞内に取りこむはたらきをしている。（岩手大）	①ナトリウム ②カリウム
0458	細胞膜を貫通するナトリウムポンプは，エネルギーとしてATPを使い，[　①　]個のNa^+を細胞外に排出し，[　②　]個のK^+を取りこむはたらきをする。（京都工芸繊維大）	① 3 ② 2

0459	細胞膜のリン脂質からなる部分の特徴として，適切なものを選べ。 ア　単層である。 イ　膜の外側が疎水性である。 ウ　酸素は自由に通過する。 エ　能動輸送の機能を有する。（麻布大）	ウ
0460	アクアポリンについて正しい記述を選べ。 ア　水分子とともにイオンも透過する。 イ　水分子を透過すると，膜電位が発生する。 ウ　浸透圧にしたがって水分子を輸送する。 エ　膨圧に逆らって水分子を輸送する。（東京理科大）	ウ
0461	陽イオンの能動輸送について正しいものを選べ。 ア　Na^+が，細胞の外側から内側へ輸送される。 イ　Na^+が，細胞の内側から外側へ輸送される。 ウ　K^+が，細胞の内側から外側へ輸送される。 エ　Na^+とK^+は，ともに同じ方向へ輸送される。（中央大）	イ
0462	膜を通して物質が移動しようとする圧力を［　　］とよぶ。（奈良教育大）	浸透圧
0463	細胞膜のように水や一部の溶質は通すが，他の溶質は通さない性質を半透性といい，この性質をもつ膜を［　　］という。（オリジナル）	半透膜
0464	細胞壁のように水や溶質をすべて通す性質を［　　］といい，この性質をもつ膜を全透膜という。（オリジナル）	全透性
0465	浸透圧が等張液よりも高い液である［　　］に細胞を入れると，細胞内の水が細胞の外に移動して，細胞の体積が小さくなる。（奈良教育大）	高張液

0466	浸透圧が高い溶液を（　　）という。（宮崎大）	高張液
0467	細胞の形が変わらないような溶質濃度の溶液を（　　）という。（中央大）	等張液
0468	浸透圧が細胞内液と等しい食塩水を，特に（　　）という。（オリジナル）	生理食塩水
0469	細胞膜や細胞小器官を包む膜は，生体膜とよばれ，[半透性　全透性] に近い性質をもつ。（センター試験生物Ⅰ）	半透性
0470	植物細胞を低張液に浸すと，水分子が細胞に入り，細胞壁を押し広げようとする圧力が生じる。この圧力を（　　）という。（オリジナル）	膨圧
0471	高濃度の食塩水に浸すと，細胞内から細胞外への水の輸送が起こる。これにより，動物細胞は収縮し，植物細胞は（　　）を起こす。（宮崎大）	原形質分離
0472	高張液に浸して細胞膜が細胞壁から分離した植物細胞を低張液に移すと，細胞は再び膨らんで細胞膜が細胞壁と接するようなる。この現象を（　　）という。（オリジナル）	原形質復帰
0473	動物細胞では，濃度の [高い　低い] 塩水に浸すと，細胞内の水が外部に出て体積が減り，細胞機能が低下する。（立命館大）	高い

0474	［高張液　低張液］内では，原形質分離が起こる。（中央大）	高張液
0475	植物を蒸留水に浸すと，細胞内外の浸透圧の差により水分子の移動が起こり，細胞の体積が増加する。膨圧は徐々に［上昇　低下］し，やがて細胞内の浸透圧と同じ大きさになる。（センター試験生物Ⅰ）	上昇
0476	消化酵素などは，ゴルジ体で濃縮されて再び小胞に取りこまれ，この小胞が細胞膜と融合することで細胞外へ分泌される。こうした小胞と細胞膜の融合による分泌を［　　］という。（東京理科大）	エキソサイトーシス
0477	［　　］は，細胞膜が内部に陥入し小胞をつくることにより，細胞外の物質を細胞内に取りこむ作用のことである。（近畿大）	エンドサイトーシス
0478	細胞では，細胞内でつくられて細胞外へ放出されるタンパク質は，［　①　］で合成されて小胞体に移動した後に［　②　］で濃縮され，小胞（分泌顆粒）に貯蔵される。（センター試験生物）	①リボソーム ②ゴルジ体
0479	エンドサイトーシスによって大きな粒子を取りこむことを［　　］という。（オリジナル）	食作用
0480	エンドサイトーシスによって液体や液体に溶けた溶質を取りこむことを［　　］という。（オリジナル）	飲作用

THEME 16 情報伝達とタンパク質

POINT

▶ 細胞間では，ある細胞から分泌された 情報伝達物質 を，標的細胞が 受容体 （レセプター）というタンパク質で受け取ることで情報が伝えられる。

▶ 情報伝達のタイプには，分泌型と接触型がある。分泌型には，ホルモン や神経伝達物質，免疫における サイトカイン がある。接触型には，抗原提示 がある。

ビジュアル要点

● ホルモンによる情報伝達

ペプチドホルモンであるグルカゴンは，細胞膜にある受容体を介して情報伝達を行う。一方，ステロイド ホルモンである糖質コルチコイドは，細胞内に入って情報伝達を行うことができる。

〈ホルモンが血糖濃度を調節するしくみ〉

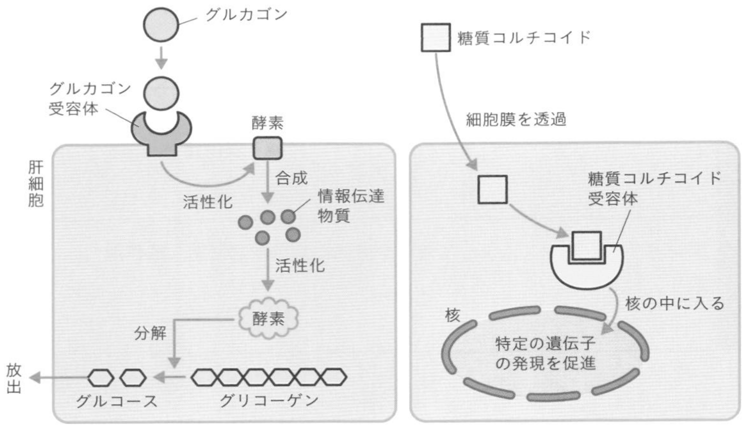

0481	標的細胞にはホルモンと結合する［　　］タンパク質が存在し，ホルモンがこのタンパク質に特異的に結合することで，シグナルが細胞内に伝達される。（センター試験生物）	受容体（レセプター）
0482	細胞から細胞へ受け渡されることで，情報の伝達を仲介する物質を［　　］という。（オリジナル）	情報伝達物質
0483	細胞間の情報伝達において，情報を特異的に受け取る細胞を［　　］という。（オリジナル）	標的細胞
0484	インスリン，グルカゴン，およびバソプレシンは，ペプチドでできたホルモンであり，［　　］とよばれる。（センター試験生物）	ペプチドホルモン
0485	糖質コルチコイドや鉱質コルチコイドなどの［　　］ホルモンはリン脂質二重層を通過することができる。（茨城大）	ステロイド
0486	ペプチドホルモンの情報は，cAMPのような［　　］を介して細胞内へと伝達され，細胞の活動が調節される。（北里大）	セカンドメッセンジャー
0487	ステロイドホルモンがリン脂質二重層を基本骨格とする細胞膜を通過できるのは，［　①　］性のステロイドホルモンが，リン脂質二重層がもつ［　②　］性の内部領域に溶けこみやすいためである。（北里大）	①脂溶 ②疎水

0488	標的細胞で，ステロイドホルモンと受容体の複合体が作用するしくみとして，最も適切な記述を選びなさい。 ア　DNAに結合して，遺伝子の複製を調節する。 イ　DNAに結合して，遺伝子の転写を調節する。 ウ　RNAに結合して，遺伝子の転写を調節する。 エ　RNAに結合して，タンパク質の翻訳を調節する。 （北里大）	イ
0489	細胞膜を通過し，細胞内の受容体に結合できるホルモンはどれか。 ア　バソプレシン　イ　グルカゴン ウ　成長ホルモン　エ　糖質コルチコイド （日本大）	エ
0490	マクロファージはインターロイキンをはじめとした［　　］と総称される情報伝達物質を分泌する。（山口大）	サイトカイン
0491	樹状細胞は取りこんだ病原体を分解し，［　　］とよばれるタンパク質により細胞の表面に分解産物の一部を提示する。（山口大）	MHC 抗原 (主要組織適合抗原)
0492	ヘルパーT細胞は，細胞膜に存在する［　　］とよばれるタンパク質によって，抗原を認識する。（近畿大）	TCR (T 細胞受容体)
0493	抗体は，［　　］とよばれるタンパク質であり，体液性免疫において情報伝達を行う。（オリジナル）	免疫グロブリン

THEME 17 代謝とエネルギー

POINT

- 生体内で行われる化学反応を代謝という。
- 単純な物質から複雑な物質を合成する過程を同化，複雑な物質から単純な物質に分解する過程を異化という。
- 代謝にともなうエネルギーの移動には，酸化還元反応がかかわっている。

ビジュアル要点

● 代謝とエネルギーの出入り

同化はエネルギーを吸収する反応であり，異化はエネルギーを放出する反応である。同化の代表例として，光エネルギーを利用して有機物を合成する光合成がある。また，異化の代表例として，酸素を使って有機物を分解し，エネルギーを取り出す呼吸がある。

エネルギーの移動には，補酵素であるNAD$^+$などがかかわる。

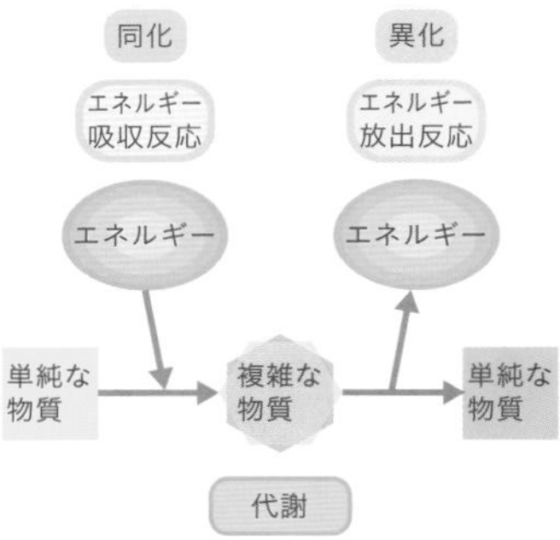

● ATPの構造

ATP（アデノシン三リン酸）は，糖のリボースに塩基のアデニンと３個のリン酸が結合した化合物である。

ATPのリン酸どうしの結合を高エネルギーリン酸結合という。

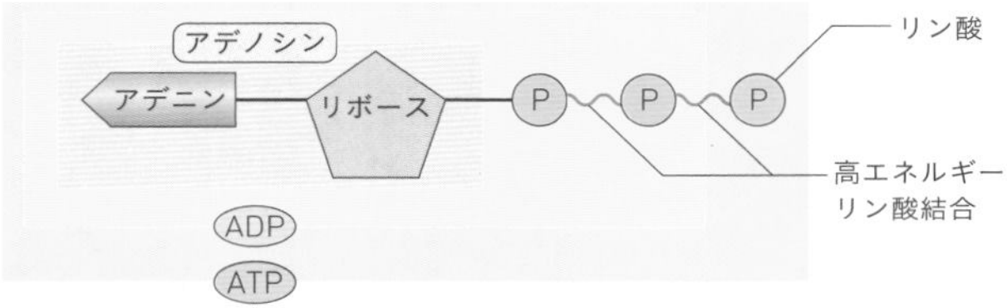

● 代謝とATP

ATPは，高エネルギーリン酸結合が切断されて **ADP**（アデノシン二リン酸）と **リン酸** に分解されるときに，エネルギーを放出する。このエネルギーが，生体内のさまざまな生命活動に利用される。

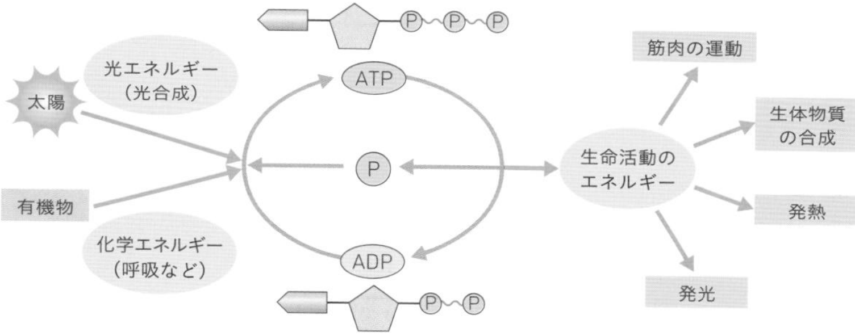

0494	生物体内で起こる分解反応と合成反応をまとめて［　　］とよぶ。（高知大）	代謝
0495	［　　］では，単純な物質から複雑な物質が合成される。（センター試験生物基礎追試）	同化
0496	複雑な物質を単純な物質に分解する過程を［　　］と呼ぶ。（岡山大）	異化
0497	同化は一般にエネルギーを［吸収　放出］する反応である。（岡山大）	吸収
0498	代謝によるエネルギーのやりとりは，［　　］などの分子を仲立ちとして行われている。（センター試験生物基礎追試）	ATP

0499	細胞内で酸素を利用して，グルコースを水と二酸化炭素にまで分解し，ATPを生成するはたらきを（　　）という。（京都工芸繊維大）	呼吸
0500	代表的な同化の例として，植物が行う（　　）がある。（オリジナル）	光合成
0501	異化は呼吸と（　　）に分けられ，後者は微生物が有機物を酸素を用いずに分解する反応をいう。（岩手大）	発酵
0502	ATPは塩基の一種であるアデニンと糖の一種である（　　）が結合したものに，3つのリン酸が結合した化合物である。（岩手大）	リボース
0503	ATPの末端のリン酸が1つ切り離されて（　　）になるときにエネルギーが放出される。（関西大）	ADP
0504	生命活動の多くで使用されるエネルギーは，ATP分子内のリン酸どうしを結ぶ2つの（　　）結合に蓄えられる。（センター試験生物基礎追試）	高エネルギーリン酸
0505	ATPは，塩基の一種である（　　），糖の一種，およびリン酸が結合した化合物である。（センター試験生物基礎追試）	アデニン
0506	ATPは，リン酸どうしの結合が切れるときにエネルギーを［放出　吸収］する。（センター試験生物基礎追試）	放出
0507	ADPにリン酸が付加されてATPになるとエネルギーが［放出　吸収］される。（関西大）	吸収

0508	代謝におけるエネルギーの移動には，補酵素がかかわる。補酵素のNAD^+と（①）は呼吸に，（②）は光合成ではたらく。（オリジナル）	① FAD ② $NADP^+$
0509	補酵素のNAD^+は，（①）と（②）イオンを受け取り，NADHになる。NADHは（③）されるとNAD^+になる。（オリジナル）	①電子 ②水素 ③酸化
0510	ATPの化学構造と最も類似性が高いものが存在すると考えられるのはどれか。 ア　DNAの構造の一部　イ　RNAの構造の一部 ウ　タンパク質の構造の一部（群馬大）	イ
0511	植物や一部の細菌は，光や無機物から取り出したエネルギーを用いて，CO_2から有機物を合成している。このような生物を（　）生物とよぶ。（北里大）	独立栄養
0512	消費者は，生産者が生産した有機物を直接または間接的に栄養源にする（　）生物である。（宮崎大）	従属栄養
0513	エネルギーに関する記述として最も適当なものを選べ。 ア　葉緑体をもたない生物は，ATPを取りこまないと生活できない。 イ　葉緑体をもつ生物は，体外から有機物を取りこまずに生活することができる。 ウ　ATPは，ADPとリン酸に分解されてエネルギーが放出されるが，できたADPが再利用されることはない。 （センター試験生物基礎追試）	イ

THEME 18 呼 吸

POINT

- 呼吸の過程のうち，細胞質基質で行われ，グルコースがピルビン酸に分解される一連の反応を解糖系という。
- 呼吸の過程のうち，ミトコンドリアのマトリックスで行われ，ピルビン酸が二酸化炭素まで分解される一連の反応をクエン酸回路という。
- 呼吸の過程のうち，ミトコンドリアの内膜で行われ，水素イオンの濃度勾配を利用してATPが合成される一連の反応を電子伝達系という。

ビジュアル要点

呼吸の概要

呼吸は，酸素を利用して，グルコースなどの有機物を二酸化炭素と水に分解し，放出されるエネルギーを利用してATPを合成する一連の反応である。

呼吸の過程は，解糖系，クエン酸回路，電子伝達系の3つに大別される。

[解糖系]

$C_6H_{12}O_6 + 2NAD^+ \longrightarrow 2C_3H_4O_3 + 2NADH + 2H^+$＋エネルギー（2 ATP）

[クエン酸回路（グルコース1分子あたり）]

$2C_3H_4O_3 + 6H_2O + 8NAD^+ + 2FAD$

$\longrightarrow 6CO_2 + 8NADH + 8H^+ + 2FADH_2$＋エネルギー（2 ATP）

[電子伝達系（グルコース1分子あたり）]

$10NADH + 10H^+ + 2FADH_2 + 6O_2$

$\longrightarrow 10NAD^+ + 2FAD + 12H_2O$＋エネルギー（最大34 ATP）

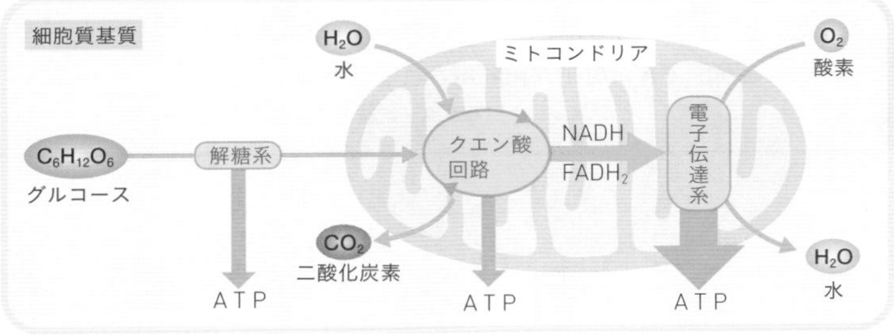

● 呼吸の全体の反応

$C_6H_{12}O_6 + 6H_2O + 6O_2 \longrightarrow 6CO_2 + 12H_2O +$ エネルギー（最大 38 ATP）

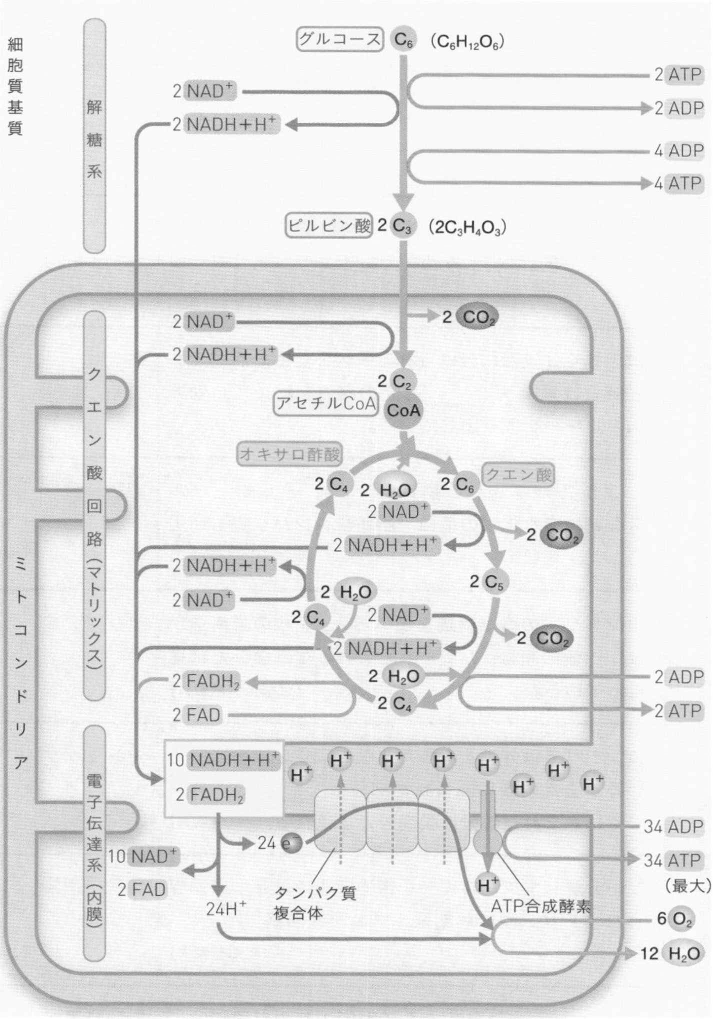

0514	酸素を用いて有機物を分解してエネルギーを［取り出す　吸収する］過程を呼吸という。（センター試験生物追試）	取り出す
0515	[　　] は呼吸の場となっている。（関西学院大）	ミトコンドリア
0516	呼吸は，[　　] がある条件で有機物を二酸化炭素と水に分解し，ATPを合成する過程である。（高知大）	酸素
0517	呼吸は大きく3段階に分けられる多数の反応の連続であり，燃焼とは異なり [　　] と光の発生を抑えて，効率よくエネルギーを取り出している。（法政大）	熱
0518	呼吸によって分解される物質を [　　] といい，グルコースなどの炭水化物の他に，脂肪やタンパク質も利用される。（高知大）	呼吸基質
0519	ミトコンドリアの微細構造を調べると，2枚の膜構造からなり，内側の膜は [　　] とよばれる複雑なひだ状構造をもっている。（京都工芸繊維大）	クリステ
0520	ミトコンドリアは外膜と内膜からなる二重の膜構造でできている。また内膜に囲まれた部分は [　　] と，外膜と内膜にはさまれた部分は膜間腔とよばれる。（群馬大）	マトリックス
0521	有機物を分解してエネルギーを得る呼吸では3つの過程が知られており，順に解糖系，クエン酸回路，[　　] である。（愛知教育大）	電子伝達系
0522	解糖系は，[　　] に存在する10種類の酵素が段階的にかかわる代謝経路で，グルコースをピルビン酸に分解する。（東京医科大）	細胞質基質

0523	解糖系では，1分子のグルコースから［　　］分子のピルビン酸が生成される。（宇都宮大）	2
0524	解糖系の前半は，1分子のグルコースあたり，［①］分子のATPを消費する投資段階であり，後半は［②］分子のATPが生じる回収段階となっている。（東京医科大）	① 2 ② 4
0525	解糖系ではグルコースはピルビン酸に代謝され，ATPと［　　］がつくられる。（岩手大）	NADH
0526	解糖系の反応は，次のように表すことができる。 $C_6H_{12}O_6 + 2NAD^+$ $\longrightarrow 2$［　　］$+ 2NADH + 2H^+ +$ エネルギー （立命館大）	$C_3H_4O_3$
0527	酸素を利用する多くの真核生物では，解糖系で生じたピルビン酸は，ミトコンドリアの内膜で囲まれた部分である［　　］に送りこまれる。（関西大）	マトリックス
0528	解糖系で生じたピルビン酸はミトコンドリア内に取りこまれ，酵素群のはたらきによって脱水素反応や脱炭酸反応が起こり，［　　］とよばれる経路に入り，二酸化炭素と水素イオンに分解される。（京都工芸繊維大）	クエン酸回路
0529	ピルビン酸はミトコンドリアのマトリックスに輸送され，［　　］となり，オキサロ酢酸と結合しクエン酸になる。（宇都宮大）	アセチル CoA
0530	クエン酸回路で生じたNADHや［　　］が酸化される際に，マトリックスから内膜と外膜の間にH^+が送りこまれる。（関西大）	$FADH_2$

0531	クエン酸回路では，アセチルCoAはオキサロ酢酸と反応し，[　　]が合成されて反応が進み，再びオキサロ酢酸が合成される。（岩手大）	クエン酸
0532	ピルビン酸がアセチルCoAに変換される際に生成される分子を選びなさい。 ア　ATP　　イ　ADP　　ウ　NADH　　エ　NAD^+ （関西学院大）	ウ
0533	クエン酸回路の反応は，次のように表すことができる。 $2C_3H_4O_3+6H_2O+8NAD^++2$[　①　] $\longrightarrow 6CO_2+8NADH+8H^++2$[　②　]＋エネルギー （立命館大）	① FAD ② $FADH_2$
0534	電子伝達系が存在する細胞中の部位を選びなさい。 ア　細胞質基質 イ　ミトコンドリアの内膜 ウ　ミトコンドリアのマトリックス　（鹿児島大）	イ
0535	呼吸における電子伝達系では，膜を隔てて[　　]の濃度勾配が生じる。（高知大）	H^+
0536	クエン酸回路で大量に生じたNADHや$FADH_2$は，ミトコンドリアの電子伝達系で[　　]を還元するために用いられる。（立教大）	酸素
0537	電子伝達系で，電子が伝達される際には，ミトコンドリアの[　　]から膜間腔へ水素イオンが運ばれる。（静岡大）	マトリックス
0538	電子伝達系では，補酵素と結びついていた水素と電子が放出され，電子は電子伝達系を構成するタンパク質に受け渡されていき，最後には酸素の還元に使われて[　　]を生じる。（静岡大）	水

0539	［　　］をH^+が通過することで，ATPが合成される。（自治医科大）	ATP 合成酵素
0540	NADHや$FADH_2$が水素を失いながらATPが合成されることを［　　］とよぶ。（岩手大）	酸化的リン酸化
0541	電子伝達系の反応は，次のように表すことができる。 $10NADH + 10H^+ + 2$［①］$+ 6O_2$ $\longrightarrow 10NAD^+ + 2$［②］$+ 12H_2O +$ エネルギー（立命館大）	① $FADH_2$ ② FAD
0542	ミトコンドリアに関する記述として，正しくないものを選びなさい。 ア　外膜と内膜の二重膜からなる。 イ　電子伝達系にかかわるタンパク質は，外膜に組みこまれている。 ウ　独自のDNAをもっている。 エ　原核生物には存在しない。（群馬大）	イ
0543	1分子のグルコースが酸素存在下で好気的に二酸化炭素と水に分解されると，最大［　　］分子のATPが生成される。（宇都宮大）	38
0544	NAD^+は［①］アデニンジヌクレオチドの略であり，FADは［②］アデニンジヌクレオチドの略である。（関西大）	①ニコチンアミド ②フラビン

☑ 0545

グルコース120 gが完全に分解されるとき，消費される酸素は何gか。ただし，原子量は**C**＝12，**H**＝1.0，**O**＝16とする。 （宇都宮大）

128 g

解説
$C_6H_{12}O_6 + 6H_2O + 6O_2 \longrightarrow 6CO_2 + 12H_2O + 38ATP$
グルコースの分子量は180，酸素の分子量は32なので，

$$\frac{120}{180} \times 6 \times 32 = 128\ \mathrm{g}$$

☑ 0546

呼吸によってグルコース3.6 gの異化が行われるとき放出される二酸化炭素の量は何gか。ただし，原子量は**C**＝12，**H**＝1.0，**O**＝16とする。 （法政大）

5.28 g

解説
$C_6H_{12}O_6 + 6H_2O + 6O_2 \longrightarrow 6CO_2 + 12H_2O + 38ATP$
グルコースの分子量は180，二酸化炭素の分子量は44なので，

$$\frac{3.6}{180} \times 6 \times 44 = 5.28\ \mathrm{g}$$

☑ 0547

生物が呼吸基質として何を使っているかは，［　　　］（呼吸で発生したCO_2と消費したO_2の体積の比，CO_2/O_2）を調べることで，ある程度推測することができる。 （センター試験生物追試）

呼吸商

☑ 0548

下の反応式から求めた炭水化物の呼吸商はどれか。

$C_6H_{12}O_6 + 6O_2 + 6H_2O \longrightarrow 6CO_2 + 12H_2O$

ア　0.50　　イ　0.70　　ウ　1.00　　エ　1.20

（日本大）

ウ

解説
呼吸商は発生したCO_2と消費したO_2の体積比なので，

$$\frac{CO_2}{O_2} = \frac{6}{6} = 1.00$$

0549

下の反応式から求めた炭水化物の呼吸商はどれか。

$$2C_{57}H_{110}O_6 + 163O_2 \longrightarrow 114CO_2 + 110H_2O$$

ア 0.50　イ 0.70　ウ 1.00　エ 1.20

（日本大）

イ

解説 呼吸商は発生したCO_2と消費したO_2の体積比なので，

$$\frac{CO_2}{O_2} = \frac{114}{163} \fallingdotseq 0.70$$

0550

リノール酸（$C_{18}H_{32}O_2$）が完全に酸化される反応の反応式は［　］と表される。

（立教大）

$C_{18}H_{32}O_2 + 25O_2 \longrightarrow 18CO_2 + 16H_2O$

0551

呼吸によって呼吸基質のトリオレイン（$C_{57}H_{104}O_6$）が完全に分解された場合，トリオレイン1分子あたり［①］分子の酸素が消費され，［②］分子の二酸化炭素が放出されるので呼吸商は約［③］となる。

（近畿大）

① 80
② 57
③ 0.7

解説 トリオレインが完全に分解されるときの化学反応式は，

$$C_{57}H_{104}O_6 + 80O_2 \longrightarrow 57CO_2 + 52H_2O$$

となるので，求める呼吸商は，

$$\frac{57}{80} = 0.7125$$

0552

ウシ，ヒト，ネコの呼吸商の正しい組み合わせはどれか。

ア　ウシ 0.96　ヒト 0.89　ネコ 0.74
イ　ウシ 0.89　ヒト 0.96　ネコ 0.74
ウ　ウシ 0.96　ヒト 0.74　ネコ 0.89
エ　ウシ 0.74　ヒト 0.89　ネコ 0.96

（日本大）

ア
（草食動物は炭水化物を，肉食動物はタンパク質と脂肪を呼吸基質としているから。）

0553	脂肪の一種である$C_xH_{110}O_6$が呼吸で完全に酸化分解されたとき，呼吸商は0.70だった。この脂肪の炭素数xを整数で表すと［　］となる。（立教大）	57

解説 $C_xH_{110}O_6$が完全に分解されるときの化学反応式は，

$$C_xH_{110}O_6+\frac{2x+55-6}{2}O_2 \longrightarrow xCO_2+55H_2O$$

呼吸商が0.70なので次式が成り立つ。

$$x \div \frac{2x+55-6}{2}=0.70$$

よって，$x \fallingdotseq 57$

0554	コハク酸脱水素酵素は，コハク酸をフマル酸に，補酵素を酸化型から還元型に変換する。この酵素の活性は，青色色素メチレンブルーが［酸化　還元］されると透明になることを利用して測定できる。（法政大）	還元
0555	呼吸基質としてタンパク質が用いられる場合，タンパク質はアミノ酸に分解され，アミノ基をアンモニアとして遊離する。この反応を［　］とよぶ。（高知大）	脱アミノ反応
0556	消化吸収された脂肪は，モノグリセリドと脂肪酸に分解される。その後，脂肪酸はアセチルCoAとなる。この過程を［　］という。アセチルCoAはクエン酸回路に入って分解される。（オリジナル）	β酸化
0557	グルタミン酸のアミノ基からは脱アミノ反応という反応によって［　］が生じ，哺乳類の場合，その後すみやかに尿素へと代謝され生体外に排出される。（学習院大）	アンモニア
0558	脂肪は消化吸収された後，［①］と［②］に分解され，［①］は解糖系で，［②］はアセチルCoAに変換されてクエン酸回路で利用される。（立教大）	①グリセリン ②脂肪酸

0559	タンパク質の分解過程で生じる物質のうち，糖質や脂肪からは生じないものを選べ。 ア　アンモニア　　イ　クエン酸 ウ　二酸化炭素　　エ　乳酸 （立教大）	ア
0560	脂肪は，まずグリセリンと脂肪酸に分解され，グリセリンは解糖系に入りピルビン酸となる。脂肪酸は順次分解されて［　　　］を経てクエン酸回路に入る。 （立命館大）	アセチル CoA
0561	脂肪を呼吸基質として利用する代謝経路について記した下の文章のうち，正しいものを選びなさい。 ア　脂肪はいったんグルコースに変換された後，解糖系に入る。 イ　脂肪は低分子の化合物まで分解された後，解糖系およびクエン酸回路に入る。 ウ　脂肪は糖とは全く異なった代謝経路を使って還元力を生成し，ATPを産生する。 エ　脂肪の分解は酸素をあまり必要としないので，その呼吸商は糖の場合より大きい。 （神戸大）	イ

THEME 19 発　酵

POINT

- 酸素を用いずに有機物を分解しATPを合成するはたらきを 発酵 という。
- 乳酸が生成される発酵を 乳酸発酵 という。
- エタノールが生成される発酵を アルコール発酵 という。

ビジュアル要点

乳酸発酵の過程

$C_6H_{12}O_6 \longrightarrow 2C_3H_6O_3$＋エネルギー（ 2 ATP）

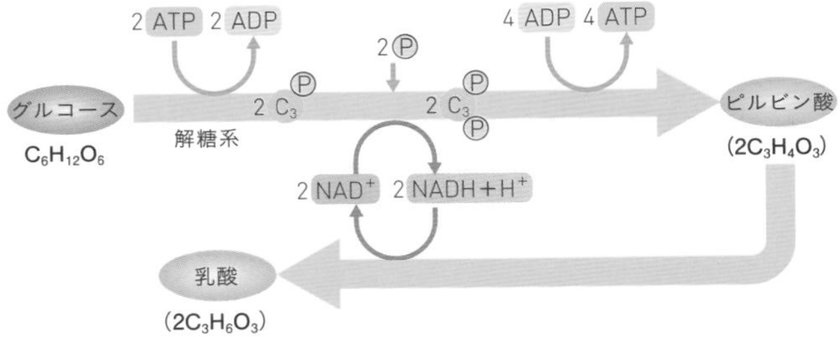

アルコール発酵の過程

$C_6H_{12}O_6 \longrightarrow 2C_2H_6O + 2CO_2$＋エネルギー（ 2 ATP）

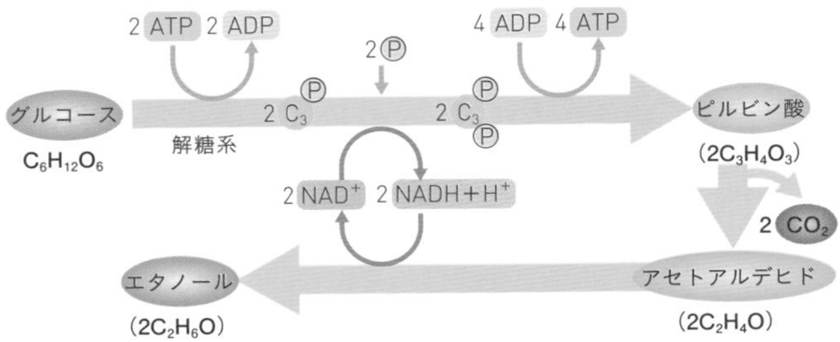

0562	酸素を用いずに有機物を分解してエネルギーを取り出す過程を［　　］という。 （センター試験生物追試）	発酵
0563	乳酸菌はピルビン酸から［　　］を生産する。 （関西大）	乳酸
0564	酵母はピルビン酸から脱炭酸を伴って［　　］を生産する。 （高知大）	エタノール
0565	発酵は［　　］のない条件で有機物を分解してATPを合成する過程である。 （高知大）	酸素
0566	乳酸菌は，グルコースを乳酸に変える［　　］を行う。 （高知大）	乳酸発酵
0567	酵母は，グルコースからエタノールと二酸化炭素を生じる［　　］を行う。 （オリジナル）	アルコール発酵
0568	ぬか漬けでは乳酸発酵により1分子のグルコースから［　　］分子の乳酸が生じる。 （同志社大）	2
0569	動物の筋肉でも，激しい運動を行うなどして酸素の供給が不十分なときは［　　］と同じ反応が起きる。（群馬大）	乳酸発酵
0570	筋肉の細胞が利用する，酸素を用いない代謝経路を［　　］という。 （岩手大）	解糖

0571	筋肉の細胞は，激しい運動などで酸素の供給が間に合わないときには，呼吸の第一の反応系でATPを合成し，生じたピルビン酸が[　　]に変換され，還元型補酵素が酸化型に変換される。（法政大）	乳酸
0572	乳酸発酵ではグルコースから乳酸とATPが生成されるのに対して，アルコール発酵ではエタノールとATP以外に[　　]が生成される。（センター試験生物追試）	二酸化炭素
0573	アルコール発酵は次の反応式で表される。 $C_6H_{12}O_6 \longrightarrow 2$[　　]$+2CO_2+2ATP$（宮城大）	C_2H_6O
0574	解糖系で生じる[　　]が，乳酸発酵では乳酸の生成に，アルコール発酵ではエタノールの生成に，それぞれ利用される。（センター試験生物追試）	NADH
0575	酒やパンの製造に用いられる酵母は，酸素がない環境では発酵によってATPをつくる。この過程を呼吸と比べると，[　　]を生じるまでは共通である。（東北大）	ピルビン酸
0576	酵母は，酸素が十分存在しない状況ではアルコール発酵を行うが，酸素が十分供給されると，酸素を用いる呼吸を行う。この現象は発見者にちなんで[　　]効果とよばれている。（関西学院大）	パスツール
0577	乳酸菌による乳酸発酵を利用してつくられる食品として適当なものを選びなさい。 ア　みりん　　イ　カツオ節 ウ　ぬか漬け　　エ　納豆（関西大）	ウ
0578	酸素を用いない嫌気条件で，1分子のグルコースがすべて乳酸発酵で消費された場合，正味[　　]分子のATPが生成する。（九州工業大）	2

0579

グルコース1分子あたり，呼吸によって合成されるATPの最大数は，発酵によって合成されるATPの約何倍か。

ア　約2倍　　イ　約10倍

ウ　約20倍　　エ　約100倍　　（群馬大）

ウ

解説　グルコース1分子あたり，呼吸によって合成されるATPの最大数は38分子，発酵によって合成されるATPは2分子なので，

$$\frac{38}{2} \fallingdotseq 20倍$$

0580

グルコース90 gを乳酸菌に与え，その90％が乳酸生産に用いられた場合，乳酸は何g生じるか。ただし，原子量は**C**＝12，**H**＝1.0，**O**＝16とする。　（関西大）

81 g

解説　$C_6H_{12}O_6 \longrightarrow 2C_3H_6O_3 + 2ATP$

グルコースの分子量は180，乳酸の分子量は90なので，

$$\frac{90}{180} \times \frac{90}{100} \times 2 \times 90 = 81\ g$$

THEME 20 光合成

POINT

- 光合成では，クロロフィルやカロテノイドなどの光合成色素によって光エネルギーが吸収される。
- 葉緑体のチラコイドの膜では，光エネルギーが吸収され，ATPやNADPHが合成される。
- 葉緑体のストロマでは，二酸化炭素から有機物を合成する反応が行われる。この反応系をカルビン回路という。

ビジュアル要点

光合成色素と光の波長

葉緑体に含まれる光合成色素には，クロロフィルやカロテノイドがある。クロロフィルには，クロロフィルaとクロロフィルb，カロテノイドには，カロテンやキサントフィルなどがある。光合成色素は，種類によって吸収する光の波長が異なる。

光の波長と吸収の関係を示したグラフを吸収スペクトルといい，光の波長と光合成の効率の関係を示したグラフを作用スペクトルという。

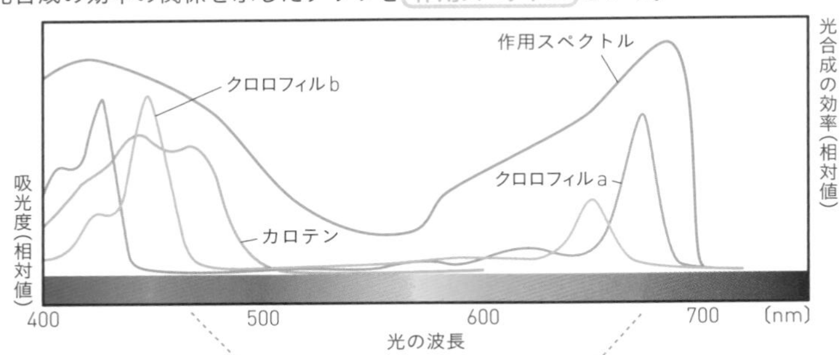

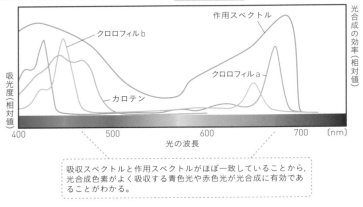

吸収スペクトルと作用スペクトルがほぼ一致していることから，光合成色素がよく吸収する青色光や赤色光が光合成に有効であることがわかる。

光合成の全体の反応

$6CO_2+12H_2O+$光エネルギー$\longrightarrow C_6H_{12}O_6+6H_2O+6O_2$

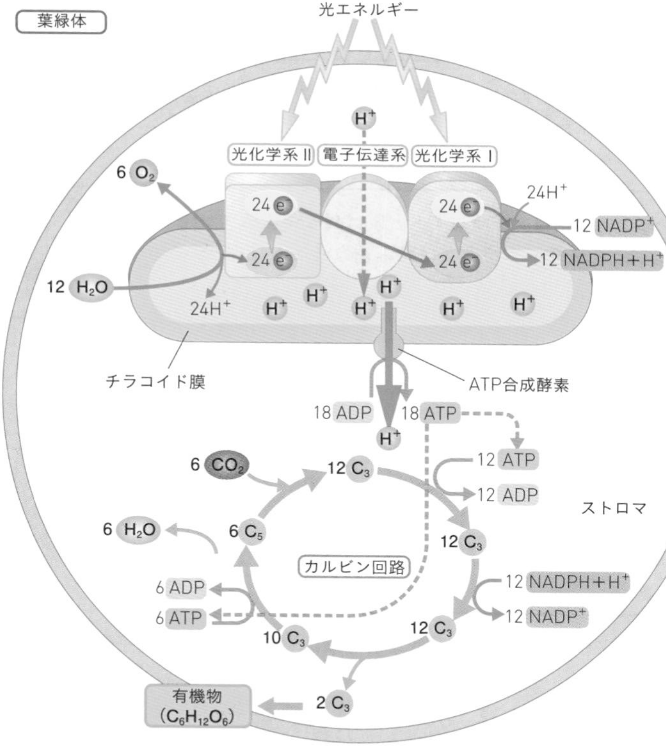

細菌の光合成

緑色硫黄細菌や紅色硫黄細菌などは，光合成色素としてクロロフィルに似たバクテリオクロロフィルをもち，水のかわりに硫化水素（H_2S）を利用し，酸素ではなく硫黄（S）を生成する。光合成を行う細菌を光合成細菌という。

[緑色硫黄細菌の光合成]

$6CO_2+12H_2S+$光エネルギー$\longrightarrow C_6H_{12}O_6+6H_2O+12S$

シアノバクテリアは，光合成色素としてクロロフィルaをもち，植物と似た光合成を行う。シアノバクテリアは，光合成により酸素を生成する。

0581	緑色植物の光合成の場は[　　]であり，光が直接関係する第一の反応段階と，光が直接関係しない第二の反応段階の2つに大別される。（関西大）	葉緑体
0582	植物や藻類などの光合成は，光エネルギーを利用して二酸化炭素と水から有機物と[　　]を生成する。（岡山大）	酸素
0583	葉緑体の内部には，チラコイドとよばれる袋状構造が発達する。チラコイドが層状に積み重なっている部分は[　　]とよばれる。（高知大）	グラナ
0584	葉緑体内部は液状の部分である[①]と，扁平な袋状の構造をもつ[②]とからなる。（中央大）	①ストロマ ②チラコイド
0585	光合成では，光エネルギーはチラコイド膜に存在するクロロフィルなどの光合成色素によって吸収され，NADPHや[　　]の化学的エネルギーに変換される。（東京農工大）	ATP
0586	チラコイド膜上にある光依存的な反応系は，光化学系Ⅱと光化学系Ⅰ，それらをつなぐ[　　]からなる。（山形大）	電子伝達系
0587	光合成の反応は大きく2つに分けることができる。すなわち，葉緑体のチラコイド膜で行われる[①]エネルギーの吸収，水の分解およびATPの合成と，葉緑体のストロマで行われる[②]の固定である。（京都府立大）	①光 ②二酸化炭素
0588	光を吸収する主要な[　　]には，クロロフィルやカロテノイドがある。（岩手大）	光合成色素

0589	植物がもつ光合成色素には，クロロフィルaやクロロフィルbなどのクロロフィル，カロテンや［　　］などのカロテノイドなどがある。（オリジナル）	キサントフィル
0590	クロロフィルやカロテノイドによる光の吸収では波長が異なり，クロロフィルは［①］色と［②］色を，カロテノイドは［①］色の光を強く吸収する。（鹿児島大）	①青 ②赤
0591	植物は光をエネルギーとして光合成を行っており，光合成で最初に起こるのは光合成色素による光の吸収である。各光合成色素がどの波長の光をどれくらい吸収するか表したものを［　　］という。（宮城大）	吸収スペクトル
0592	図のグラフ内の実線は，各波長での光合成速度を相対値で表している。この曲線を［　　］という。 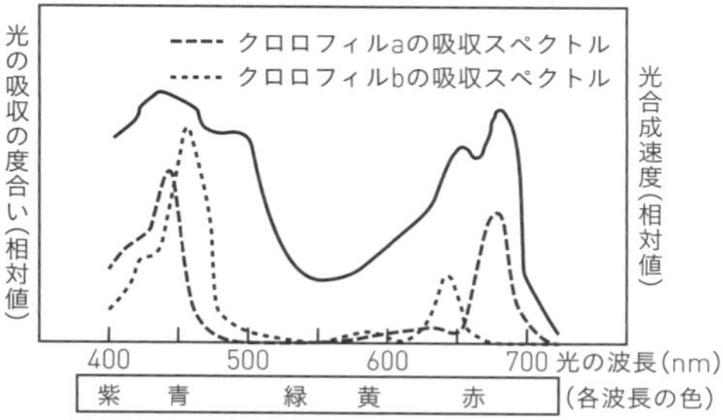 （島根大）	作用スペクトル
0593	［　　］は，緑色植物では構造などが異なる2種類のものが存在し，光の吸収や光化学系の反応中心として機能している。（岩手大）	クロロフィル
0594	植物の光合成では，光エネルギーは［　　］に存在する光合成色素に吸収され，反応中心に集められる。（愛媛大）	チラコイド膜

0595	光合成の第一の反応段階は，光エネルギーを受容する反応であり，電子伝達のシステムである［ ① ］から［ ② ］に電子が渡されるという反応が連続して起こる。（関西大）	①光化学系Ⅱ ②光化学系Ⅰ
0596	葉緑体で光合成が行われるときに，光合成色素によって吸収された光エネルギーによって光化学系Ⅰと光化学系Ⅱの［ ］のクロロフィルが活性化される。（お茶の水女子大）	反応中心
0597	チラコイド膜では，光合成色素が吸収した光エネルギーが，光化学系Ⅰと光化学系Ⅱにあるクロロフィル（反応中心）に集まり，クロロフィルが活性化され，［ ］を放出する。（金沢大）	電子
0598	電子を放出した光化学系Ⅱのクロロフィルが還元される際には，チラコイド内の［ ］分子が分解される。（センター試験生物）	水
0599	典型的な光合成では，最初に光化学系Ⅱでの光合成色素の活性化に伴って水が［ ］とH^+と電子に分解される。（横浜国立大）	酸素
0600	光化学系Ⅱの反応中心の［ ］は，水の分解により生じた電子を受け取り，もとの状態にもどる。（お茶の水女子大）	クロロフィル
0601	光のエネルギーを受けて光化学系Ⅱのクロロフィルから放出された電子は，光化学系Ⅰに受け渡され，［ ］の合成に使われる。（センター試験生物）	NADPH
0602	チラコイド内腔での2分子の水の分解により，［ ］分子の酸素と，それぞれ4個ずつの水素イオンと電子が生じる。（島根大）	1

☑ 0603	葉緑体のチラコイド膜において，水から引き抜かれた電子は，いくつかのタンパク質に順に受け渡され，2分子の水から［ ① ］分子のNADPHと［ ② ］分子のATPがつくられる。（関西大）	① 2 ② 3
☑ 0604	光合成の第一の反応段階の反応は，次のように表される。 $2H_2O$＋［ ① ］＋3ADP＋$3H_3PO_4$ ⟶O_2＋［ ② ］＋$2H^+$＋3ATP＋$3H_2O$（関西大）	① $2NADP^+$ ② 2NADPH
☑ 0605	葉緑体では電子伝達反応に伴って，［ ］イオンの濃度勾配が膜を隔てて形成され，これによりATPが合成される。（京都工芸繊維大）	水素
☑ 0606	葉緑体で行われるATP合成反応は，［ ］とよばれる。（大阪府立大）	光リン酸化
☑ 0607	電子伝達に伴うH^+輸送によって［ ］内腔に濃縮されたH^+は，濃度勾配にしたがって外側に流れ出ようとする。（関西大）	チラコイド
☑ 0608	光合成では，電子の移動に伴ってH^+が能動輸送され，生じたH^+の濃度勾配を利用して，［ ］がADPとリン酸からATPを合成する。（岡山大）	ATP 合成酵素
☑ 0609	H^+の流れのエネルギーを利用して，［ ］にある酵素がADPをリン酸化してATPを生産する。（関西大）	チラコイド膜
☑ 0610	二酸化炭素の固定反応は［ ］で行われ，二酸化炭素はC_3化合物へと固定され，最終的にはグルコースなどの有機物が合成される。（愛媛大）	ストロマ

0611	二酸化炭素は葉の表面の[　　]を通じて葉緑体内に運ばれる。（東京農工大）	気孔
0612	ストロマには[　　]という反応回路があって，これによってCO_2が固定されて有機物が合成される。（旭川医科大）	カルビン回路
0613	光合成の第一段階で生産された[　　]とATPはCO_2を固定するのに使われる。（関西大）	NADPH
0614	生物が，ATPのエネルギーを使って，二酸化炭素から有機物をつくるはたらきを[　　]という。（オリジナル）	炭素同化（炭酸同化）
0615	カルビン回路により，二酸化炭素は[　　]に取りこまれ，ホスホグリセリン酸ができる。（お茶の水女子大）	リブロース二リン酸（リブロースビスリン酸）
0616	カルビン回路でCO_2固定反応を担う酵素はカタカナ4文字で表すと，[　　]である。（島根大）	ルビスコ
0617	CO_2を取りこむ反応段階では，C_5化合物のリブロース-1,5-ビスリン酸とCO_2からC_3化合物の[　　]がつくられる。（関西大）	ホスホグリセリン酸（PGA）
0618	リブロース-1,5-ビスリン酸カルボキシラーゼ／オキシゲナーゼの略称を[　　]という。（慶應義塾大）	ルビスコ
0619	カルビン回路では，二酸化炭素1分子あたり[　①　]分子のATPと[　②　]分子のNADPHが消費される。（関西大）	① 3 ② 2

0620	光合成の第二の反応段階の反応は，次のように表される。 $6CO_2+12$ ［①］ $+12H^++18ATP+12H_2O$ $\longrightarrow(C_6H_{12}O_6)+12$ ［②］ $+18ADP+18H_3PO_4$ （関西大）	① NADPH ② $NADP^+$
0621	光合成の反応は全体として次の反応式で表される。 $6CO_2+$ ［①］ H_2O＋光エネルギー $\longrightarrow(C_6H_{12}O_6)+$ ［②］ O_2+ ［③］ H_2O （群馬大）	① 12 ② 6 ③ 6
0622	光合成で発生する酸素は［　　］に由来する。 （旭川医科大）	水
0623	光合成の過程のうち，チラコイド膜で起こる光に直接依存した反応によって生じる物質を選びなさい。 ア　CO_2　　イ　H_2　　ウ　O_2　　エ　グルコース （近畿大）	ウ
0624	次のうち誤りはどれか。 ア　ストロマには光合成色素が存在する。 イ　ストロマには炭酸同化にかかわる酵素が存在する。 ウ　光化学系Ⅱでは水から酸素がつくられる。 （自治医科大）	ア
0625	葉緑体で合成された光合成産物はスクロースの形で［師管　道管］を運ばれることになり，これを転流という。 （日本大）	師管
0626	光が強すぎると，光化学系が損傷を受けて，光合成速度が低下することがある。この現象を［　　］という。 （オリジナル）	光阻害
0627	光合成の結果つくられた有機物の多くは師管を通って他の部位に［　　］され，エネルギー源や植物体の構築の材料などに利用される。 （山形大）	転流

0628	トウモロコシやサトウキビのように二酸化炭素をC_4化合物として取りこむ植物は［　　］とよばれている。（愛媛大）	C_4 植物
0629	サトウキビやトウモロコシなどの植物では，大気からの二酸化炭素の取りこみを行う細胞とカルビン回路（カルビン・ベンソン回路）が存在する細胞が［同じである　異なる］。（立教大）	異なる
0630	サボテンなどの植物では，光が十分にある日中であっても乾燥を避けるため気孔を閉じ，夜間に気孔を開く。このような植物を［　　］という。（宇都宮大）	CAM 植物
0631	C_4植物では，二酸化炭素を［①］細胞で固定し，オキサロ酢酸に変える。オキサロ酢酸から変換されたリンゴ酸が［②］細胞へ運ばれ，ピルビン酸が生成されると同時に二酸化炭素が放出される。（琉球大）	①葉肉 ②維管束鞘
0632	サボテンなどの植物では，光合成は夜間に気孔を開いて取り入れた二酸化炭素を［　　］に変えて液胞内に蓄積し，昼間に気孔を閉じて二酸化炭素を取り出して行われる。（宇都宮大）	リンゴ酸
0633	カルビン回路で二酸化炭素固定を触媒する酵素であるルビスコは，二酸化炭素のかわりに酸素と結合する反応も同時に触媒する。これを［　　］という。（琉球大）	光呼吸
0634	C_4植物では，葉肉細胞でつくられた［C_3　C_4］化合物が維管束鞘細胞に送られる。（上智大）	C_4
0635	トウモロコシやサトウキビのような植物では，炭酸固定の最初の産物はC_3化合物ではなく，C_4化合物である。このC$_4$化合物の名称を答えなさい。（中央大）	オキサロ酢酸

☑0636
CAM植物を次のなかから選びなさい。
ア　ダイズ　　イ　サツマイモ
ウ　サボテン　　エ　サトウキビ　（琉球大）
ウ

☑0637
CAM植物ではC_4化合物は［昼間　夜間］に合成される。（上智大）
夜間

☑0638
CAM植物では，合成されたC_4化合物は［　　］に蓄えられていて，カルビン回路に二酸化炭素を供給する。（上智大）
液胞

☑0639
C_4植物ではなぜ大気中からの二酸化炭素の取りこみとカルビン回路による二酸化炭素の固定が異なる細胞で行われるのか。
ア　有機物の輸送を簡便にするため。
イ　大気から流入する酸素による光呼吸を防ぐため。
ウ　強光による酵素のダメージを防ぐため。
エ　ATPの消費を抑えるため。（琉球大）
イ

☑0640
ハコベなどの葉をすりつぶして得た葉緑体片を含む溶液を準備し，シュウ酸鉄（Ⅲ）を［酸化剤　還元剤］として加えてから空気を抜き，光照射を行った結果，酸素が発生した。（奈良県立医科大）
酸化剤

☑0641
［ヒル　カルビンとベンソン］は，二酸化炭素を除いた密閉容器に葉緑体の懸濁液を入れ，ただ光を当てるだけでは酸素は発生しないが，シュウ酸鉄（Ⅲ）を加えると酸素が発生することを発見した。（日本大）
ヒル

☑0642
光合成を行うことができる原核生物も存在する。このような原核生物のなかでも，［　　］は高等植物と同様に水を電子供与体とし，酸素を発生する形の光合成を行う。（立教大）
シアノバクテリア

0643	細菌のなかにも，光合成を行うものがある。光合成を行う細菌を［　　］という。（関西大）	光合成細菌
0644	紅色硫黄細菌や緑色硫黄細菌における光合成では，［　　］などが電子供与体としてはたらく。このため，光合成によって硫黄などが生じる。（立教大）	硫化水素
0645	シアノバクテリアが行う光合成は，［①］を分解し，［②］を発生させる反応で，他の光合成細菌の行う光合成とは区別される。（愛知教育大）	①水 ②酸素
0646	シアノバクテリアは光合成色素として［　　］をもっており，水の酸化的分解によって酸素を発生する。（上智大）	クロロフィル a
0647	紅色硫黄細菌は，光合成色素として［　　］をもっている。（宮崎大）	バクテリオクロロフィル
0648	紅色硫黄細菌は，水のかわりに硫化水素などから電子を受け取り光合成を行う。硫化水素を利用する場合，酸素の放出はみられず，かわりに［　　］が細胞の中に蓄積する。（宮崎大）	硫黄
0649	緑色硫黄細菌の光合成様式は，以下の通りである。 $6CO_2 + 12$［①］＋光エネルギー $\longrightarrow C_6H_{12}O_6 +$［②］$+ 6H_2O$（岩手大）	① H_2S ② 12S
0650	無機物をエネルギー源とする炭酸同化を［　　］とよぶ。（横浜国立大）	化学合成

☑0651	細菌のなかには，光に依存せず，無機物の酸化反応で放出されたエネルギーを利用して，生活するものもいる。このような細菌は［　　］とよばれる。（立教大）	化学合成細菌
☑0652	さまざまな環境に生息している細菌のなかには，NH_4^+などの無機物を［　　］するものがあり，その過程で生じた化学エネルギーを利用して，二酸化炭素から有機物を合成する。（宮崎大）	酸化
☑0653	土壌中に生息している［　　］は，NH_4^+をNO_2^-に変換する。（宮崎大）	亜硝酸菌
☑0654	［　　］は，NO_2^-をNO_3^-に変換する。（宮崎大）	硝酸菌
☑0655	亜硝酸菌と硝酸菌の一連の作用を［　　］とよび，地球上の窒素の循環に大きな役割をはたしている。（宮崎大）	硝化
☑0656	亜硝酸菌によりアンモニウムイオンが酸化される反応の反応式を記せ。（立教大）	$2NH_4^+ + 3O_2 \longrightarrow 2NO_2^- + 2H_2O + 4H^+$
☑0657	亜硝酸菌と硝酸菌をあわせて［　　］という。これらの細菌は，植物が利用する硝酸イオンの生成に重要な役割をはたしている。（オリジナル）	硝化菌
☑0658	亜硝酸菌と硝酸菌のはたらきに共通することを選びなさい。 ア　グルコースが必要である。　イ　光が必要である。 ウ　水分子を生成する。　エ　炭酸同化を行う。 （島根大）	エ

PART

3

遺伝情報の発現と発生

0659–1052

多細胞生物が有性生殖により子をつくるとき，まず配偶子が形成され，雌雄の配偶子が合体して受精卵が生じ，受精卵が細胞分裂をくり返してからだがつくられます。親から子へ，どのようにして遺伝情報が受け渡され，からだがつくられるのか学んでゆきましょう。

THEME 21 DNAの構造

POINT

- 核酸の構成単位は，糖，リン酸，塩基からなる ヌクレオチド である。
- DNAは，２本のヌクレオチド鎖が向かい合い， 二重らせん構造 をとる。
- DNAの塩基は，アデニンと チミン ，グアニンと シトシン が相補的に結合する。

ビジュアル要点

DNAを構成するヌクレオチド

DNAの構成単位は，糖（デオキシリボース）にリン酸と塩基が結合した ヌクレオチド である。塩基には， アデニン （A)，チミン（T)， グアニン （G)，シトシン（C）の4種類がある。

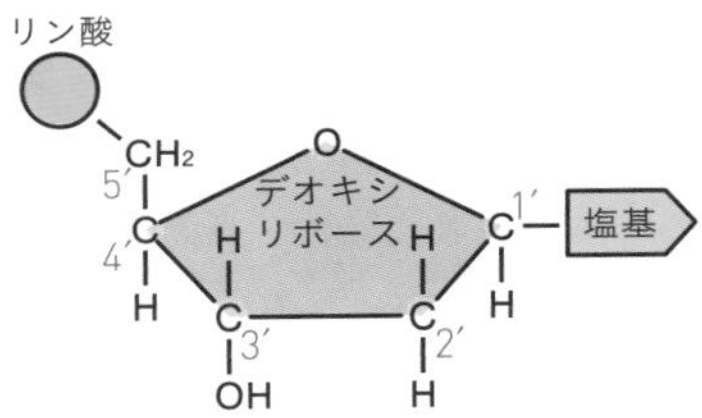

DNAの構造

ヌクレオチド鎖には方向性があり，リン酸側の末端を 5′末端 ，糖側の末端を 3′末端 という。DNAは，２本のヌクレオチド鎖が 逆 方向に向かい合い，内側に突き出た塩基が 水素 結合して，全体として二重らせん構造をとっている。

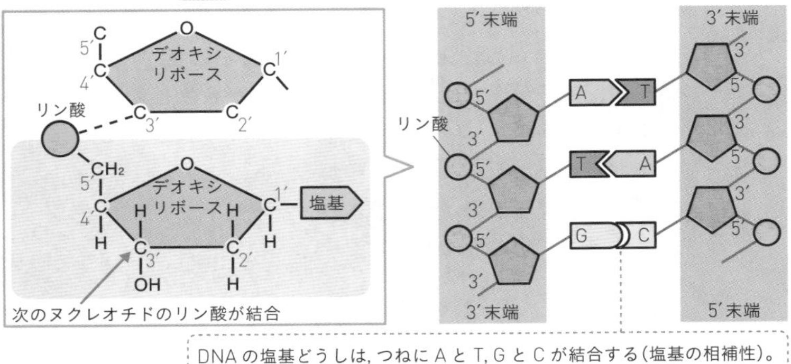

DNA の塩基どうしは，つねに A と T，G と C が結合する（塩基の相補性）。このため，2 本鎖の一方の塩基配列が決まると，他方の塩基配列も決まる。

0659	遺伝子本体は（　　）であることがわかっている。（東京学芸大）	DNA（デオキシリボ核酸）
0660	ヌクレオチドは（　　）と糖と塩基からできている。（岡山大）	リン酸
0661	（　　）は，DNAとRNAに大別される。（関西大）	核酸
0662	DNAは糖，リン酸，塩基から構成される（　　）が鎖状に連なっている。（岩手大）	ヌクレオチド
0663	DNAに含まれる五炭糖は（　　）である。（関西大）	デオキシリボース
0664	DNAを構成するヌクレオチドは，塩基としては，アデニン，チミン，グアニン，（　　）の4種類をもつ。（高知大）	シトシン
0665	デオキシリボースを構成している5つの炭素原子には1′から5′までの番号が付けられており，塩基は（　①　）の炭素に，リン酸は（　②　）の炭素に結合している。（高知大）	① 1′ ② 5′
0666	DNAの主鎖は糖と［リン酸　塩基］がつながっている。（鳥取大）	リン酸

☑ 0667	DNAは，アデニン，［　　］，グアニン，シトシンという4種類の塩基と，デオキシリボースという糖とリン酸から構成されるヌクレオチドが多数鎖状につながった高分子化合物である。（大阪府立大）	チミン
☑ 0668	核酸は多くのヌクレオチドがリン酸を介した［　　］結合によって重合したものである。（上智大）	共有
☑ 0669	生物の遺伝子は一般的に2本鎖DNAであり，いわゆる［　　］構造をしている。（岡山大）	二重らせん
☑ 0670	DNAでは，2本のヌクレオチド鎖が互いに向かい合い，内側に突き出た塩基の間で水素を仲立ちとした弱い［　　］結合によって塩基対が形成される。（センター試験生物）	水素
☑ 0671	DNAの塩基はアデニン，グアニン，［①］，［②］の4種類から構成され，アデニンは［①］，グアニンは［②］とのみ結合することができる。（岩手大）	①チミン ②シトシン
☑ 0672	ヌクレオチド鎖どうしは塩基部分で水素結合によって結合している。この結合には法則性があり，常に特定の塩基どうしが結合する。塩基対形成におけるこの性質を，塩基の［　　］とよぶ。（岡山大）	相補性
☑ 0673	［①］とチミン，［②］とシトシンがそれぞれ相補的な塩基である。（宮崎大）	①アデニン ②グアニン
☑ 0674	DNAが二重らせん構造をとるというモデルを提唱した科学者2名の名前は，［　　］とクリックである。（関西学院大）	ワトソン

0675	塩基のうち，AとT，およびGとCは，水素原子を仲立ちとして相補的に結合している。AとTは何か所で結合しているか。 (中央大)	2か所
0676	塩基のうち，AとT，およびGとCは，水素原子を仲立ちとして相補的に結合している。GとCは何か所で結合しているか。 (中央大)	3か所
0677	DNAが相補的な2本鎖を形成するとき，アデニンとチミンの結合はグアニンとシトシンの結合より［強い　弱い］。 (上智大)	弱い
0678	DNAの鎖の塩基の並びは［　　］とよばれ，文章の文字の並びを連想させる。 (東京学芸大)	塩基配列
0679	ヌクレオチド鎖には方向性があり，末端にリン酸がある方を［①］末端，その反対側の末端を［②］末端とよぶ。 (高知大)	① 5′ ② 3′
0680	DNAのヌクレオチド鎖には方向性があり，互いに［同じ向き　逆向き］のヌクレオチド鎖が2本鎖を形成する。 (上智大)	逆向き
0681	真核細胞のDNAは，タンパク質に巻きついたヌクレオソームを形成している。ヌクレオソームのつながりは折りたたまれ，［　　］を形づくっている。 (横浜市立大)	クロマチン
0682	通常，真核生物の核のDNAは，［　　］とよばれるタンパク質に巻き付けられており，全体の形としては糸でつなげたビーズのようになる。 (琉球大)	ヒストン
0683	真核生物の場合，2本鎖DNAはタンパク質に巻きつけられ［　　］という基本構造を形成している。 (岩手大)	ヌクレオソーム

0684	DNAのヌクレオチドを構成する物質に含まれないものはどれか。 ア　チミン　　イ　グアニン ウ　シトシン　　エ　ウラシル　（東京医科大）	エ
0685	DNAについての記述として，最も適切なものを選べ。 ア　すべての生物種においてDNAは二重らせん構造をとる。 イ　すべての生物種において，細胞内のDNAは核膜に包まれて存在する。 ウ　すべての生物種において，DNA中のアデニンとグアニンの比率は1：1である。　（北里大）	ア
0686	窒素が含まれるDNAの部分として，最も適切なものを選べ。 ア　塩基　　イ　デオキシリボース　　ウ　リン酸 （北里大）	ア
0687	DNAの構造について最も適切なものを以下より選べ。 ア　右巻きのらせん構造をしており，2本の鎖が同じ向きに並んでいる。 イ　右巻きのらせん構造をしており，2本の鎖が逆向きに並んでいる。 ウ　左巻きのらせん構造をしており，2本の鎖が同じ向きに並んでいる。 エ　左巻きのらせん構造をしており，2本の鎖が逆向きに並んでいる。　（大阪市立大）	イ
0688	5.0×10^{6}塩基対の二重らせん構造の長さは何mmか。ただし，DNAの10塩基対の長さを3.4×10^{-3} μmとする。 （北里大）	1.7 mm

解説

$$3.4\times10^{-3}\times\frac{5.0\times10^{6}}{10}\times10^{-3}=1.7\ \text{mm}$$

0689

ヌクレオソーム形成に必要なDNAの長さを140塩基対とし，すべてのDNAがヌクレオソームを形成する場合，ヒト体細胞1つに含まれるヒストンの数は何個になるか。ヒトのゲノムサイズは3.0×10^9塩基対とする。

（法政大）

4300万個

解説 ヒトの体細胞は2倍体なので，1つの体細胞には$3.0\times10^9\times2$塩基対のDNAが含まれる。よって，

$$\frac{3.0\times10^9\times2}{140}\fallingdotseq4.3\times10^7\text{個}$$

0690

単細胞真核生物である分裂酵母の3本の染色体は，それぞれ560万塩基対，450万塩基対，350万塩基対のゲノムDNAより構成されている。通常の二重らせん構造をとるDNAでは，隣り合う塩基の間隔は0.34 nmである。それぞれの染色体を直線状に並べたとき，最も大きな染色体と最も小さな染色体の長さの差は何μmになるか。

（東京理科大）

714 μm

解説 最も大きな染色体と最も小さな染色体の塩基対の差は，560万－350万＝210万塩基対だから，

$$2.10\times10^6\times0.34\times\frac{1}{1000}=714\ \mu\text{m}$$

THEME 22 DNAの複製

POINT

- DNA複製では，**DNAポリメラーゼ**（DNA合成酵素）という酵素のはたらきによって，新しいヌクレオチド鎖（新生鎖）が合成される。
- 新生鎖が合成されるとき，初めに合成される，鋳型鎖に相補的な短いRNAを，**プライマー**という。
- ２本の新生鎖のうち，連続的に伸長していく方を**リーディング鎖**，不連続に複製される方を**ラギング鎖**という。

ビジュアル要点

半保存的複製

DNAが複製されるとき，もとの２本のヌクレオチド鎖がそれぞれ鋳型鎖となって，相補的な塩基配列をもつ新しいヌクレオチド鎖がつくられる。このような複製方式を**半保存的複製**という。

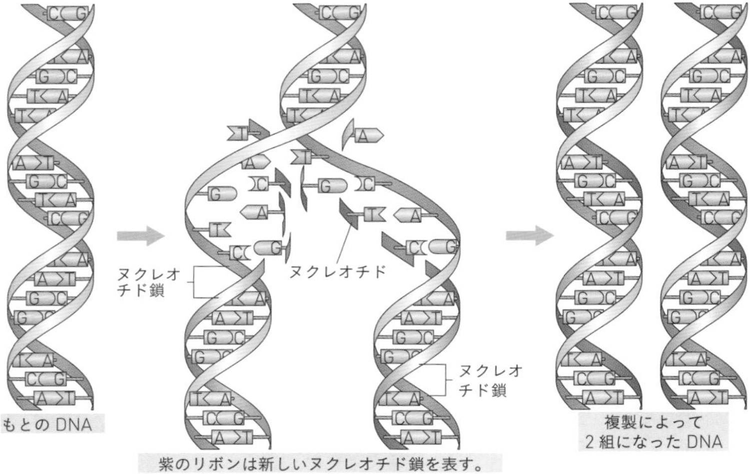

紫のリボンは新しいヌクレオチド鎖を表す。

● DNAの複製のしくみ

①DNAの２本鎖が開裂し，それぞれが鋳型鎖となる。
②それぞれの鋳型鎖に短い相補的なRNA（**プライマー**）が合成される。
③**DNAポリメラーゼ**により，プライマーの3′末端から新しいヌクレオチド鎖がつくられていく。DNAポリメラーゼは，**5′**→**3′**方向だけに鎖を合成する。
④**リーディング鎖**では，連続的に新しい鎖が合成される。**ラギング鎖**では，不連続なDNA断片（**岡崎フラグメント**）が合成される。この断片は，**DNAリガーゼ**によって連結されて長いヌクレオチド鎖となる。
⑤プライマーは最終的に分解され，DNAに置きかえられる。

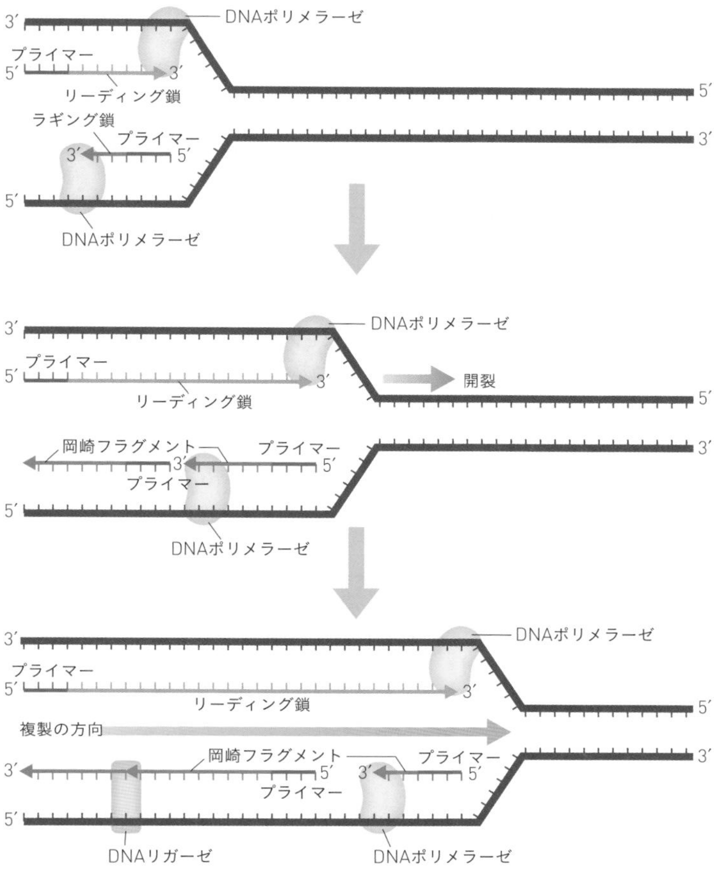

0691	遺伝情報を担うDNAの複製は［　　　］複製とよばれる。（関西大）	半保存的
0692	2本鎖DNAは分かれて1本鎖DNAとなり，［片方だけ　それぞれ］が鋳型となってヌクレオチド鎖を合成することで，同じ配列をもつ2本の2本鎖DNAが形成される。（岡山大）	それぞれ
0693	DNAは細胞分裂の際に［　　　］の相補性に基づいて複製され，新しい細胞へ分配される。（高知大）	塩基
0694	DNAの複製で，鋳型となるもとの鎖のある位置に塩基としてアデニンがあると，新しくつくられる鎖の相補的な位置の伸長の際には［　　　］をもつヌクレオチドが結合する。（群馬大）	チミン
0695	真核生物において，DNAの複製は［　　　］で行われる。（センター試験生物）	核内
0696	DNAの複製では，まず，2本鎖DNAがほぐれて1本鎖となり，この1本鎖を鋳型として，相補的な塩基をもつヌクレオチドが［　　　］という酵素により次々とつながれ，新たに2本鎖状のDNAとなる。（岩手大）	DNAポリメラーゼ
0697	複製には，［　　　］とよばれる鋳型の塩基配列に相補的な配列をもつ短いヌクレオチド鎖が必要である。（関西大）	プライマー
0698	DNAの複製は［　　　］とよばれるDNAの特定の場所で開始される。（弘前大）	複製起点（複製開始点）

0699	DNAの複製では，まず，［　　　］という酵素のはたらきにより，DNAの二重らせん構造がほどかれる。（オリジナル）	DNA ヘリカーゼ
0700	DNAの複製は，まず，複製起点付近の２本のDNAが形成する二重らせん構造がほどけ，それぞれのDNA鎖が鋳型となって短い［　　　］が合成される。これをプライマーとよぶ。（弘前大）	RNA
0701	DNAポリメラーゼはヌクレオチドを［3′から5′　5′から3′］の方向にしかつなげていくことができない。（琉球大）	5′から 3′
0702	DNAの複製で，合成に使われる４種類のヌクレオチドは３つのリン酸基をもつ化合物であり，［　　　］三リン酸とよばれる。（関西大）	ヌクレオシド
0703	新たなDNA鎖のうち，［　　　］鎖はDNAがほどけていく方向に連続して合成される。（弘前大）	リーディング
0704	複製過程で，不連続に合成される鎖を［　　　］鎖とよぶ。（関西大）	ラギング
0705	DNAが複製される際に，不連続な合成の結果生じる短いDNA断片は，［　　　］によってつながれる。（関西学院大）	DNA リガーゼ
0706	DNAの複製に関して，ラギング鎖で生じるDNA断片を［　　　］という。（横浜市立大）	岡崎フラグメント

0707	[　　]は間違ってつながれた塩基の修復機能も備えているため，最終的なエラーの確率は十億塩基対に1個程度に抑えられている。（県立広島大）	DNAポリメラーゼ
0708	大半の原核生物のDNAは［環状　線状］の構造をとる。（上智大）	環状
0709	大腸菌のDNAの複製は，複製起点とよばれる特定の部分から始まり，［一方向　両方向］に進行して最終的に2分子の大腸菌DNAがつくられる。（岩手大）	両方向
0710	真核生物の染色体の末端には[　　]とよぶ構造があり，染色体末端の安定性の保持に関係があると考えられている。（東京医科歯科大）	テロメア
0711	細胞内でのDNAの複製方法について，[　　]とスタールは窒素の同位体である^{15}Nおよび^{14}Nを含む培地で大腸菌を培養する実験を行った。（岩手大）	メセルソン
0712	^{14}Nよりも重い^{15}Nを窒素源として含む培地で，大腸菌を何世代も培養すると，大腸菌がもつDNAの[　　]に含まれる窒素のほぼすべてが^{15}Nに置き換わる。（法政大）	塩基
0713	細胞が増えるとき，2本鎖DNAから同じDNAがもう1組つくられる。この過程は何とよばれるか。正しいものを選べ。 ア　転写　　イ　翻訳 ウ　複製　　エ　発現　（中央大）	ウ
0714	DNAポリメラーゼの機能について正しいものを選べ。 ア　3′から5′方向に合成反応を進める。 イ　複製反応は1ヌクレオチドずつ進む。 ウ　2つの異なるヌクレオチド鎖を連結できる。 （東京理科大）	イ

☑0715	DNAポリメラーゼの特徴として正しいものはどれか。 ア　複製の開始時には，プロモーターとよばれる塩基配列を目印にしてDNAに結合する。 イ　複製開始部位でのDNA合成の開始には，相補的な短いRNAを必要とする。 ウ　２つのリン酸基をもったヌクレオチドの外側のリン酸基が外れる際のエネルギーを利用して，伸長中の新生鎖の3′末端にヌクレオチドを連結する。 エ　線状DNAをもつ真核生物の複製では，末端部分まで完全にDNA鎖を合成することができる。（東京医科大）	イ
☑0716	DNAの伸長反応では，鋳型鎖に相補的な塩基をもつヌクレオチドを連結しながら新生鎖が伸びてゆく。まさにDNA伸長反応が起きている部位で必要なものについて誤りであるものを選べ。 ア　新生鎖の伸長（DNA合成）を触媒する酵素 イ　鋳型となる１本鎖DNA部分 ウ　すでに鋳型鎖と相補的に結合している新生鎖の3′末端 エ　すでに鋳型鎖と相補的に結合している新生鎖の5′末端（明治大）	エ
☑0717	DNAヘリカーゼについて，DNA複製のための役割として最も適当なものを選べ。 ア　DNAの二重らせん構造を形成する。 イ　DNAの二重らせん構造をほどく。 ウ　DNAのヌクレオチド鎖どうしの水素結合を形成する。 エ　DNAのヌクレオチド鎖どうしを連結する。（立教大）	イ

0718	DNAの複製において，鎖が伸長するときにはどんなヌクレオチドが用いられるか選べ。 ア　塩基としてウラシルをもつ。 イ　糖としてリボースをもつ。 ウ　リン酸を3つもつ。 エ　アデニンに対して3か所で水素結合する塩基をもつ。（群馬大）	ウ
0719	DNAの複製過程として適切なものを選べ。 ア　ヌクレオチド鎖は，DNA合成酵素のはたらきによって，対をなす塩基間が結合する。 イ　1本のmRNAヌクレオチド鎖に相補的なtRNAが結合する。 ウ　DNAの全長が1本ずつのヌクレオチド鎖になってから複製される。（麻布大）	ア
0720	岡崎フラグメントが細胞内で蓄積するのはどのような場合か。次のなかから選べ。 ア　DNA複製の途中でプライマーの合成が止まる。 イ　DNA複製の途中でDNAポリメラーゼがはたらかなくなる。 ウ　DNA複製の途中でDNAリガーゼがはたらかなくなる。（信州大）	ウ
0721	大腸菌のDNAに該当する記述を選べ。 ア　複製起点が多数ある。 イ　ヒストンに巻きついている。 ウ　細胞質基質中に存在している。 エ　塩基対の総数は3×10^9である。（東京医科大）	ウ

0722

大腸菌のもつDNAは450万塩基対の環状２本鎖DNAであり，複製起点が１つである。大腸菌のDNA合成酵素が１秒あたり1500ヌクレオチドの速度で合成するとき，大腸菌のDNAの１回の複製には何分かかるか。

（センター試験生物）

25 分

解説 複製は，複製起点から両方向に進行するので，大腸菌のDNAは１秒あたり1500×2＝3000ヌクレオチドの速度で合成される。よって，求める時間は，

$$\frac{4.5\times10^{6}}{3.0\times10^{3}}\times\frac{1}{60}=25分$$

0723

DNAの半保存的複製を証明した実験では，ある元素の同位体がDNAを標識するのに利用された。その元素として最も適当なものを選べ。

ア　炭素　　イ　窒素
ウ　酸素　　エ　硫黄

（岩手医科大）

イ

THEME 23 転写のしくみ

POINT

- RNAのヌクレオチドは，DNAのヌクレオチドとは異なり，糖として リボース をもち，チミンのかわりに ウラシル をもつ。
- 転写では， RNAポリメラーゼ のはたらきによってRNA鎖が合成される。
- スプライシング の過程で，mRNA前駆体からイントロンが除かれる。

ビジュアル要点

● RNAを構成するヌクレオチド

RNAのヌクレオチドは，糖としてリボースをもち，塩基としてアデニン（A），ウラシル（U），グアニン（G），シトシン（C）のいずれかをもつ。

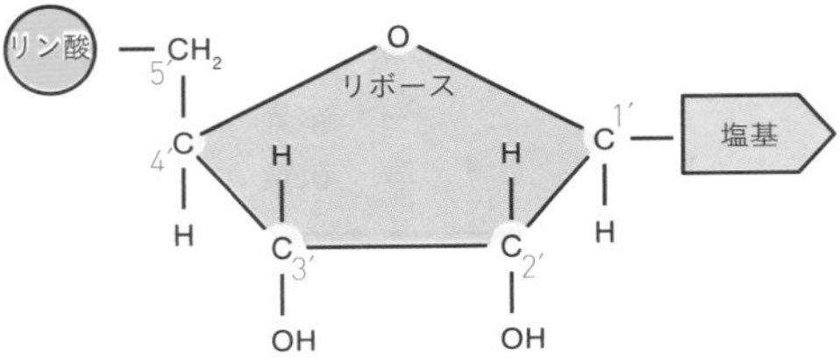

● 転写のしくみ

RNAポリメラーゼは，鋳型となるDNA鎖を 3′→5′ 方向に移動しながら，ヌクレオチドを次々と連結する。RNA鎖は 5′→3′ 方向に伸長する。

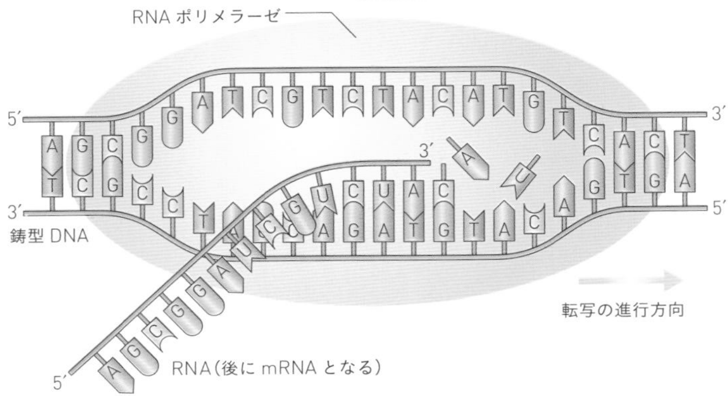

センス鎖とアンチセンス鎖

DNA2本鎖のうち，どちらが鋳型鎖になるかは，遺伝子によって異なる。鋳型になる方を アンチセンス鎖，鋳型にならない方を センス鎖 という。

スプライシング

真核生物では，転写によってできたmRNA前駆体は，核内で イントロン が除かれ，エキソン どうしがつながれることによりmRNA（伝令RNA）となる。この過程をスプライシングという。

スプライシングを経たmRNAは，核膜孔 を通って細胞質へ移動する。

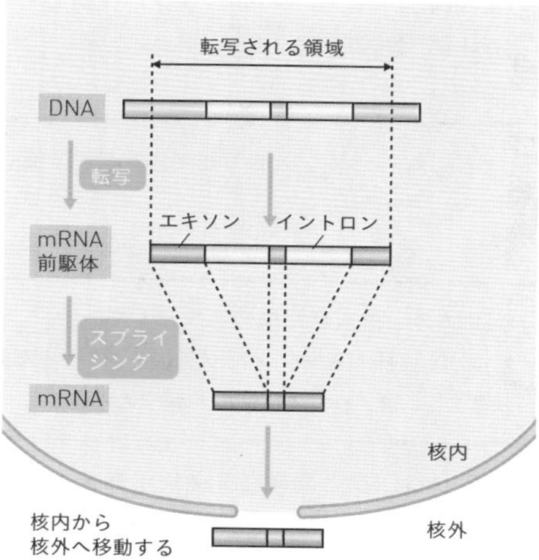

選択的スプライシング

スプライシングにおいて，異なるイントロンが除かれることで，異なるmRNAがつくられることがある。これを 選択的スプライシング という。このはたらきにより，１つの遺伝子から複数種類のタンパク質がつくられる。

0724	DNAの情報をもとにしてタンパク質が合成されることを遺伝子の［　　　］という。（群馬大）	発現
0725	遺伝情報はDNA→RNA→タンパク質と一方向に流れるという考え方を［　　　］という。（上智大）	セントラルドグマ
0726	DNAは，［　　　］という形で遺伝情報を保持している。（センター試験生物）	塩基配列
0727	DNAの二重らせん構造を発見した［　　　］は，遺伝情報はDNA→RNA→タンパク質のように一方向に流れると考え，これをセントラルドグマと称した。（千葉大）	クリック
0728	RNAはDNAと同様にヌクレオチドより構成されるが，塩基と［　　　］の種類が異なっている。（東京理科大）	糖
0729	RNAはその構成要素がDNAと類似しているものの，塩基としてはチミンのかわりに［　　　］が使用されている。（横浜国立大）	ウラシル
0730	RNAに含まれる五炭糖は［　　　］である。（関西大）	リボース
0731	DNAに含まれる4種類の塩基のうち，RNAには含まれない塩基は［　　　］である。（高知大）	チミン
0732	RNAのヌクレオチドを構成している糖はリボースである。リボースの各炭素には番号が付いており，［　　　］番の炭素には塩基が結合している。（学習院大）	1

0733	RNAのヌクレオチドを構成している糖は，DNAを構成する糖とは異なり，[ ]番の炭素にはヒドロキシ基（−OH）が結合している。（学習院大）	2
0734	遺伝子が発現する際，DNA上の遺伝情報はまず[ ]とよばれる過程でRNAに写し取られる。（岡山大）	転写
0735	RNAは，DNAの一部を鋳型として［1本鎖　2本鎖］の形で合成される。（慶應義塾大）	1本鎖
0736	DNAからmRNAを転写する酵素を[ ]とよぶ。（京都府立大）	RNAポリメラーゼ
0737	真核生物における遺伝子の発現では，まず，鋳型となるDNAの塩基配列が相補的な塩基配列の[ ]に転写される。（茨城大）	RNA
0738	遺伝子の発現では，転写開始部位の近くに存在する[ ]とよばれる領域にRNAポリメラーゼが結合し転写が開始される。（学習院大）	プロモーター
0739	RNAポリメラーゼによるRNA合成では，鋳型DNAの二重らせん構造は［ほどけて　維持されて］いる。（自治医科大）	ほどけて
0740	RNAポリメラーゼはRNAのヌクレオチド鎖を[①]末端から[②]末端の方向に合成していく。（高知大）	① 5′ ② 3′
0741	DNAの2本鎖のうち，［センス　アンチセンス］鎖がRNAの合成に使用される。（千葉大）	アンチセンス

0742	DNAの２本鎖のうち，RNAポリメラーゼによって転写されない側の鎖を（　　　）という。（近畿大）	センス鎖
0743	鋳型DNA 3′-ATGCATCGGA-5′から転写されるmRNAの塩基配列は5′-（　　　）-3′である。（信州大）	UACGUAGCCU
0744	DNA鎖 5′-CTGAC-3′を鋳型として合成されるmRNAの塩基配列は5′-（　　　）-3′である。（関西大）	GUCAG
0745	RNAポリメラーゼがmRNA 5′-CGGGCAGCCUGAC-3′の部分を合成する際に鋳型として用いたDNAの塩基配列は3′-（　　　）-5′である。（学習院大）	GCCCGTCGGACTG
0746	鋳型DNA 3′-ATGCATCGGA-5′をもとに，RNAポリメラーゼがRNA鎖を伸長していく向きは，[右方向　左方向] である。（信州大）	右方向
0747	RNAポリメラーゼによって転写されたmRNA前駆体は，核内で配列の一部が取り除かれる（　　　）という過程を経て，完成したmRNAとなる。（金沢大）	スプライシング
0748	真核生物の１つの遺伝子の中に，mRNAになる部分とならない部分とがあり，mRNAになる情報を含む部分を（　　　）という。（茨城大）	エキソン
0749	真核生物の遺伝子では，多くの場合，RNAが合成された後に核内でその一部分が取り除かれることが知られている。このとき取り除かれる部分に対応するDNA領域を（　　　）という。（岡山大）	イントロン

0750	細胞内でスプライシングが行われる場所は［　　］である。（慶應義塾大）	核内
0751	1種類のmRNA前駆体から2種類以上のmRNAが合成される現象を［　　］とよぶ。（高知大）	選択的スプライシング
0752	真核生物では，転写されたRNAの5′末端に［　　］とよばれる構造が付加される。（京都府立大）	キャップ
0753	mRNAの3′末端には［　　］という配列が付加されている。（茨城大）	ポリAテール
0754	選択的スプライシングは細胞内のどこで行われるか。 ア　ゴルジ体　イ　ミトコンドリア ウ　核　エ　リボソーム（上智大）	ウ
0755	DNAとRNAに関する記述のうち正しいものはどれか。 ア　RNAは1本鎖構造で機能し，部分的にでも2本鎖構造をとることはできない。 イ　ヌクレオチドの糖がデオキシリボースなのはDNAである。 ウ　DNAの合成が開始される場所はランダムに決まる。 エ　RNAは3′末端から合成される。（日本大）	イ
0756	複製と転写に共通する記述として適切なものを選べ。 ア　同じ酵素がヌクレオチド鎖を合成する。 イ　プライマーが必要である。 ウ　開始部位から両方向に進む。 エ　適切なものがない。（上智大）	エ

0757

DNAの複製と遺伝子の転写に関する説明のうち，正しいものはどれか。

ア　複製も転写も，3′から5′の方向に新しい鎖が合成される。

イ　複製も転写も，5′から3′の方向に新しい鎖が合成される。

ウ　複製は5′から3′の方向に，転写は3′から5′の方向に新しい鎖が合成される。

エ　複製は3′から5′の方向に，転写は5′から3′の方向に新しい鎖が合成される。　（九州産業大）

イ

0758

DNAポリメラーゼとRNAポリメラーゼの両方に当てはまるものを選べ。

ア　真核生物の細胞では核に局在する。

イ　1細胞に1分子だけ存在する。

ウ　核酸を構成分子として含む。

エ　酵素反応開始にプライマーが必要である。　（法政大）

ア

0759

DNAとRNAのはたす役割，状態や性質に関する説明として不適切と考えられるものを選べ。

ア　DNAは情報を格納，保持する役割をはたし，次世代へと同じ情報を継承するために使われる。

イ　RNAはDNAを断片化，破壊しながら情報を自分にコピーし，コピーした情報を細胞外へと運搬するために使われる。

ウ　情報を格納するDNAは，細胞分裂にあたって複製される。一方，多くのRNAは必要なときに随時合成される。

エ　RNAは，DNAの一部を鋳型として1本鎖の形で合成される。　（慶應義塾大）

イ

0760	エキソンとイントロンの切断・再結合によるRNAの加工について，誤りであるものを選べ。 ア　エキソンのみが連結されて最終的にmRNAが生成する。 イ　エキソンとイントロンはともに1つの遺伝子で複数存在することが多い。 ウ　選択的スプライシングはヒトなどの高等生物ではあまりみられない。 エ　このRNAの加工は核の中で行われる。　（明治大）	ウ
0761	センス鎖またはアンチセンス鎖の説明として誤りであるものを選べ。 ア　センス鎖は転写される鋳型となっていない。 イ　センス鎖のエキソン部分ではTをUに変えるとmRNAの配列と同じである。 ウ　アンチセンス鎖は転写される鋳型となっている。 エ　アンチセンス鎖のエキソン部分ではTをUに変えるとmRNAの配列と同じである。　（明治大）	エ
0762	転写後のRNAの3′末端側でのヌクレオチド付加について，付加されるヌクレオチドとして最も適切なものを選べ。 ア　アデニンヌクレオチドが1つ イ　ウラシルヌクレオチドが1つ ウ　アデニンヌクレオチドが連続して複数 エ　ウラシルヌクレオチドが連続して複数　（明治大）	ウ

THEME 24 翻訳のしくみ

POINT

- mRNAの塩基配列をもとにタンパク質が合成される過程を翻訳という。
- 1つのアミノ酸を指定するmRNAの塩基3個の配列をコドンという。
- tRNAは，アミノ酸をリボソームに運搬するはたらきをもつ。

ビジュアル要点

RNAの種類

タンパク質合成では，アミノ酸の配列を指定するmRNA（伝令RNA），リボソームにアミノ酸を運搬するtRNA（転移RNA），タンパク質合成の場となるrRNA（リボソームRNA）がかかわる。

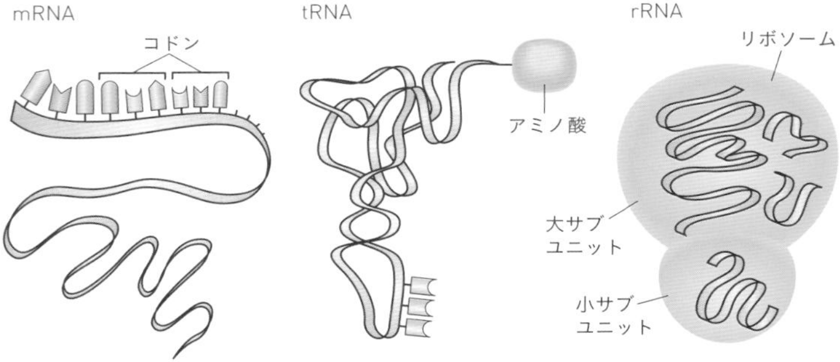

mRNAとtRNA

mRNAは3塩基1組で1つのアミノ酸を指定している。この3塩基の配列をコドンという。

tRNAはmRNAのコドンに相補的なアンチコドンという塩基配列をもち，この部分でmRNAに結合する。アンチコドンの種類により，tRNAが運搬するアミノ酸は決められている。

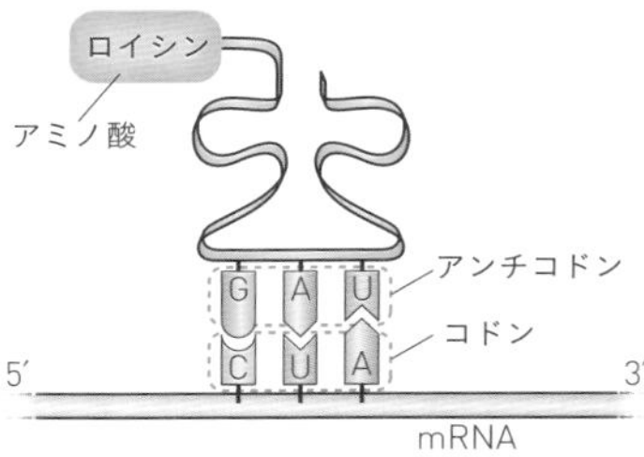

● 遺伝暗号表

RNAのコドンの塩基配列の組み合わせは **64** 通りある。これらのコドンがどのアミノ酸を指定するかをまとめた表を **遺伝暗号表** という。

		第2番目の塩基 ウラシル（U）	第2番目の塩基 シトシン（C）	第2番目の塩基 アデニン（A）	第2番目の塩基 グアニン（G）	
第1番目の塩基	U	UUU, UUC フェニルアラニン UUA, UUG ロイシン	UCU, UCC, UCA, UCG セリン	UAU, UAC チロシン UAA （終止）** UAG （終止）	UGU, UGC システイン UGA （終止） UGG トリプトファン	U C A G
第1番目の塩基	C	CUU, CUC, CUA, CUG ロイシン	CCU, CCC, CCA, CCG プロリン	CAU, CAC ヒスチジン CAA, CAG グルタミン	CGU, CGC, CGA, CGG アルギニン	U C A G
第1番目の塩基	A	AUU, AUC, AUA イソロイシン AUG メチオニン(開始)*	ACU, ACC, ACA, ACG トレオニン	AAU, AAC アスパラギン AAA, AAG リシン	AGU, AGC セリン AGA, AGG アルギニン	U C A G
第1番目の塩基	G	GUU, GUC, GUA, GUG バリン	GCU, GCC, GCA, GCG アラニン	GAU, GAC アスパラギン酸 GAA, GAG グルタミン酸	GGU, GGC, GGA, GGG グリシン	U C A G

（右端の列：第3番目の塩基）

● 翻訳のしくみ

細胞質に出たmRNAにリボソームが付着すると，mRNAのコドンに応じて，tRNAがアミノ酸を運んでくる。アミノ酸どうしはペプチド結合で連結し，ポリペプチドが合成される。

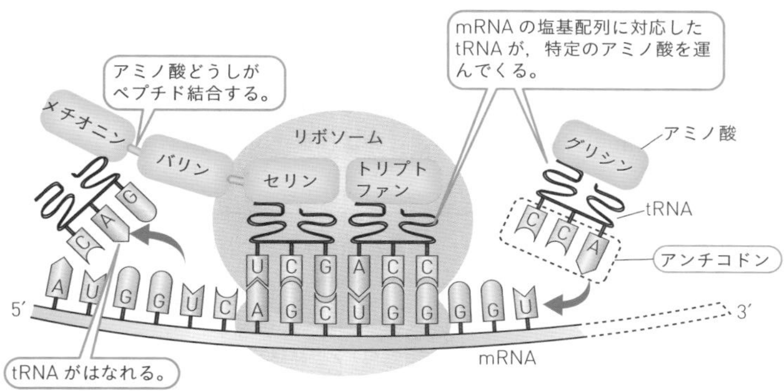

0763	遺伝子は細胞の核内で転写された後，細胞質でタンパク質に（　　）される。（茨城大）	翻訳
0764	RNAにはいくつかの種類があるが，そのうちで（　　）はタンパク質のもととなる遺伝情報をもつRNAである。（茨城大）	mRNA（伝令 RNA）
0765	原核細胞と真核細胞のどちらにも，細胞質基質中にリボソームが存在する。これは，[mRNA　rRNA　tRNA] とタンパク質からできた微小な粒状の構造物である。（鹿児島大）	rRNA
0766	リボソームは，（　　）つのサブユニットから構成されている。（大阪市立大）	2
0767	転写によって合成されたmRNAは，RNAとタンパク質の複合体からなる（　　）に運ばれタンパク質合成が行われる。（横浜国立大）	リボソーム
0768	mRNAとtRNAは塩基対を形成［する　しない］。（慶應義塾大）	する
0769	タンパク質合成の開始，タンパク質合成の終了，およびアミノ酸の種類はmRNAの連続した3つの塩基の組（（①））によって指定される。このような（①）を（②）という。（センター試験生物追試）	①トリプレット ②コドン
0770	翻訳の場となるリボソームは，大小2つのサブユニットからなる細胞内の構造体で，いずれのサブユニットも（　　）とRNAとから構成されている。（センター試験生物追試）	タンパク質

0771	翻訳過程では，連続した3つの塩基が1組となって1つのアミノ酸が対応付けられており，この対応付けを記した表を［　　］表とよぶ。（早稲田大）	遺伝暗号
0772	コドンは［　　］種類存在し，それらは20種類のアミノ酸ならびにポリペプチドの開始点と終止点を規定している。（岩手大）	64
0773	mRNAの塩基配列はタンパク質のアミノ酸配列を決めており，それぞれのアミノ酸は，連続した［　　］つの塩基の組で指定されている。（茨城大）	3
0774	遺伝暗号表において，AUGはメチオニンを指定するだけでなく，翻訳を開始するための［　　］となる。（鳥取大）	開始コドン
0775	64個のコドンのうち，UAA，UAG，UGAの3個のコドンはアミノ酸を指定せず，タンパク質合成の終了を示す［　　］としてはたらく。（大阪市立大）	終止コドン
0776	開始コドンに対応するアミノ酸は［　　］である。（日本大）	メチオニン
0777	合成されたmRNAは，核から［　　］を通って細胞質に移動し，リボソームと結合する。（茨城大）	核膜孔
0778	リボソームでは，［　　］に結合したアミノ酸が，mRNAの塩基配列に指定された順序でつながり，タンパク質の合成が進む。（宮崎大）	tRNA

0779	タンパク質の合成においては，mRNAの配列に含まれる［　①　］コドンから［　②　］コドンに向かって順番に，遺伝暗号表にしたがって対応するアミノ酸が結合してポリペプチド鎖が合成されていく。　（秋田大）	①開始 ②終止
0780	リボソームでは，［　　］結合によってアミノ酸どうしが結合し，ポリペプチドがつくられる。　（センター試験生物追試）	ペプチド
0781	tRNAにはmRNAのコドンと相補的な塩基配列をもつ［　　］とよばれる部位が存在する。　（奈良県立医科大）	アンチコドン
0782	リボソームがmRNAの［　　］コドンまでくると，翻訳が終了する。　（センター試験生物追試）	終止
0783	終止コドンに対応するtRNAは存在［する　しない］。　（自治医科大）	しない
0784	タンパク質の合成は，原核生物の場合は，［転写と同時に　転写とは別に］起こる。　（奈良県立医科大）	転写と同時に
0785	原核生物では転写と翻訳が同時に起こるため，DNAから転写中のmRNAに［　　］が多数付着している状態が観察される。　（獨協医科大）	リボソーム
0786	tRNAがAUGからなるコドンと塩基対を形成する場合，アンチコドンの塩基配列は，5′-［　　］-3′である。　（岐阜大）	CAU

0787

転写産物に関して，以下の文章から正しいものを選べ。
ア　転写ではmRNAのみができる。
イ　転写ではtRNAのみができる。
ウ　転写ではrRNAのみができる。
エ　転写ではmRNA，tRNA，rRNAができる。
（慶應義塾大）

エ

0788

RNAに関して，適切でないものを選べ。
ア　mRNAは，タンパク質のアミノ酸を指定する。
イ　mRNAのコドンが指定するアミノ酸は，すべて解明されている。
ウ　tRNAは，それぞれ特定のアミノ酸を結合してリボソームに運搬する。
エ　tRNAは，アンチコドンとよばれる塩基配列でrRNAと結合する。
（明治大）

エ

0789

翻訳に関する記述として適当なものを選べ。
ア　３種類のトリプレットUAA，UAG，およびUGAはタンパク質合成の開始を指定する。
イ　メチオニンを指定するトリプレットは，同時にタンパク質合成の終了を指定する。
ウ　３種類のアミノ酸を指定できるトリプレットがある。
エ　１種類のトリプレットによってのみ指定されるアミノ酸がある。
（センター試験生物追試）

エ

0790

コドンに関して，正しいものを１つ選べ。
ア　アミノ酸を指定しているコドンの数は64個である。
イ　アミノ酸を１つ決めると対応するコドンが必ず１つ決まる。
ウ　コドンの３番目の塩基が変わっても対応するアミノ酸が変わらないことがある。
エ　コドンを１つ決めると対応するアミノ酸が必ず１つ決まる。
（岐阜大）

ウ

0791 もし仮に，2つの塩基の組み合わせでアミノ酸が指定される生物がいるならば，タンパク質合成を行う際に指定可能なアミノ酸の数はいくつになるか。その最大数を答えなさい。（慶應義塾大）

16

解説 DNAの塩基は4種類あるので，

$4^2=16$種類

0792 もし遺伝情報として使用できる塩基が6種類であった場合，コドンは最大何種類まで拡張することが可能となるか。（立教大）

216

解説 1つのコドンは3つの塩基からなるので，

$6^3=216$種類

0793 塩基の並びがCACACA…というヌクレオチド鎖と，CAACAACAA…というヌクレオチド鎖を人工的につくった。次に，それぞれを翻訳して得られるポリペプチドを構成しているアミノ酸を調べたとする。この結果から，アミノ酸との対応を確定することが可能なコドンは何か。

ア　CACのみ　　イ　ACAのみ

ウ　CACとACA（立命館大）

ウ

0794 UGGというコドンのみがトリプトファンというアミノ酸を指定する。塩基配列に偏りがないと仮定すると，任意のコドンがトリプトファンを指定する確率は［　　］分の1である。（センター試験生物基礎追試）

64

解説 コドンは全部で$4^3=64$通りある。このうち，トリプトファンを指定するコドンはUGGのみなので，求める確率は$\frac{1}{64}$である。

0795

ある酵素をつくるポリペプチド鎖1つの分子量は7.3×10^4であった。このポリペプチド鎖のアミノ酸配列を指定する遺伝子の塩基対はいくつになるか。ただし，アミノ酸残基の平均分子量を110とする。（日本大）

1991塩基対

解説 mRNAの3つのヌクレオチドが1つのアミノ酸を指定するので，求める遺伝子の塩基対数は，

$$\frac{7.3\times10^4}{110}\times3\fallingdotseq1991\text{ 塩基対}$$

0796

ある細菌から合成されるタンパク質の平均分子量は4.8×10^4であった。タンパク質中の1つのアミノ酸の平均分子量が120であるとすると，1つのタンパク質を指定するのに必要なmRNAは何個のヌクレオチドが結合したものになるか。（日本大）

1200個

解説 mRNAの3つのヌクレオチドが1つのアミノ酸を指定するので，求めるヌクレオチドの個数は，

$$\frac{4.8\times10^4}{120}\times3=1200\text{個}$$

0797

翻訳について，原核生物と真核生物に共通する記述として誤っているものを選べ。

ア　転写されつつあるmRNA分子で翻訳が始まる。
イ　mRNAには翻訳されない部分がある。
ウ　翻訳は細胞質にあるリボソームで行われる。（上智大）

ア

0798

ヒトの遺伝子発現の特徴として正しいものはどれか。

ア　転写が始まるとすぐに翻訳が始まる。
イ　tRNAとrRNAはそれぞれ独自の立体構造をつくる。
ウ　リボソームを構成するタンパク質がペプチド結合の形成を触媒する。（東京医科大）

イ

0799

遺伝子の発現に関して，正しいものを選べ。

ア　原核生物では，転写が終了する前のmRNAにリボソームが次々に付着し，タンパク質の合成が起こる。

イ　原核生物と真核生物の遺伝子は，エキソンとイントロンから構成される。

ウ　真核生物のスプライシングは，核内でも細胞質基質でも起こる。　（明治大）

ア

THEME 25 遺伝子の発現調節

POINT

- 原核生物では，複数の構造遺伝子が隣り合って存在し，まとめて転写されることが多い。このような遺伝子群を**オペロン**という。
- 真核生物では，RNAポリメラーゼは**基本転写因子**というタンパク質とともに転写複合体を形成してプロモーターに結合する。
- プロモーターの周辺には，**転写調節領域**があり，この領域に**調節タンパク質**が結合することで，遺伝子の発現が調節される。

ビジュアル要点

ラクトースオペロン

大腸菌では，ラクトースが存在しない条件下では，**リプレッサー**とよばれる調節タンパク質が**オペレーター**に結合することにより，ラクトースの代謝にはたらく酵素の発現が抑制されている。

〈培地にグルコースがあり，ラクトースがないとき〉

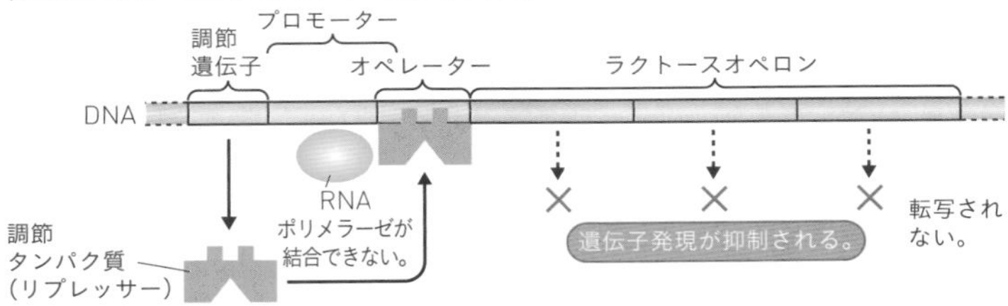

〈培地にグルコースがなく，ラクトースがあるとき〉

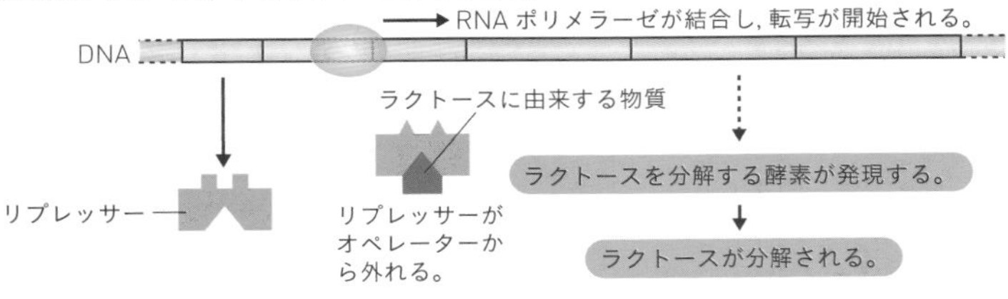

真核生物の転写調節

RNAポリメラーゼは，基本転写因子とともに転写複合体を形成することで，プロモーターに結合できるようになる。

転写活性化因子や転写抑制因子などの調節タンパク質は，転写調節領域に結合し，さらに基本転写因子に結合する。すると，転写が促進されたり，抑制されたりする。

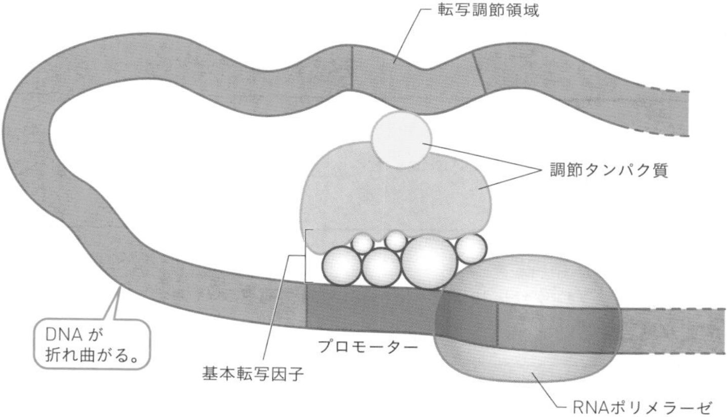

細胞の分化

多細胞生物では，さまざまな調節遺伝子が連続的にはたらくことにより，細胞が特有の形やはたらきをもつように分化していく。

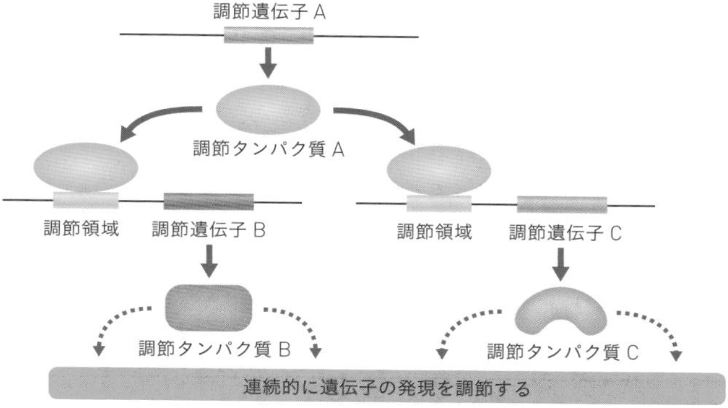

0800	一般的に，生物は多数の遺伝子をもつが，すべての遺伝子が常に同じレベルで発現しているというわけではなく，個々の遺伝子の発現は状況に応じて増減する。これを遺伝子の（　　　）という。（岡山大）	選択的遺伝子発現（調節的発現）
0801	同一人物の筋肉の細胞と皮膚の細胞の［核にあるDNAの塩基配列　核で転写される遺伝子］は同じである。（センター試験生物基礎追試）	核にあるDNAの塩基配列
0802	ATP合成酵素の遺伝子のように常に転写されていて，細胞の機能維持に欠かせない遺伝子を（　　　）という。（オリジナル）	ハウスキーピング遺伝子
0803	DNAには発現制御に関与する（　　　）が存在する。この領域にはリプレッサーや活性化因子などの調節タンパク質が結合する。（東京理科大）	転写調節領域
0804	遺伝子の発現を制御する遺伝子を（　　　）とよぶ。（愛知教育大）	調節遺伝子
0805	遺伝子の転写は，（　　　）が転写調節領域に結合することによって活性化されたり，抑制されたりする。（センター試験生物）	調節タンパク質
0806	遺伝子発現を調節する遺伝子に対して，発現の調節を受ける酵素などの遺伝子を（　　　）という。（オリジナル）	構造遺伝子
0807	調節タンパク質のなかには発現を抑制する作用のものもあり，（　　　）とよばれる。（慶應義塾大）	転写抑制因子（リプレッサー）

0808	調節タンパク質のうち，転写を促進するはたらきをもつものを［　　］という。（オリジナル）	転写活性化因子（アクチベーター）
0809	原核生物では，隣接して存在し，まとめて転写される遺伝子群があり，［　　］とよばれる。（慶應義塾大）	オペロン
0810	フランスのジャコブとモノーは，大腸菌を使った遺伝学的解析によって，βガラクトシダーゼなど3種類の遺伝子の発現に関する仮説を示した。この説を［　　］という。（横浜国立大）	オペロン説
0811	ラクトースオペロンでは，プロモーターと転写開始点の間に［　　］とよばれる転写の調節にかかわるDNAの領域（転写調節領域）が存在する。（東京農工大）	オペレーター
0812	大腸菌のラクトースオペロンには，3種類の酵素の遺伝子が含まれている。これらの3つの遺伝子は，オペロンの先端に位置する1つのプロモーターから［ひとつながり　別々］のmRNAとして転写される。（岡山大）	ひとつながり
0813	大腸菌のラクトースオペロンの転写調節においては，ラクトースが存在しないと，調節因子である［　　］がオペレーターに結合するため，RNAポリメラーゼが機能せず，転写は起こらない。（センター試験生物）	リプレッサー
0814	大腸菌のラクトースオペロンの転写調節において，培養液中に［　①　］がなくなり，［　②　］だけが存在する場合は，オペロンの構造遺伝子群の転写が始まる。（センター試験生物）	①グルコース ②ラクトース

0815	大腸菌では，培地にラクトースがない場合，リプレッサーは［プロモーター　オペレーター］に結合し，ラクトースを代謝するための遺伝子群が発現されるのを妨げる。（慶應義塾大）	オペレーター
0816	大腸菌培養において，ラクトースがあるとき，ラクトースの代謝産物が［リプレッサー　RNAポリメラーゼ］に結合することで，リプレッサーのオペレーターへの結合を阻害する。（早稲田大）	リプレッサー
0817	ラクトースオペロンには3つの遺伝子が存在しており，このうちの1つの遺伝子から合成される酵素である（　　）が，ラクトースをグルコースとガラクトースに分解する反応を担っている。（東京農工大）	βガラクトシダーゼ
0818	真核生物では，実際に転写されるDNA領域の外側にも，転写に必要な領域が存在する。この領域にRNAポリメラーゼと複数のタンパク質からなる転写複合体が結合する。この領域を（　　）という。（宮崎大）	プロモーター
0819	プロモーターから離れた位置にある別の領域に結合し，転写複合体に作用するタンパク質を（　　）とよぶ。（宮崎大）	調節タンパク質
0820	RNAポリメラーゼとともにプロモーターに結合して複合体を形成し，転写の開始を助けるタンパク質を（　　）という。（山形大）	基本転写因子
0821	転写に必要なRNAポリラーゼは，ヌクレオソームが折りたたまれて強固な（　　）構造をとっているDNAには結合できない。（慶應義塾大）	クロマチン
0822	ヒストンタンパク質は（　　）すると，転写されやすい状態となる。（立教大）	アセチル化

0823	ヒストンが［　　］化という化学修飾を受けると，修飾を受けるアミノ酸の位置によって，クロマチン繊維が密に折りたたまれDNAの転写が抑制されたり，逆に緩んで転写が促進されたりする。（オリジナル）	メチル
0824	ヒストンの特定のアミノ酸が，アセチル化という化学修飾を受けると，クロマチン構造が［ゆるみ　密になり］，DNAが転写を受けやすくなる。（近畿大）	ゆるみ
0825	多くの多細胞生物を構成する細胞は，受精卵から体細胞分裂がくり返され，筋肉，骨，神経などの特定の性質をもつようになる。この過程を細胞の［　　］という。（横浜国立大）	分化
0826	ショウジョウバエのだ腺には大型の染色体があり部分的に膨らみがある。この膨らんだ部分を［　　］とよぶ。（日本大）	パフ
0827	遺伝子発現の調節は，転写の調節つまりmRNAの合成以外にも，転写後に翻訳されないRNAを用いて行われる調整がある。このRNAのはたらきを［　　］という。（京都府立大）	RNA 干渉 (RNAi)
0828	大腸菌のラクトース分解酵素遺伝子の発現調節におけるラクトースの代謝産物の機能として最も適当なものを選べ。 ア　オペレーターに結合して，調節タンパク質がオペレーターに結合できるようにする。 イ　オペレーターに結合して，調節タンパク質がオペレーターに結合できないようにする。 ウ　調節タンパク質に結合して，調節タンパク質がオペレーターに結合できるようにする。 エ　調節タンパク質に結合して，調節タンパク質がオペレーターに結合できないようにする。（立教大）	エ

0829	大腸菌の遺伝子発現の調節に関する記述として最も適当なものはどれか。 ア　RNAポリメラーゼが合成されない突然変異体では，ラクトース分解酵素を合成できないが，グルコースを含む培地で生育できる。 イ　リプレッサーが合成されない突然変異体では，ラクトースの有無にかかわらず，ラクトース分解酵素遺伝子が発現しない。 ウ　オペレーター領域の塩基配列が変異してリプレッサーと結合しない突然変異体では，ラクトース分解酵素遺伝子が常に発現しない。 エ　リプレッサーのオペレーター結合部位が変異した突然変異体では，ラクトースが存在しない条件で，ラクトース分解酵素遺伝子が発現する。　（獨協医科大）	エ
0830	ある大腸菌変異株は，ラクトースを含まない培地で培養した場合でも，高いラクトース分解活性を示した。この変異株の特徴として考えられるものを２つ選べ。 ア　活性を有するβガラクトシダーゼを合成できない。 イ　ラクトース代謝物が結合できないリプレッサーを合成する。 ウ　リプレッサーと結合できないオペレーターをもつ。 エ　リプレッサーを合成できない。　（近畿大）	ウ，エ
0831	調節タンパク質に関する説明として正しいものはどれか。 ア　真核生物ではオペレーターに結合し，遺伝子の転写や逆転写を制御する。 イ　原核生物ではプロモーターに結合し，RNAポリメラーゼによる転写を活性化する。 ウ　１種類の調節タンパク質が，複数の遺伝子の発現調節にかかわることがある。 エ　２本鎖DNAには結合できるが，タンパク質には結合できない。　（千葉大）	ウ

0832	転写調節領域に関する記述として最も適当なものを選べ。 ア　転写調節領域に結合した調節タンパク質は，RNAポリメラーゼにより転写されたmRNAのリボソームへの結合を促進する。 イ　転写調節領域は，調節タンパク質のアミノ酸配列を指定し，その立体構造を決定する。 ウ　転写調節領域は，RNAポリメラーゼにより転写されたmRNAの核内から細胞質基質への運搬を促進する。 エ　転写調節領域に結合した調節タンパク質は，プロモーター上の基本転写因子とRNAポリメラーゼとの複合体に作用する。（センター試験生物）	エ
0833	真核生物の体細胞において，転写される遺伝子の種類が細胞の種類によって異なる理由の記述として最も適当なものを選べ。 ア　染色体の数が細胞の種類によって異なっている。 イ　常染色体上の遺伝子の数が細胞の種類によって異なっている。 ウ　調節タンパク質の種類や量が細胞の種類によって異なっている。 エ　オペレーターの数が細胞の種類によって異なっている。（センター試験生物）	ウ
0834	ユスリカの幼虫のだ腺染色体で観察されるパフについて，正しいものはどれか。 ア　DNAが活発に複製されている部位で，その大きさと位置は発生過程で変動する。 イ　DNAが活発に複製されている部位で，その大きさと位置は発生過程で変動しない。 ウ　RNAが活発に合成されている部位で，その大きさと位置は発生過程で変動する。 エ　RNAが活発に合成されている部位で，その大きさと位置は発生過程で変動しない。（九州産業大）	ウ

THEME 26 動物の配偶子形成と受精

POINT

- 発生の初期に形成され，卵や精子のもとになる細胞を 始原生殖細胞 という。
- 1個の一次精母細胞から， 4 個の精子が形成される。
- 1個の一次卵母細胞から， 1 個の卵と 3 個の極体が形成される。

ビジュアル要点

● 配偶子形成の流れ

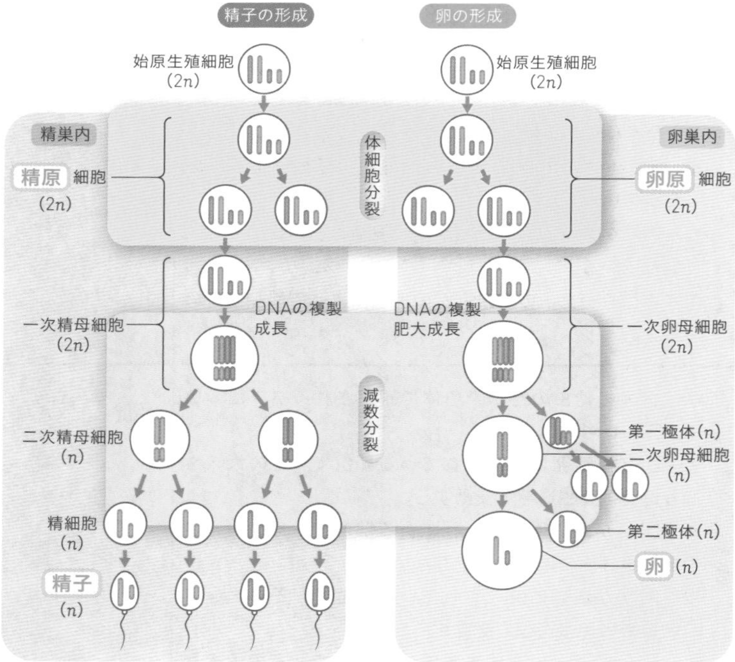

※第一極体が分裂しないものもある。

精子の構造

ヒトの精子は，先体・核をもつ頭部，中心体・ミトコンドリアをもつ中片部，べん毛からなる尾部で構成されている。

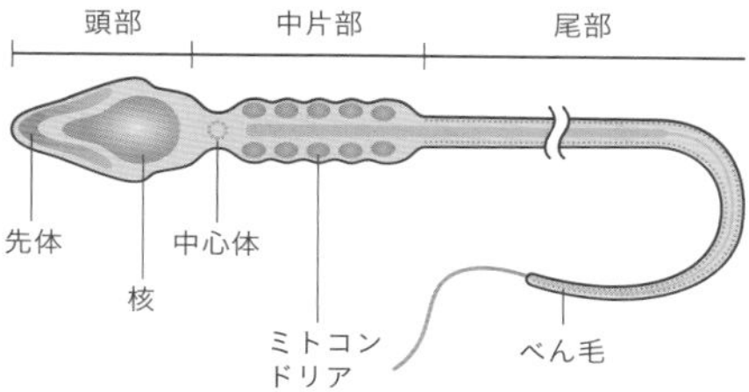

ウニの受精

①精子が卵に近づくと，精子の先体からタンパク質分解酵素などが卵のまわりのゼリー層に放出される。これを先体反応という。

②精子頭部に先体突起が生じる。先体突起は卵黄膜を通過し，卵の細胞膜に接する。

③精子と卵の細胞膜が融合する。

④卵の細胞質のカルシウムイオン濃度が増加する。表層粒の中身が細胞膜と卵黄膜の間に放出される。これを表層反応という。

⑤卵黄膜が硬化し，受精膜になる。（他の精子は通過できなくなる。）

⑥精核と卵核が融合し，受精が完了する。

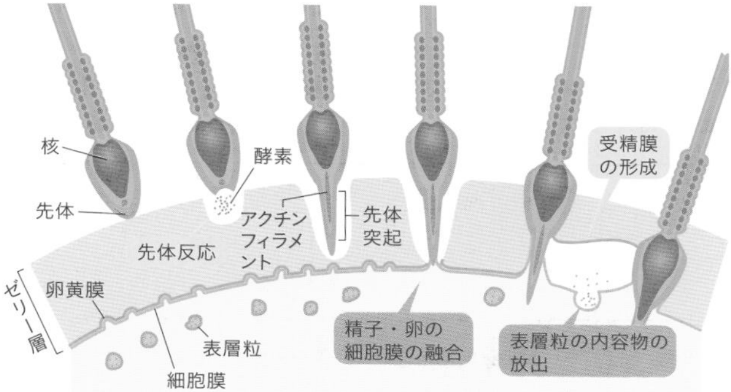

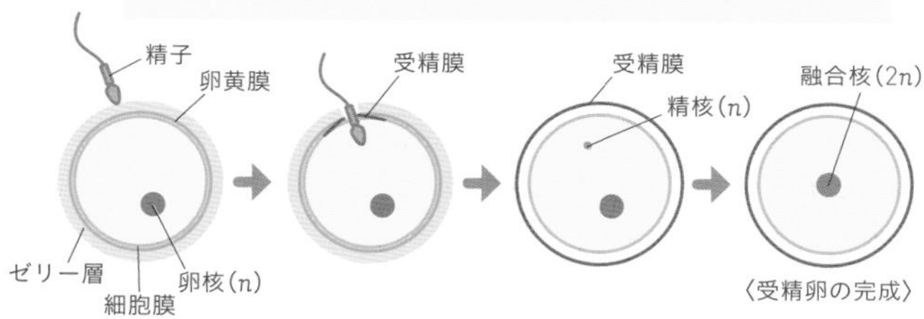

※受精膜が形成される前に，他の精子が進入するのを防ぐために，海水中のナトリウムイオンを卵内に流入させて，膜電位を変化させるしくみも備わっている。

0835	始原生殖細胞は，発生中の生殖器官に移動して，雄の生殖器官では［ ① ］，雌の生殖器官では［ ② ］になる。（東京農業大）	①精原細胞 ②卵原細胞
0836	多くの動物の個体は雌雄の性が分化している。雌では［ ① ］内で卵がつくられ，雄では［ ② ］内で精子がつくられる。（宇都宮大）	①卵巣 ②精巣
0837	動物の雄がつくる配偶子である精子と，雌がつくる配偶子である卵は，［　］から生じる。（近畿大）	始原生殖細胞
0838	精巣内では，精原細胞が［体細胞分裂　減数分裂］をくり返して多数の精原細胞をつくっている。（明治大）	体細胞分裂
0839	精巣内の精原細胞は分裂をくり返して増殖する。一部の精原細胞がまず［ ① ］になる。その後，さらなる分裂により［ ② ］，引き続き分裂して精細胞となり，その後精子へと変化する。（帯広畜産大）	①一次精母細胞 ②二次精母細胞
0840	精子は，頭部・［　］部・尾部という3つの部分に分かれる。（甲南大）	中片
0841	精子形成では，一次精母細胞が第一分裂を行って二次精母細胞となり，第二分裂を行って［　］となり，これが変形することで精子となる。（金沢大）	精細胞
0842	精子を20個得るのに必要な一次精母細胞は［　］個である。ただし，すべての細胞は発生の過程で死亡しないと仮定する。（琉球大）	5

0843	1個の一次精母細胞は減数分裂の第一分裂を経て[①]個の二次精母細胞となり，第二分裂を経て[②]個の精細胞となる。（山形大）	①2 ②4
0844	一部の精原細胞は減数分裂へと移行して精細胞となり，その後，形を変えて[ ]となる。（横浜国立大）	精子
0845	卵巣内の卵原細胞は分裂をくり返して増殖し，まず[①]，引き続き分裂して[②]となり，その後の分裂により卵が形成される。（帯広畜産大）	①一次卵母細胞 ②二次卵母細胞
0846	1個の卵原細胞から[ ]個の卵が形成される。（帯広畜産大）	1
0847	卵形成では，一次卵母細胞は細胞質が不均等に分かれる分裂を2回くり返して卵となる。この際に卵とならない小さい方の細胞を[ ]という。（金沢大）	極体
0848	1個の一次卵母細胞は，減数分裂の第一分裂を経て大きな二次卵母細胞と1個の小さな[ ]になる。（山形大）	第一極体
0849	二次卵母細胞は減数分裂の第二分裂によって大きな卵と1個の小さな[ ]となる。（山形大）	第二極体
0850	雌では生殖巣から分化した卵巣において卵原細胞は[ ]分裂をくり返して増殖し，その一部は卵黄を蓄えた一次卵母細胞となる。（山形大）	体細胞
0851	G_1期の卵原細胞の核にあるDNA量を1としたとき，二次卵母細胞の核にあるDNA量は[ ]になる。（高知大）	1

0852	ヒトの発生過程では，受精から約１週間で内部細胞塊と栄養外胚葉からなる［　　］になり，子宮内膜に着床し，［　］の外側の胚膜の細胞膜が子宮内膜と結合して胎盤を形成する。（法政大）	胚盤胞
0853	哺乳類では，卵巣に入った始原生殖細胞は直ちに減数分裂を再開して［　①　］で停止する。出生後，成長期になるとホルモンの影響下で減数分裂を再開し，［　②　］で再停止して排卵される。（横浜国立大）	①第一分裂前期 ②第二分裂中期
0854	哺乳類では，排卵された卵母細胞は輸卵管に運ばれ，受精の刺激で減数分裂を完了する。受精卵は分裂をくり返し，やがて［　　］と栄養外胚葉からなる胚盤胞になる。（横浜国立大）	内部細胞塊
0855	動物の精子が卵に接触し，精子の核が卵の核と融合するまでの過程を［　　］という。（愛媛大）	受精
0856	ヒトの精子は，［　　］と核を含む頭部，ミトコンドリアを含む中片部，べん毛からなる尾部から構成される。（自治医科大）	先体
0857	精子はミトコンドリアで合成される［　　］のエネルギーを使って尾部のべん毛を動かして前進する。（岩手大）	ATP
0858	精子形成の過程において，細胞は精子特有の形へと劇的な変化をすると同時に，細胞小器官の存在位置も変化する。精子において，ミトコンドリアが集まっている部分を［　　］という。（山形大）	中片部
0859	精子は［　　］で合成されるATPのエネルギーを使ってべん毛を動かし卵に向かう。（東京農業大）	ミトコンドリア

0860	ウニの受精を顕微鏡で観察すると，卵に受精膜がつくられる様子をみることができる。精子は，[　　]と卵黄膜（卵膜）を通過し，卵の細胞膜に到達する。（高知大）	ゼリー層
0861	ウニの受精では，精子が卵のまわりにあるゼリー層に到達すると[　　]を起こし，精子の先端部からゼリー層の成分を分解する酵素が放出される。（金沢大）	先体反応
0862	精子が卵に近づくと，精子の頭部にある先体から内容物が放出され，頭部の細胞質中で[①]の束が形成されて[②]となる。（岩手大）	①アクチンフィラメント ②先体突起
0863	ウニの受精では，精子が卵黄膜を通過して卵細胞膜に結合すると，[　　]が起こって卵細胞膜と卵黄膜の間が離れ，受精膜が形成される。（金沢大）	表層反応
0864	放出された精子が同じく放出された卵の表層に到達すると，精子頭部の[①]から内容物が放出され，糸状の構造が形成される。一方，卵細胞では[②]の内容物が放出され受精膜が形成される。（愛媛大）	①先体 ②表層粒
0865	精子が卵に進入すると，卵細胞内の[　　]濃度が上昇して細胞膜直下にある表層粒が細胞膜と融合して内容が細胞内に放出され，卵膜が硬化して受精膜を形成して以後の精子進入を阻止する。（岩手大）	カルシウムイオン
0866	受精丘が形成されると，卵の細胞膜の直下にある表層粒が[①]を起こし，細胞膜と[②]との間に内容物を放出する表層反応が起こる。（熊本大）	①エキソサイトーシス ②卵黄膜
0867	1つの卵に複数の精子が進入しないようにする現象を[　　]という。（岩手大）	多精拒否

0868	ウニでは，卵に１つの精子が進入すると，別の精子の進入を妨げるために膜が形成される。この膜の名称を［　　　］という。（関西大）	受精膜
0869	一次卵母細胞の核相を選べ。 ア　n　イ　$2n$　ウ　$3n$　エ　$4n$（山形大）	イ
0870	１つの精原細胞が分裂してすべて一次精母細胞になるとすると，一次精母細胞を200個つくるためには最低何回分裂が必要か。 ア　5　イ　6　ウ　7　エ　8（神戸学院大）	エ
0871	精子について誤っているものを選べ。 ア　精子の先体は，精子形成の過程でゴルジ体のはたらきによって形成される。 イ　精子の先体には，卵黄膜を溶かす酵素が含まれている。 ウ　精子の中片部のミトコンドリアで合成されたATPは，精子の核と卵の核が融合するために用いられる。 エ　精子の中片部には，中心体が含まれている。 （上智大）	ウ
0872	卵と第二極体について適切なものを選べ。 ア　卵のもつDNAの量は，第二極体のもつDNA量の２倍である。 イ　第二極体のもつDNAの量は，卵のもつDNA量の２倍である。 ウ　卵と第二極体は，同じ量のDNAをもっている。 （上智大）	ウ

0873	ウニやカエルの受精では，細胞膜の内外の電位を逆転させて多精受精を防ぐしくみがある。この電位を逆転させる海水中の物質として，最も適切なものを選べ。 ア　Ca^{2+}　イ　Na^{+}　ウ　H^{+}　エ　Fe^{3+} （東京農業大）	イ
0874	受精について正しいものを選べ。 ア　精子の頭部には先体とよばれる細胞小器官があり，受精時に先体反応を起こす。 イ　精子が卵の細胞膜に到達すると，細胞内のNa^{+}濃度が急速に下降する。 ウ　精子が卵の細胞膜に接すると，細胞膜と卵黄膜の間にある表層粒が壊れて内容物が放出される。 エ　卵に進入した精子の中片部から精核が放出され，卵の核と融合して受精が完了する。（上智大）	ア
0875	ヒトの受精卵において，着床後発生が進み胚盤が形成される。この将来胎児になる胚や羊膜に分化する部分として，最も適切なものを選べ。 ア　卵黄のう　イ　黄体 ウ　内部細胞塊　エ　胎盤　（東京農業大）	ウ
0876	ヒトでは，減数分裂のどの時期に受精が起こるか。 ア　第一分裂前期　イ　第一分裂中期 ウ　第二分裂前期　エ　第二分裂中期　（九州産業大）	エ

THEME 27 初期発生の過程

POINT

- 卵において，極体を生じた場所を**動物極**，その反対側を**植物極**という。
- 初期発生に起こる細胞分裂を**卵割**といい，生じる細胞を**割球**という。
- ウニやカエルの発生では，原腸胚の時期に，胚を構成する細胞は**外胚葉**・**中胚葉**・**内胚葉**に分かれる。

ビジュアル要点

● ウニの発生

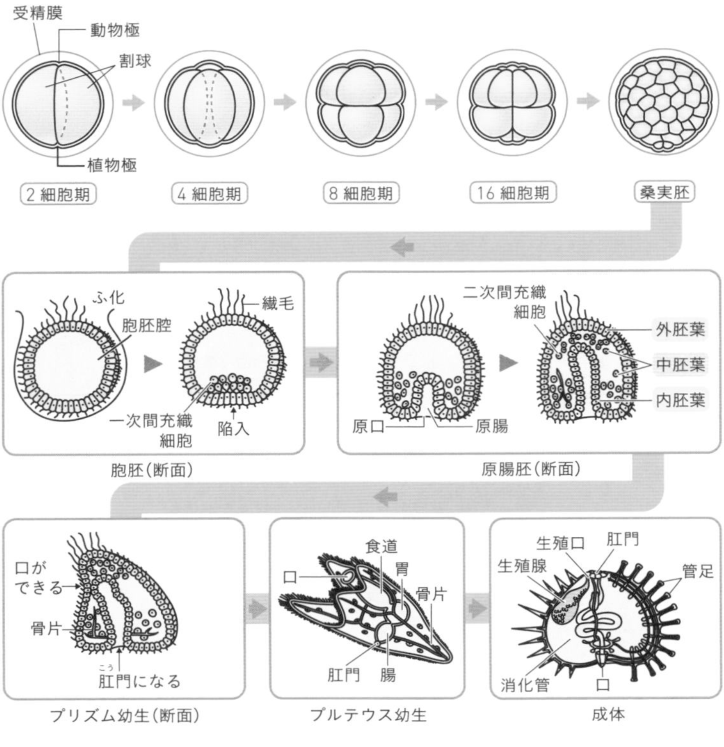

カエルの発生

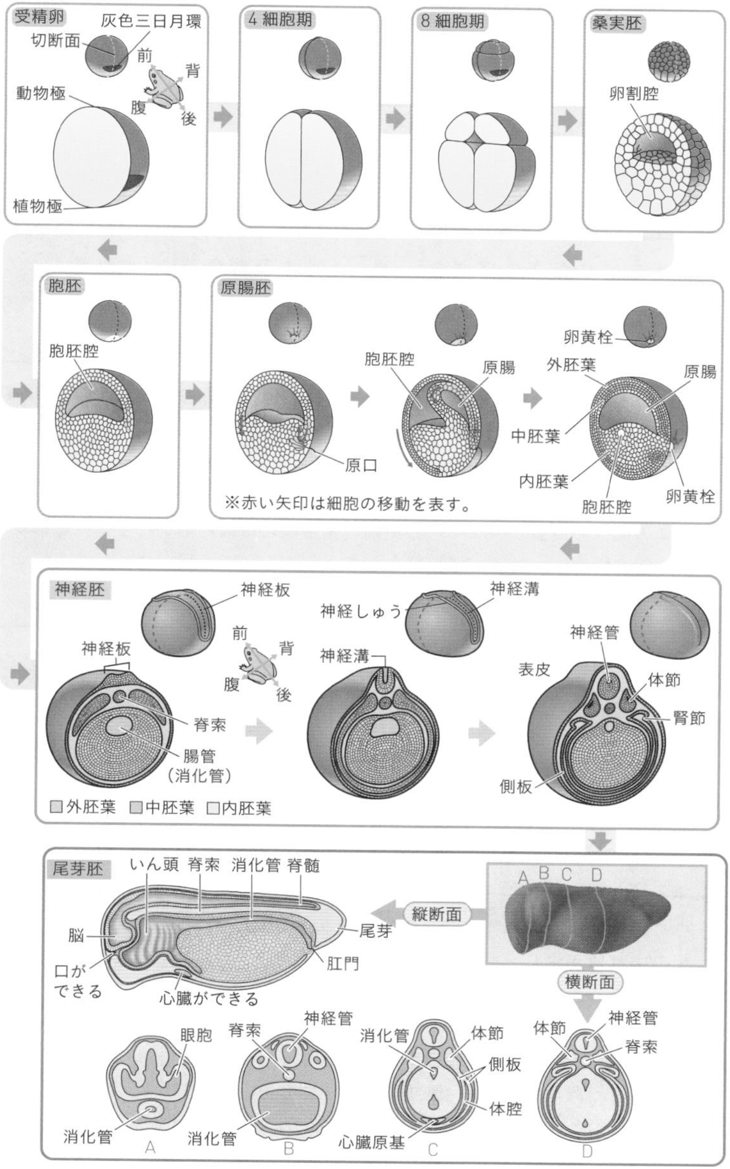
受精卵
灰色三日月環
切断面
前
背
腹
後
動物極
植物極
4 細胞期
8 細胞期
桑実胚
卵割腔
胞胚
胞胚腔
原腸胚
胞胚腔
原腸
原口
卵黄栓
外胚葉
原腸
中胚葉
内胚葉
胞胚腔
卵黄栓
※赤い矢印は細胞の移動を表す。
神経胚
神経板
神経しゅう
神経溝
神経板
前
背
腹
後
脊索
腸管
（消化管）
神経溝
神経管
表皮
体節
腎節
側板
□外胚葉 □中胚葉 □内胚葉
尾芽胚
いん頭
脊索
消化管
脊髄
脳
尾芽
口ができる
肛門
心臓ができる
縦断面
A B C D
横断面
眼胞
消化管
A
脊索
神経管
消化管
B
消化管
体節
側板
体腔
心臓原基
C
体節
神経管
脊索
D

0877	受精により形成された受精卵から胚ができ，発達する過程を，[　　]とよぶ。（熊本大）	発生
0878	発生初期の体細胞分裂を[①]といい，[①]で生まれた娘細胞は[②]とよばれる。（高知大）	①卵割 ②割球
0879	極体を生じた卵の部域を[①]，その反対側を[②]という。（オリジナル）	①動物極 ②植物極
0880	卵割のときにみられる細胞周期では，しばしば［G_1期およびG_2期　S期　M期］を欠くことがあり，通常の体細胞分裂よりも細胞周期が短い。（岩手大）	G_1 期および G_2 期
0881	ウニの卵は卵黄量が少なく，卵黄は［卵全体にほぼ均等に　植物極側にかたよって］分布している。（愛媛大）	卵全体にほぼ均等に
0882	ウニの卵割様式は，［全割　盤割　表割］である。（愛媛大）	全割
0883	ウニの発生で初めて不等割が起こるのは，[①]細胞期から[②]細胞期になるときである。（秋田大）	① 8 ② 16
0884	ウニ卵は，4回目の卵割で，動物極側の半球に[①]個の中割球が生じ，植物極側の半球にそれぞれ[②]個の大割球と小割球が生じる。（立命館大）	① 8 ② 4
0885	ウニでは，卵が受精すると卵割をくり返し，16細胞期では大きさが異なる[①]種類の割球が生じる。さらに卵割が進むと，[②]胚を経て胞胚となる。（愛媛大）	① 3 ②桑実

0886	ウニ卵は，卵割が進むと胞胚となりふ化が起こる。小割球由来の細胞は胞胚腔の中に遊離して（　）になる。 （奈良県立医科大）	一次間充織
0887	ウニでは，植物極側付近の細胞層が動物極に向かって（　）して原腸胚になる。 （愛媛大）	陥入
0888	ウニの発生で，桑実胚の内部にみられる空所を（①）という。卵割が進み胞胚になると，この空所は（②）とよばれるようになる。 （オリジナル）	①卵割腔 ②胞胚腔
0889	ウニの原腸胚を構成する細胞は外側の細胞層の（①），原腸の壁を構成する（②），胞胚腔の内部に存在する細胞群である（③）の3胚葉に分かれる。 （愛媛大）	①外胚葉 ②内胚葉 ③中胚葉
0890	ウニ卵では，原腸の陥入が深くなると，大割球由来の細胞は原腸の先端から胞胚腔の中に遊離して（　）になる。 （奈良県立医科大）	二次間充織
0891	プルテウス幼生は口や肛門をもち，食物を摂取しながら成長し，やがて（　）して成体となる。 （愛媛大）	変態
0892	ウニの原腸胚の原口は，成体の（　）になる。 （愛媛大）	肛門
0893	ウニの胚はプリズム幼生を経て，骨片が伸びると（　）幼生になる。 （奈良県立医科大）	プルテウス
0894	カエルの卵では，卵黄が多く，植物半球にかたよって分布している。このような卵を（　）とよぶ。 （高知大）	端黄卵

0895	カエルの精子は，（　　）半球から卵に進入する。（高知大）	動物
0896	両生類では，受精後，精子の進入した場所と反対側に（　　）ができ，そちらが将来の背側になる。（静岡大）	灰色三日月環
0897	精子の進入により（　　）が起こり，進入点の反対側に周囲と色調の違う領域が現れる。この領域の植物極側の位置に，将来原口ができる。（高知大）	表層回転
0898	カエルの未受精卵には背側と腹側の違いは認められない。受精のときに精子の進入する側が（①）側に，その反対側が（②）側になることが知られている。（お茶の水女子大）	①腹 ②背
0899	受精の後，最初の卵割までの間に，表面に近い表層の細胞質と内部の細胞質の間で，約（　　）度の回転が起こり，背側に灰色三日月環が現れる。（お茶の水女子大）	30
0900	卵割で生じる割球の大きさから，カエルで受精卵から２細胞期になる卵割は（①）割とよばれ，４細胞期から８細胞期になる卵割は（②）割とよばれる。（秋田大）	①等 ②不等
0901	カエルの受精卵は細胞分裂をくり返し，細胞数が増加する。やがて（　　）側にかたよった空所が形成され胞胚となる。（お茶の水女子大）	動物極
0902	カエルの発生に関して，最初の卵割は等割だが，（　　）になる卵割から不等割になる。（センター試験生物追試）	8細胞

0903	両生類の発生では，受精卵は卵割し，桑実胚と［　　］を経て原腸胚となる。（山形大）	胞胚
0904	カエルの原腸胚では，胚の将来背側になる側の赤道面のすぐ下の部分で陥入が始まる。この陥入が始まる部分を［①］といい，［①］の上側の胚表面を［②］という。（関西大）	①原口 ②原口背唇部
0905	カエルの卵では，発生が進んで胞胚期を過ぎると，胚の表面にある細胞が原口から内側へともぐりこみ，［　　］がつくられる。（高知大）	原腸
0906	カエルの発生において，原腸形成が進むと，原口は円弧を描くように左右に広がり，やがて円となって［　　］とよばれるようになる。（オリジナル）	卵黄栓
0907	カエルの胞胚期の終わりごろには，精子進入点と反対側の卵表面の細胞群が胚の内側に入りこんで新たな空所を形成する。これを原腸といい，この時期の胚を［　　］という。（徳島大）	原腸胚
0908	小腸，脳，骨格筋はそれぞれ［①］胚葉，［②］胚葉，［③］胚葉由来である。（宇都宮大）	①内 ②外 ③中
0909	脊椎動物の胚発生では，原腸胚のあと外胚葉由来の神経板から中空の［①］が形成され［②］胚となる。（鳥取大）	①神経管 ②神経
0910	カエルの発生で，原口のすぐ上の部分は原口背唇部とよばれ，胚の内部に入った後は［　　］となり，すぐに動物極方向に向かって胚表面を裏打ちしながら移動する。（徳島大）	脊索

0911	カエルの発生では，原腸胚期を過ぎると，胚の背側表面で［①］ができ，やがて胚の背側正中線に沿って［②］ができる。その後，［②］の上端が接合し管状になり，神経管になる。（関西大）	①神経板 ②神経溝
0912	カエルの神経胚において，神経管の背側には［　］とよばれる組織が存在する。この組織は，神経管が形成される時期に遊離した細胞となり，左右へ移動し，定着した部位で分化する。（千葉大）	神経堤 (神経冠)
0913	カエルの神経胚では，外胚葉の一部から神経板が生じて中枢神経系の発生が始まる。［　］胚になると，胚は前後に伸長し，からだの位置に応じて各器官の形成が進む。（山形大）	尾芽
0914	原腸胚期以降，器官形成が進んでいく。この過程で，細胞はそれぞれの形やはたらきをもった細胞へと変化していく。これを細胞の［　］という。（高知大）	分化
0915	カエルの発生では，尾芽胚期の［①］から心臓や血管などが生じる。また，［②］からは脊椎骨や骨格筋などが生じる。（オリジナル）	①側板 ②体節
0916	ショウジョウバエの卵と卵割の様式の組み合わせとして正しいのはどれか。 ア　心黄卵・盤割　　イ　心黄卵・表割 ウ　端黄卵・盤割　　エ　端黄卵・表割（日本大）	イ
0917	一般的な体細胞分裂にはなく，卵割のときにみられる特徴を記述したものは下のうちどれか。 ア　紡錘体が出現しない。 イ　DNAの複製が起こらない。 ウ　細胞の分裂後，細胞が互いに接着しない。 エ　細胞の分裂後，細胞が肥大しない。（中央大）	エ

0918

卵割について誤っているものを選べ。

ア　卵割ではG_1期やG_2期を経ないことが多いため，通常の体細胞分裂に比べて細胞周期が速く回る。

イ　初期の卵割では，卵割が進むごとに割球は小さくなっていく。

ウ　初期の卵割では同調分裂が行われる。

エ　卵割は卵黄の多い部分で起こりやすい。　（上智大）

エ

0919

受精卵における卵黄の分布と卵割との関係に関する記述として最も適当なものを選べ。

ア　アフリカツメガエルでは，卵黄が卵の植物極側にかたよって存在するため，胚の植物極側の細胞は動物極側の細胞より大きい。

イ　アフリカツメガエルでは，卵黄が卵の中央にかたよって存在するため，胚の表層の細胞は内側の細胞より大きい。

ウ　ショウジョウバエでは，卵黄は卵の表層にかたよって存在するため，卵の表層の細胞は内側の細胞より小さい。

エ　ショウジョウバエでは，卵黄は卵の後方にかたよって存在するため，胚の前方の細胞は後方の細胞より小さい。　（センター試験生物追試）

ア

0920

ウニの胞胚に関して，適当な記述を選べ。

ア　この時期にふ化して，繊毛により回転しながら泳ぎ始める。

イ　この時期の割球を1つ分離し発生を続けさせると，小型であるが完全なプルテウス幼生になる。

ウ　植物極側は単層の，動物極側は多層の細胞層からなる。

エ　動物極側は単層の，植物極側は多層の細胞層からなる。　（立命館大）

ア

0921
灰色三日月環の形成に関する最も正しい説明はどれか。
ア　卵の細胞膜が精子の進入点の側から植物極側に向かって約30°回転することによって形成される。
イ　卵全体の表層が精子の進入点の側から植物極側に向かって約30°回転することによって形成される。
ウ　卵の細胞膜が精子の進入点の反対側から植物極側に向かって約30°回転することによって形成される。
エ　卵全体の表層が精子の進入点の反対側から植物極側に向かって約30°回転することによって形成される。
（日本大）

イ

0922
カエルの原腸胚について，正しいものを選べ。
ア　赤道面の動物極側の一部に半月状の原口ができ，そこから陥入が起こる。
イ　原腸胚後期には外胚葉，中胚葉，内胚葉の3つの胚葉ができあがる。
ウ　原腸は原腸胚期に胞胚腔が大きくなり変化したものである。
エ　神経管は原腸胚期にできあがる。（岐阜大）

イ

0923
カエルの尾芽胚にみられる構造を，背側から腹側に向けて順に並べたものを選べ。
ア　脊索→神経管（脊髄）→腎節
イ　脊索→腎節→神経管（脊髄）
ウ　神経管（脊髄）→脊索→腎節
エ　神経管（脊髄）→腎節→脊索（山形大）

ウ

0924
内胚葉に由来する組織・器官の組み合わせとして最も適当なものを選べ。
ア　心臓，真皮，腎臓
イ　心臓，肝臓，脳
ウ　胃の上皮，肝臓，すい臓
エ　胃の上皮，腎臓，すい臓（センター試験生物追試）

ウ

0925	カエルの脊索の説明として正しいものを選びなさい。 ア　尾芽胚期になると神経管を取り囲み，幼生期には脊椎骨に分化する。 イ　尾芽胚期になると腸管を取り囲み，幼生期には筋組織に分化する。 ウ　成体では生殖器官に分化する。 エ　成体では退化する。　（千葉大）	エ
0926	イモリの発生を観察したとき，出現する順に並んでいるものとして最も適当なものを選べ。 ア　卵割腔→灰色三日月環→神経管→脊索 イ　卵割腔→灰色三日月環→脊索→神経管 ウ　灰色三日月環→卵割腔→神経管→脊索 エ　灰色三日月環→卵割腔→脊索→神経管 （センター試験生物）	エ
0927	動物の発生で正しいのはどれか。 ア　カエルの卵は受精すると，精子の進入した場所の反対側に灰色三日月環が生じ，その部分が将来の腹側になる。 イ　脊椎動物では神経胚になると，胚葉の分化が起こり，外胚葉からは表皮と神経管が分化し，中胚葉からは脊索，体節，腎節，側板が分化する。 ウ　ウニの原腸胚では，動物極側から細胞層の陥入が起こり，原腸が形成される。　（自治医科大）	イ

THEME 28 細胞の分化と形態形成

POINT

- ある領域が別の領域に作用し，分化を引き起こすはたらきを 誘導 という。
- カエルでは，胞胚の予定内胚葉が予定外胚葉にはたらきかけて， 中胚葉 に分化させる。
- からだの一部の構造が別の構造に置き換わるような突然変異を ホメオティック 突然変異という。

ビジュアル要点

中胚葉誘導と神経誘導

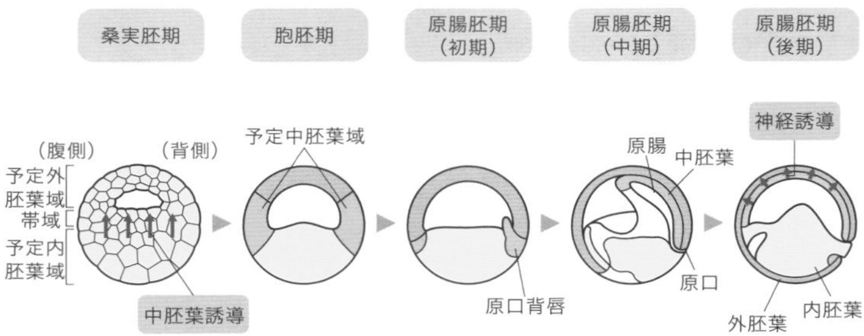

ニューコープの実験

予定外胚葉域や予定内胚葉域を単独で培養すると，それぞれからは外胚葉と内胚葉が分化する。しかし，予定外胚葉域や予定内胚葉域を接着させて培養すると，予定外胚葉域から 中胚葉 が分化する。

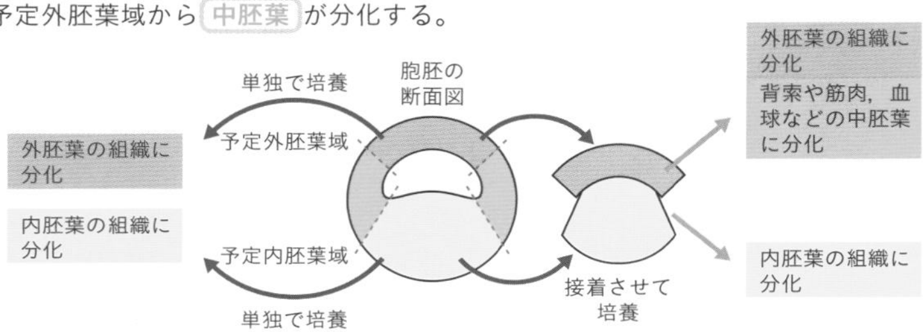

誘導の連鎖

眼の形成過程でみられるように，誘導を受けて分化した組織が，さらに他の組織を誘導するといったように，連続的に誘導が起こることを**誘導の連鎖**という。

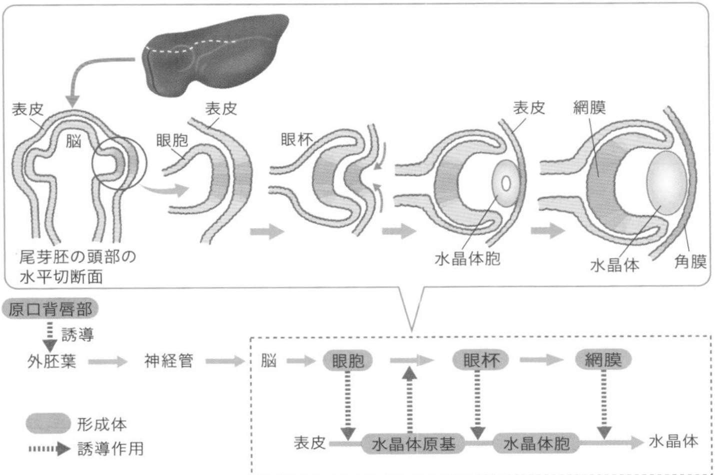

予定運命

胚の各部域が，将来何になるかを予定運命という。フォークトは，イモリのさまざまな部域を色素で染め分ける**局所生体染色法**を行い，胚の予定運命を示した**原基分布図**（予定運命図）を作成した。

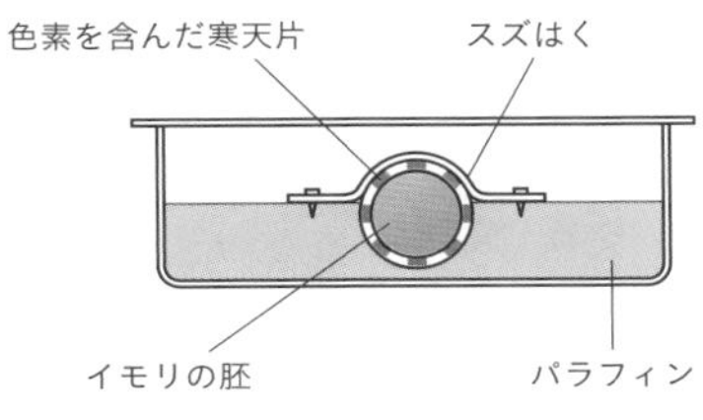

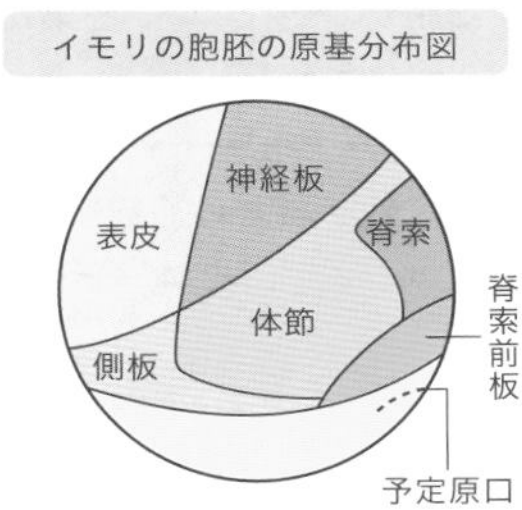

0928	原口背唇部のように，胚のある領域が，それに接する他の未分化な領域に作用して分化を引き起こすはたらきを［　　］とよぶ。（熊本大）	誘導
0929	原口背唇部は，切り出して別の胚の腹側に移植すると二次胚が形成されることから［　　］としてはたらくことが知られている。（お茶の水女子大）	形成体（オーガナイザー）
0930	カエルなどの胞胚において，予定内胚葉の細胞が，それに隣接する予定外胚葉の細胞に作用して中胚葉を誘導するはたらきを［　　］という。（オリジナル）	中胚葉誘導
0931	脊索で裏打ちされた胚表面の［　　］は神経に分化する。（徳島大）	外胚葉
0932	原口の上唇（背唇）部は，陥入後に中胚葉を形成するとともに隣接する外胚葉にはたらきかけ［　　］誘導を行う。（岐阜大）	神経
0933	アフリカツメガエルの実験から，胞胚の［①］極側の細胞が予定［②］胚葉から中胚葉を誘導することが明らかにされた。（藤田医科大）	①植物 ②外
0934	予定外胚葉から神経組織が誘導されることを［　　］といい，ノギンやコーディンというタンパク質が関与している。（オリジナル）	神経誘導
0935	胞胚期の胚表面を［①］で標識し，細胞移動と細胞分化の解析結果を図にしたものを［②］という。（徳島大）	①局所生体染色 ②原基分布図（予定運命図）

0936	マウスの眼の形成過程では，脳の一部から突出して形成された［①］の中央がくぼんで［②］となる。［②］は，それが接している表皮の水晶体への分化を誘導する。（センター試験生物）	①眼胞 ②眼杯
0937	最初に分化の運命が決まった部分が，次に形成される部分へ影響を与えていくことを［　　］という。（愛媛大）	誘導の連鎖
0938	脊椎動物では，脳の両側に形成された眼胞が隣接する表皮にはたらきかけて，［①］を形成させ，［①］が接している眼胞にはたらきかけて，眼杯が［②］へと変化するように，誘導の連鎖によって眼が形成される。（オリジナル）	①水晶体原基 ②網膜
0939	発生や成長の過程では，細胞が特定の時期に自発的に死ぬことで器官が形成されるしくみもある。このような細胞死を［　　］細胞死とよぶ。（帯広畜産大）	プログラム
0940	異なる2種類のイモリの初期原腸胚を用いて，移植実験を行った。一方の胚の原口背唇部を切り取り，他方の胚の，将来腹側になる部分に移植したところ，移植された胚から発生したイモリには，本来の胚とは別に，ほとんど完全な構造をもつ［　　］が形成された。（熊本大）	二次胚
0941	プログラム細胞死では多くの場合，さまざまな細胞小器官は正常なまま，核が崩壊してDNAが断片化を起こし，次いで細胞全体が萎縮して断片化する。このような細胞死を［　　］という。（近畿大）	アポトーシス
0942	ある細胞が，さまざまな機能をもつ細胞に分化する能力を，［　　］という。この能力をもつ細胞は，再生医療への応用が期待できる。（帯広畜産大）	多分化能

0943	動物の生体の組織には，分化した細胞をつくる能力をもつ未分化な細胞も含まれており，これは［　　］細胞とよばれている。（帯広畜産大）	幹
0944	［　　］細胞は，さまざまな組織に分化することができる多分化能を維持した胚由来の細胞である。（宇都宮大）	ES（胚性幹）
0945	近年，再生医療への応用が大きく期待される細胞が開発された。この細胞は，分化の進んだ細胞に遺伝子を導入することによって細胞を［　　］化させ，多分化能を回復させることで得られる。（帯広畜産大）	初期
0946	［　　］細胞は，当初，皮膚などの分化した細胞に4つの遺伝子を導入することで作製された。このように作製された細胞は，ES細胞とほぼ同様の性質をもつ細胞へと変化する。（横浜国立大）	iPS（人工多能性幹）
0947	ES細胞は胚盤胞の［　　］を取り出して多分化能と分裂能を維持したまま培養細胞として確立したものである。（横浜国立大）	内部細胞塊
0948	マウスのES細胞を胚盤胞へ注入すると，胚に取りこまれて正常に発生する。このとき，ES細胞は将来の胎児を構成するすべての細胞に分化するが，受精卵に由来する［　　］にはほとんど分化しない。（横浜国立大）	胎盤

0949	カエルの発生の表層回転に関する記述として最も適当なものはどれか。 ア　この回転によって卵の植物極に存在していたディシェベルドタンパク質が精子進入点の側へ移動する。 イ　βカテニンはもとから植物極に多く分布している。 ウ　ディシェベルドタンパク質はβカテニンの分解を促進する。 エ　βカテニンは背側の構造を形成させる遺伝子の発現を促進する。　（獨協医科大）	エ
0950	誘導に関連して，イモリの発生過程における分化の誘導に関する記述として最も適当なものを選べ。 ア　胞胚から切り出した予定外胚葉域と予定内胚葉域を合わせて培養すると，予定内胚葉域が神経管に分化する。 イ　胞胚の予定中胚葉域は，角膜の分化を誘導する。 ウ　後期原腸胚の内胚葉を初期神経胚の神経板域に移植すると，移植片は水晶体に分化する。 エ　初期原腸胚の原口背唇部は，外胚葉の神経管への分化を誘導する。　（センター試験生物）	エ
0951	iPS細胞やES細胞に関する記述として適切なものを選べ。 ア　iPS細胞やES細胞はもともと骨髄や肝臓などにも存在し，組織を構成する分化した細胞をつくるはたらきがある。 イ　プラナリアを切断すると，全身に散在しているES細胞が切断面に集まり，増殖・分化して再生が起こる。 ウ　ヒトの場合，ES細胞から分化させた細胞を移植すると，ほとんどの場合拒絶反応が起こる。 エ　iPS細胞を培養してカルスをつくり，培養条件を変えることで完全な個体にまで育つ体細胞由来の胚をつくることができる。　（岡山大）	ウ

THEME 29 ショウジョウバエの発生と遺伝子発現

POINT

- ビコイドやナノスのmRNAは，母親の体内で合成され，卵に蓄積する。このような遺伝子を**母性効果遺伝子**という。
- からだの一部の構造が別の構造に置き換わるような突然変異を**ホメオティック**突然変異という。
- ギャップ遺伝子やペア・ルール遺伝子，セグメント・ポラリティ遺伝子を総称して**分節遺伝子**という。

ビジュアル要点

母性効果遺伝子

ショウジョウバエの未受精卵では，前方に**ビコイド**のmRNAが，後方に**ナノス**のmRNAが局在している。これらをコードする遺伝子は，母親の体内で転写され，卵にmRNAが蓄積するので，母性効果遺伝子とよばれる。

受精後，ビコイドやナノスのタンパク質が合成され，拡散が起こり，濃度勾配が生じる。この濃度勾配の影響を受けて，前後軸に沿った細胞分化が進行する。

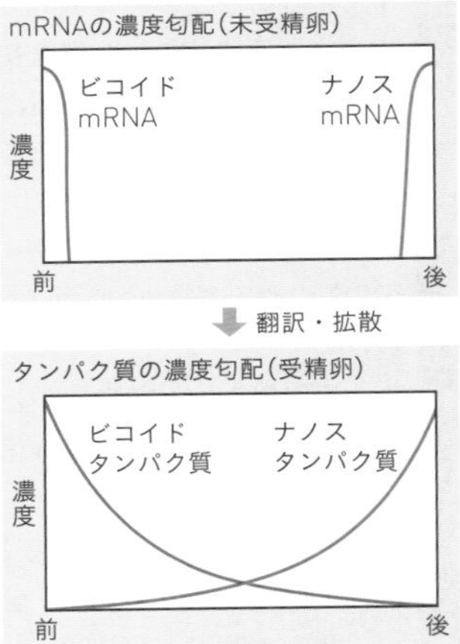

ホメオティック突然変異

体の特定の部分が，別の部分に置き換わるような突然変異をホメオティック突然変異という。

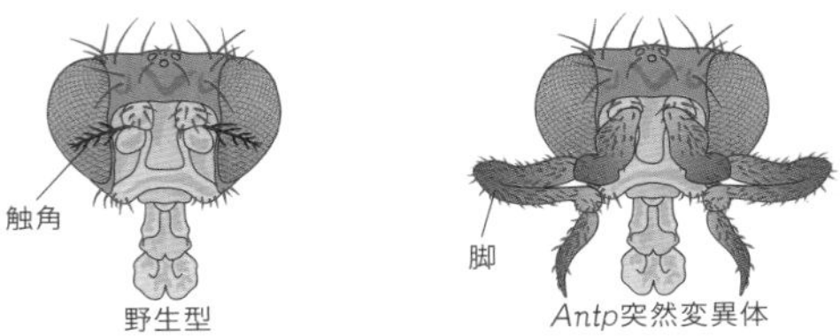

● ホックス遺伝子

動物のホメオテック遺伝子には，**ホメオボックス**という保存配列がある。ホメオボックスをもつホメオテック遺伝子を**ホックス遺伝子**という。

ホックス遺伝子の発現領域は，体の前後軸に沿って並んでいる。その並び順は，ホックス遺伝子の染色体上における並び順と一致している。

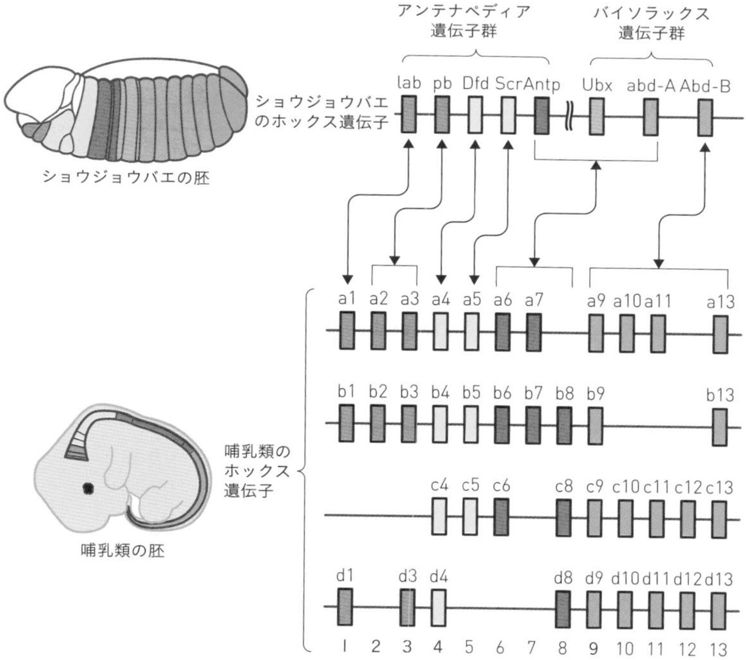

0952	ショウジョウバエの場合，卵の前端に[①]遺伝子のmRNAが，後端に[②]遺伝子のmRNAが局在している。（奈良県立医科大）	①ビコイド ②ナノス
0953	卵形成の際，卵細胞内にはさまざまなタンパク質やRNAが蓄えられるが，その分布にかたよりがあることが胚発生に重要な例が多く知られている。このような因子の総称を[ ]という。（金沢大）	母性因子

0954	ビコイドやナノスのように，mRNAが卵形成時に卵に蓄積される遺伝子を[　　]という。（獨協医科大）	母性効果遺伝子
0955	ビコイドタンパク質の濃度勾配の影響を受け，胞胚のころから，卵内の多くの核で，[　　]とよばれる複数の調節遺伝子が段階的に転写され，胚には前後軸に沿って体節が形成されるようになる。（愛知教育大）	分節遺伝子
0956	ショウジョウバエの未受精卵の[①]端には，ビコイド遺伝子の[②]が局在している。受精後，翻訳が始まると，胚の前方から後方に向かってビコイドタンパク質の濃度勾配ができる。（高知大）	①前 ② mRNA
0957	ビコイドタンパク質の濃度の違いは，胚の中で前後軸に沿った[　　]となる。（高知大）	位置情報
0958	ショウジョウバエのからだは，14の[　　]に分けられる。（高知大）	体節
0959	分節遺伝子群には，ビコイドタンパク質によって発現するギャップ遺伝子，ギャップ遺伝子の発現によって発現する[①]遺伝子，[①]遺伝子の発現によって発現する[②]遺伝子の3つのグループがある。（獨協医科大）	①ペア・ルール ②セグメント・ポラリティ
0960	どこの体節にどんな構造をつくるのかにおいて，重要なはたらきをしているのが[　　]遺伝子群である。この遺伝子群に異常が起こると，本来触角がつくられる場所に脚ができてしまうことがある。（秋田大）	ホメオティック

0961	ショウジョウバエでは［ ① ］遺伝子から合成された調節タンパク質はペア・ルール遺伝子の発現を調節する。ペア・ルール遺伝子は胚の前後軸に沿って［ ② ］本の帯状の発現パターンを形成する。（奈良県立医科大）	①ギャップ ②7
0962	ショウジョウバエではペア・ルール遺伝子によって［ ① ］遺伝子が発現すると，それらは胚の前後軸に沿って［ ② ］本の帯状の発現パターンを形成する。（奈良県立医科大）	①セグメント・ポラリティ ②14
0963	ホメオティック遺伝子のひとつ，［　］遺伝子は，胸部の第3体節で発現する。この遺伝子に突然変異が生じて機能が失われると，胸部3体節は胸部第2体節と同様な翅をもつようになる。（学習院大）	ウルトラバイソラックス
0964	触角が脚に置き換わった突然変異体を［　］という。（愛知教育大）	アンテナペディア突然変異体
0965	ホメオティック遺伝子の産物は［　］としてはたらき，体節ごとに決まった構造をつくらせる。（獨協医科大）	調節タンパク質
0966	ショウジョウバエの各体節ではからだの［前後　背腹］軸に沿った体節の位置により，異なった組み合わせのホメオティック遺伝子がはたらき，それぞれの体節に特有な形態が形成される。（学習院大）	前後
0967	ホメオティック遺伝子は，［　］突然変異体の原因遺伝子としてショウジョウバエで最初に明らかにされた遺伝子である。（島根大）	ホメオティック
0968	ショウジョウバエのホメオティック遺伝子と相同な遺伝子はほぼすべての動物に存在している。それらを総称して［　］とよぶ。（奈良県立医科大）	ホックス遺伝子

0969	動物のホメオティック遺伝子に含まれる相同性の高い塩基配列を[ ]とよぶ。（奈良県立医科大）	ホメオボックス
0970	ショウジョウバエにみられる特徴を選べ。 ア　最初の細胞分裂は胚の動物極と植物極を通る面で起こる。 イ　割球は動物極だけで分裂する。 ウ　核分裂をくり返して生じた多数の核が，胚の表面付近で細胞膜によって仕切られる。 エ　3回目の細胞分裂では動物極側と植物極側にそれぞれ4個の割球が生じる。（山形大）	ウ
0971	ショウジョウバエの発生と形態形成に関する記述として，最も適当なものはどれか。 ア　ショウジョウバエの未受精卵は卵黄が植物極側に局在している。 イ　卵の前端に紫外線を照射してmRNAを破壊すると，尾部のない幼虫になると考えられる。 ウ　卵の前端に局在するmRNAを2倍量発現させると，体節構造が前方にずれた幼虫になると考えられる。 エ　卵の前端に紫外線を照射してmRNAを破壊し，他のショウジョウバエの卵の後端の細胞質を注入すると，両端に尾部をもつ幼虫になると考えられる。（獨協医科大）	エ
0972	ホメオボックスの説明として最も適当なものを選べ。 ア　ホックス（*Hox*）遺伝子群のことである。 イ　アンテナペディア複合体のことである。 ウ　ホックス（*Hox*）遺伝子群にみられる相同性の高い塩基配列のことである。 エ　分節された1個ずつの体節のことである。（順天堂大）	ウ

0973

記述として誤っているものを選べ。

ア　ホックス遺伝子とは，ほぼすべての動物に存在するショウジョウバエのホメオティック遺伝子群と相同な遺伝子群である。

イ　ホックス遺伝子は調節遺伝子である。

ウ　ホメオティック遺伝子が発現される胚の中での領域の並び順は，それぞれの遺伝子が染色体上で並んでいる順とほぼ一致している。

エ　ホメオティック遺伝子が転写・翻訳されてできるタンパク質は，からだの特定部位をつくる構造体となる。

（順天堂大）

エ

0974

ホメオティック突然変異体の表現型の例として最も適当なものを選べ。

ア　エンドウの種皮が，本来，緑色であるべきところ黄色になる。

イ　スイートピーの花粉が，本来，長花粉であるところ丸花粉になる。

ウ　ショウジョウバエの脚が，本来，触角が形成されるべき位置に形成される。

エ　赤血球が，本来，円盤状の形であるべきところ鎌状の形になる。

（センター試験生物追試）

ウ

THEME 30 遺伝子を扱う技術

POINT

- 遺伝子組換えでは，DNAを切断する 制限酵素 やDNA断片どうしを連結する DNAリガーゼ が利用される。
- 大腸菌がもつ小さな環状のDNAである プラスミド は，ベクターとして利用される。
- PCR法 （ポリメラーゼ連鎖反応法）を行うと，わずかなDNAを多量に増幅させることができる。

ビジュアル要点

遺伝子組換え技術

①目的の遺伝子を含むDNAとプラスミドを，同じ 制限酵素 で切断する。
②目的の遺伝子を含むDNAとプラスミドを， DNAリガーゼ でつなぐ。
③大腸菌に，目的のDNAを組み込んだプラスミドを取りこませる。
④大腸菌を培養する。

〈大腸菌の中でヒトのインスリンをつくらせる方法〉

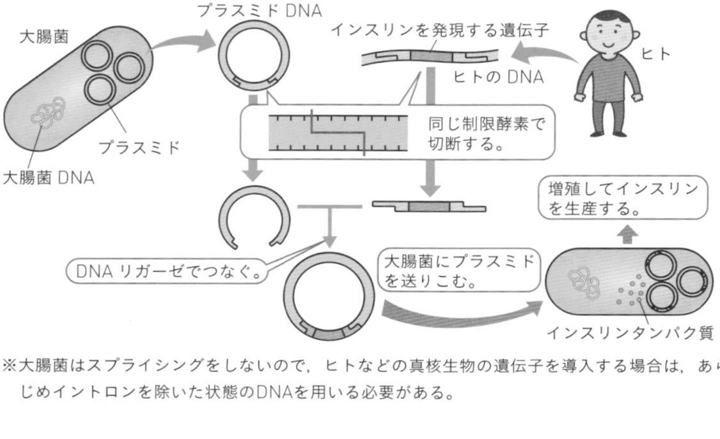

※大腸菌はスプライシングをしないので，ヒトなどの真核生物の遺伝子を導入する場合は，あらかじめイントロンを除いた状態のDNAを用いる必要がある。

PCR法のしくみ

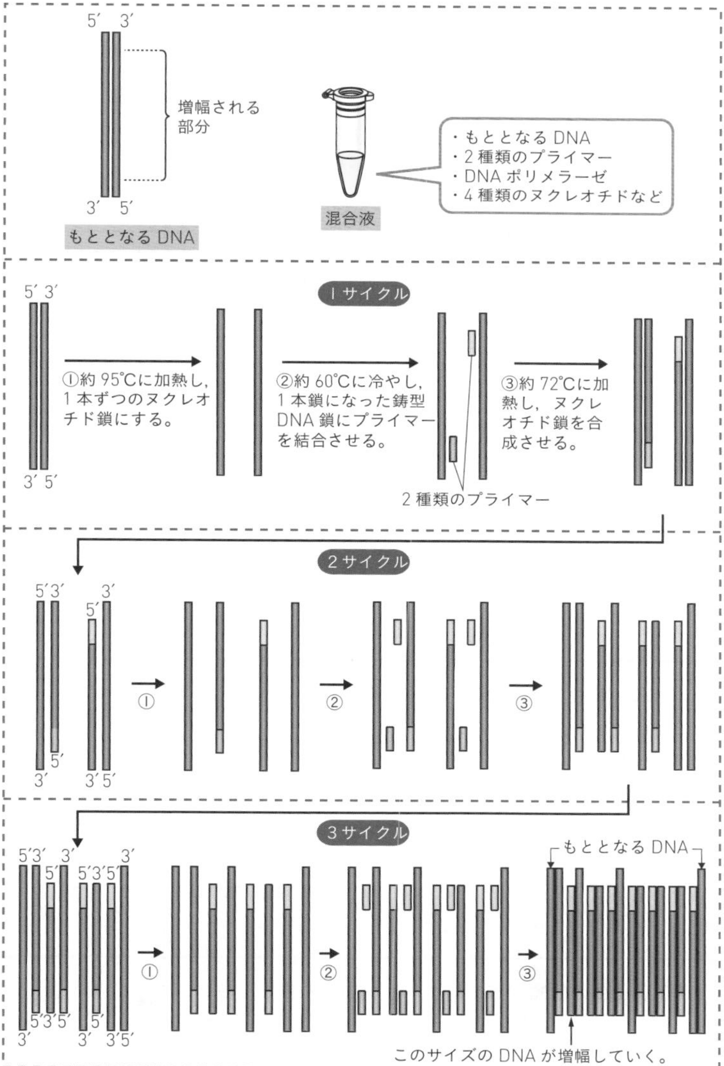

5′ 3′
3′ 5′
増幅される部分
もととなるDNA
混合液
・もととなるDNA
・2種類のプライマー
・DNAポリメラーゼ
・4種類のヌクレオチドなど
1サイクル
①約95℃に加熱し，1本ずつのヌクレオチド鎖にする。
②約60℃に冷やし，1本鎖になった鋳型DNA鎖にプライマーを結合させる。
③約72℃に加熱し，ヌクレオチド鎖を合成させる。
2種類のプライマー
2サイクル
①
②
③
3サイクル
もととなるDNA
このサイズのDNAが増幅していく。

0975	目的の遺伝子を取り出したり操作したりするなど，生物のもつ機能を利用する技術のことを［　　］という。（関西大）	バイオテクノロジー
0976	1970年以降，ある生物の特定の遺伝子を人為的に別のDNAに組みこみ，他の生物の細胞内に導入する［　　］技術が発展した。（神戸大）	遺伝子組換え
0977	DNAの特定の塩基配列を認識して切断する酵素を［　　］という。（山形大）	制限酵素
0978	ある生物がもつ遺伝子を取り出して，大腸菌に導入する技術が1970年代に開発された。それは大腸菌内で染色体DNAとは関係なく複製される環状の［　　］DNAを利用する方法である。（信州大）	プラスミド
0979	［　　］は，同じ制限酵素で切断した末端どうし，平滑末端どうし，または同じ塩基配列の1本鎖の突出部をもつ末端どうしを連結することができる。（群馬大）	DNA リガーゼ
0980	プラスミドのように遺伝子の導入を媒介するものを一般に何とよぶか。 ア　ベクター　　イ　テロメア ウ　オペロン　　エ　宿主　（東京農業大）	ア
0981	プラスミドは，大腸菌自体のゲノムDNAに比べて［長い　短い］。（京都工芸繊維大）	短い
0982	遺伝子組換え植物の作出には，土壌中に生息し，自律的に複製するDNAであるプラスミドをもつ，［　　］が広く用いられている。（島根大）	アグロバクテリウム

0983	一般的な遺伝子組換え植物の作出方法では，まず，目的の遺伝子を含むDNAとプラスミドなどのベクターを適切な［ ① ］で切断し，得られたDNA断片に［ ② ］を加えて連結反応を行う。（宮城大）	①制限酵素 ②DNA リガーゼ
0984	細胞内に導入した遺伝子が発現するためには，転写を行う［ ① ］という酵素が最初に結合する［ ② ］とよばれるDNA領域が必要である。（山形大）	①RNA ポリメラーゼ ②プロモーター
0985	大腸菌を使って他の生物のタンパク質をつくるとき，動植物の遺伝子をそのまま大腸菌に移しても，大半の遺伝子は［ ］を含むため，翻訳の途上で１次構造が想定外のものとなる可能性が高い。（東京慈恵会医科大）	イントロン
0986	生物の形や性質を［ ］という。（オリジナル）	形質
0987	大腸菌に外来の遺伝子が導入されることで大腸菌の性質が変化することを［ ］とよぶ。（群馬大）	形質転換
0988	受精卵に外来のDNAを注入して発生を続けさせると，外来遺伝子を組みこんだ［ ］動物をつくることができる。（宇都宮大）	トランスジェニック
0989	［ ］マウスとは，人為的に特定の遺伝子の機能を失わせたマウスのことである。（群馬大）	ノックアウト
0990	特定の遺伝子の発現量を低下させる操作を遺伝子［ ］とよぶ。（神戸大）	ノックダウン

0991	［　　　］は紫外線を照射すると緑色の蛍光を発するタンパク質である。（岩手大）	GFP（緑色蛍光タンパク質）
0992	目的とする特定のDNA断片を増幅させる操作を［　　　］という。（オリジナル）	クローニング
0993	制限酵素に関する記述として最も適当なものを選べ。 ア　2本鎖DNAの末端部分を識別して，DNA鎖をほどくはたらきをもつ。 イ　DNAの特定の塩基配列を識別して，その配列に続くDNAに相補的な1本鎖RNAを合成するはたらきをもつ。 ウ　DNAの特定の塩基配列を識別して，DNA鎖を切断するはたらきをもつ。（センター試験生物）	ウ
0994	プラスミドについての記述として誤っているものを選べ。 ア　1つの細菌細胞あたり，プラスミドは1分子しか含まれない。 イ　プラスミドは，細菌の染色体DNAとは独立して複製される。 ウ　プラスミドは，細菌の染色体DNAよりも小さい。（上智大）	ア
0995	制限酵素の説明として正しくないものを選べ。 ア　DNA断片どうしを連結する。 イ　酵素反応の際の基質は2本鎖DNAである。 ウ　酵素反応の際に反応の活性化エネルギーを下げる。（群馬大）	ア

0996	ベクターとして使われるプラスミドの特徴として誤っているものはどれか。 ア　ゲノムとは独立して増殖する。 イ　抗生物質耐性などの目印となる遺伝子をもつ。 ウ　数種の制限酵素で切断される部位が1か所ずつ密に並んでいる。 エ　動物細胞のゲノムに組換えDNAを導入するときに多く使われる。（東京医科大）	エ
0997	遺伝子組換え技術に関する記述として最も適当なものを選べ。 ア　プラスミドのような，目的とする遺伝子の運び手のことを，メッセンジャーとよぶ。 イ　プラスミドは大腸菌の中で増殖することができないため，DNAポリメラーゼを培地中に添加する必要がある。 ウ　プラスミドにより大腸菌へ遺伝子を導入し発現させることは，形質転換の一種である。 エ　タンパク質をコードする遺伝子は，RNAポリメラーゼによってプラスミドに連結することができる。（センター試験生物追試）	ウ
0998	遺伝子組換え実験で，2つのDNA断片を連結する酵素の名前とこの酵素が触媒する反応の組み合わせで最も適切なものを選べ。 ア　DNAポリメラーゼ，リン酸基とデオキシリボースの結合 イ　DNAポリメラーゼ，相補的な塩基どうしの水素結合 ウ　DNAリガーゼ，リン酸基とデオキシリボースの結合 エ　DNAリガーゼ，相補的な塩基どうしの水素結合（明治大）	ウ

0999 ☑ ♛

組換え大腸菌に目的とする遺伝子aが導入されていることを確認する方法として最も適切なものを選べ。

ア　組換え大腸菌からプラスミドを抽出し，挿入した遺伝子の塩基配列を解析する。

イ　組換え大腸菌から抽出したDNAを分解し，ヌクレオチドの構成比を調べる。

ウ　組換え大腸菌から染色体DNAを抽出し，アガロースゲル電気泳動法により観察する。

エ　組換え大腸菌ともとの大腸菌のDNA総量を比較する。　（東京農業大）

ア

1000 ☑ ♛

大腸菌の遺伝子組換え実験で，導入する遺伝子aが真核生物に由来する場合，組換え大腸菌にタンパク質を産生させる上で留意すべき点は何か。

ア　真核生物由来のプロモーター配列を用いる。

イ　真核生物由来のRNAポリメラーゼを用いる。

ウ　イントロンが取り除かれた塩基配列を用いる。

エ　使用するコドンをすべて置きかえる。　（東京農業大）

ウ

1001 ☑ ♛

遺伝子組換え技術について，外来の遺伝子をもつ大腸菌と，もたない大腸菌を区別するための工夫がなされている。外来の遺伝子をもった大腸菌だけを選び出す方法として，最もよく用いられているものを選べ。

ア　熱耐性菌の酵素を使うことで外来の遺伝子をもつ大腸菌だけが90℃でも増殖できるようにしている。

イ　外来遺伝子をもつ大腸菌だけが抗生物質の入った培地でも増殖できるようにしている。

ウ　外来遺伝子をもつ大腸菌だけが死ぬようにしている。　（学習院大）

イ

1002 ☑ ♕

微量の試料からDNAを抽出して，解析に必要なDNA断片のみを大量に増幅する方法として，[　　　]が開発され，さまざまな分野で利用されている。　（愛知教育大）

PCR法

1003	PCR法に広く用いられるDNAポリメラーゼは，[　　]の環境に生息する生物から単離された。（神戸大）	高温
1004	PCRの反応には鋳型となるゲノムDNA，4種類のDNAヌクレオチド，DNAポリメラーゼ，複製したい領域の末端と相補的な塩基配列をもつ短いヌクレオチド鎖である[　　]が必要となる。（順天堂大）	プライマー
1005	PCR法では，鋳型DNAを［約95℃　約72℃　約60℃］で1本鎖にする。（慶應義塾大）	約95℃
1006	PCRは日本語で[　　]という。（信州大）	ポリメラーゼ連鎖反応
1007	PCR法はごく微量の鋳型DNAと[　　]，プライマー，4種類のヌクレオチドなどを混合し，一連の反応を数十回くり返すことで特定のDNA領域を増幅する技術である。（岩手大）	DNAポリメラーゼ
1008	PCRに関して，鋳型となるゲノムDNAとプライマーをつなぐ結合は[　　]結合である。（順天堂大）	水素
1009	PCR法において，プライマーは鋳型となるDNA鎖の配列のどこに結合するように合成されたものか。 ア　3′末端　　イ　5′末端　　ウ　3′末端と5′末端 （日本大）	ア

1010	PCR法の反応液にはプライマーとよばれる物質が含まれる。プライマーの説明として最も適切なものを選べ。 ア　2本鎖DNAを1本鎖DNAに開裂させるタンパク質 イ　DNAの原料となる4種のヌクレオチド混合物 ウ　複製させたい配列の鋳型となる2本鎖DNA エ　DNA複製反応の起点となる短い1本鎖DNA （東京農業大）	エ
1011	ポリメラーゼ連鎖反応法で使用されるDNAポリメラーゼの特徴を下の選択肢のなかから選べ。 ア　DNAだけでなく，RNAをつくることもできる。 イ　特定の塩基配列を切断するはたらきがある。 ウ　2本鎖になったDNAを1本鎖にするはたらきがある。 エ　95℃の高温においても活性を失わない。（立命館大）	エ
1012	PCR法に関する記述として最も不適切なものを選べ。 ア　DNA合成酵素として，耐熱性DNAポリメラーゼを用いる。 イ　プライマーとは鋳型DNAと相補的な塩基配列をもつ短いDNA断片のことである。 ウ　反応過程には，DNAを約95℃に保つことで，2本鎖を安定化する反応が含まれる。 エ　反応過程には，DNAとプライマーとの結合を促進する反応が含まれる。（早稲田大）	ウ
1013	PCR法では，(1)95℃に加熱，(2)60℃に冷却，(3)72℃に加熱，というサイクルを30回程度くり返すことにより，目的のDNA断片を大量に増幅することができる。(3)の工程は何のために行われるか。 ア　プライマーに続くDNA鎖を合成する。 イ　2本鎖DNAを1本鎖に解離する。 ウ　プライマーをDNA鎖に結合させる。（福井県立大）	ア

1014	PCR法で，反応をn回くり返すとDNAが［2^n　$2n$］倍に増幅していくことが予測される。（慶應義塾大）	2^n
1015	PCR法では，サイクルを合計20回くり返すことにより，外来遺伝子は約［　　］倍に増幅される。（島根大）	100万
	解説　1サイクルで2倍に増幅されるので，20サイクルくり返すと，2^{20}≒1000000倍に増幅される。	
1016	ゲノムDNAを鋳型としたPCRを行った。30回のサイクルの終わりには，検出できるDNA断片はプライマーによってはさまれた長さのものだけだった。この長さの2本鎖DNA断片が最初に生じるのは何サイクル目か。（東京医科大）	3サイクル目
1017	塩基対数の異なるDNA断片の分離には，［　　］が用いられる。（群馬大）	電気泳動法
1018	DNAは［　　］の電荷を帯びている。（上智大）	負
1019	中性付近の緩衝液中で電気泳動を行うとDNAは陽極に向かって移動する。この移動はDNA分子の［　　］の部分に由来するためであると考えられる。（九州工業大）	リン酸
1020	電気泳動法では，塩基対数の［多い　少ない］DNA断片ほど速く移動する。（群馬大）	少ない

1021	電気泳動を行うとDNA断片は［　　］極へ移動する。（愛知教育大）	+
1022	ある生物のDNA上にある800 bpの遺伝子Aと1100 bpの遺伝子Bの全長をPCR法で増幅した後，電気泳動を行うと，［　　］の方が移動度が大きかった。（上智大）	遺伝子 A
1023	ジデオキシヌクレオチドを使い，DNAの塩基配列を調べる方法が1970年代に開発された。この方法を［　　］（ジオデキシ法）という。（オリジナル）	サンガー法
1024	DNAの塩基配列を調べるには，解析するDNA鎖，［　　］，プライマー，および4種類のヌクレオチドを加えた混合液を調整し，調べたいDNA鎖の一方を鋳型として相補的なDNA鎖を合成する。（センター試験生物追試）	DNA ポリメラーゼ
1025	塩基配列の解析では，DNAの一方の鎖を鋳型として，それに相補的なDNA鎖を合成させる。このとき，材料として取りこむと合成が止まるような特殊な［　　］を少量混ぜておく。（滋賀医科大）	ヌクレオチド
1026	基質の一部に［リボース　ジデオキシリボース］をもつヌクレオチド三リン酸を加えると，酵素がその基質を利用したところで止まる性質を利用して，DNA配列を読み取る方法が確立されている。（慶應義塾大）	ジデオキシリボース
1027	レトロウイルスではRNAの情報からDNAがつくられる。この現象を［　　］という。（日本大）	逆転写
1028	RNAを鋳型としてDNAを合成する酵素を［　　］という。（早稲田大）	逆転写酵素

1029	細胞や組織から，転写によって生じたmRNAを抽出し，その塩基配列を網羅的に決定する方法を［　　］という。（オリジナル）	RNAシーケンシング
1030	［　　］は，mRNAの発現パターンを網羅的に調べる方法である。（オリジナル）	DNAマイクロアレイ解析
1031	［　　］を鋳型としてDNAを合成するDNAポリメラーゼを逆転写酵素という。（秋田大）	RNA
1032	真核生物では，体細胞がもつ1対の相同染色体のうち，一方の組に含まれるすべての遺伝情報を［　　］といい，さまざまな生物の［　］が解読されている。（オリジナル）	ゲノム
1033	2003年に，ヒトDNAすべての塩基配列の解読を目指した［　　］が終了した。（熊本大）	ヒトゲノム計画
1034	ある種の生物のゲノム全体の塩基配列を決定する作業は［　　］とよばれる。（神戸大）	ゲノムプロジェクト
1035	海水や土壌など，ある環境中に生息する微生物群のゲノムを網羅的に解析する手法を［　　］といい，次世代シークエンサーが活用されている。（オリジナル）	メタゲノム解析
1036	ヒトのゲノムサイズとして最も適切なものを選べ。 ア　30万塩基対　　イ　3000万塩基対 ウ　30億塩基対　　エ　3000億塩基対（大阪市立大）	ウ

☑ 1037	ヒトの場合，約[　　]の遺伝子がゲノムに含まれており，必要に応じて遺伝子発現制御が行われている。（慶應義塾大）	2万
☑ 1038	ヒトでは，精子や卵は[　①　]組，体細胞は[　②　]組のゲノムをもつ。（センター試験生物基礎追試）	① 1 ② 2
☑ 1039	ゲノムの塩基対数やからだの大きさは，遺伝子数に［比例する　反比例する　依存しない］。（慶應義塾大）	依存しない
☑ 1040	ヒトの場合，タンパク質をコードする遺伝子は約2万個あると考えられているが，実際のタンパク質の種類はそれよりも［多い　少ない］と考えられている。（上智大）	多い
☑ 1041	特殊な酵素を用い，ゲノム上の任意のDNA配列のみを切断して，配列の一部を欠失させたり，外来遺伝子を導入したりする技術を[　　]という。（オリジナル）	ゲノム編集
☑ 1042	ゲノム編集では，Cas9という[　　]酵素に，標的DNAの塩基配列に相補的に結合するガイドRNAが組み込まれる。このガイドRNAによって標的DNAに結合したCas9は，DNAを切断する。（オリジナル）	DNA切断
☑ 1043	DNAの反復配列パターンを調べる方法は，[　　]とよばれ，血縁鑑定や刑事捜査，食品表示の偽造検査などに利用されている。（オリジナル）	DNA型鑑定
☑ 1044	近年，大量のDNAの塩基配列を短期間で決定できる革新的な技術が開発された。これにより，個人のゲノムを検査することで，その人に適した[　　]医療への応用が始められている。（神戸大）	オーダーメイド（テーラーメイド）

番号	問題	解答
☐1045	ゲノムに関する記述として誤っているものを選べ。 ア　同一個体では，どの細胞にも同じゲノム情報が含まれている。 イ　ゲノムサイズに比例して遺伝子の数も多くなる。 ウ　ゲノム情報を育種に利用することが可能である。 エ　ゲノム情報から個人を識別できる。（東邦大）	イ
☐1046	遺伝情報に関して述べた下の文章のうち，正しいものを選べ。 ア　ゲノム内のすべての塩基配列が，生物の形質にかかわる。 イ　ゲノム内の塩基配列中には，遺伝子としてはたらかない領域がある。 ウ　すべての遺伝子は，常に発現している。 エ　遺伝情報がタンパク質に含まれることもある。（立命館大）	イ
☐1047	ゲノムに関連する記述として最も適当なものを選べ。 ア　すべてのヒトのゲノムの塩基配列は同一である。 イ　受精卵と分化した細胞とでは，ゲノムの塩基配列が著しく異なる。 ウ　ゲノムの遺伝情報は，分裂期の前期に2倍になる。 エ　神経細胞と肝細胞とで，ゲノムから発現される遺伝子の種類は大きく異なる。（センター試験生物基礎）	エ
☐1048	ゲノムに関連する記述として最も適当なものを選べ。 ア　個人のゲノムを調べて，病気へのかかりやすさなどを判別する研究が進められている。 イ　個人のゲノムを調べれば，その人が食中毒にかかる回数がわかる。 ウ　植物のゲノムの塩基配列がわかれば，枯死するまでに合成されるATPの総量がわかる。 エ　生物の種類ごとにゲノムの大きさは異なるが，遺伝子数は同じである。（センター試験生物基礎追試）	ア

1049 ヒトゲノム（23本の染色体とする）の塩基対数は合計約30億であるという。染色体1本あたりのDNAの長さは平均すると，どれくらいになるか。ただし，10塩基対あたりの長さを3.4 nmとする。

ア　1.0×10^{-2} m　　イ　1.0 m

ウ　2.2×10^{-2} m　　エ　4.4×10^{-2} m　　（立命館大）

エ

解説

$$30\times10^{8}\times\frac{3.4\times10^{-9}}{10}\times\frac{1}{23}\fallingdotseq4.4\times10^{-2}\ \text{m}$$

1050 ヒトのゲノムは約30億塩基対からなる。翻訳領域はゲノム全体の1.5％程度と推定されているので，ヒトのゲノム中の個々の遺伝子の翻訳領域の長さは，平均して約［　　］塩基対だと考えられる。　（センター試験生物基礎）

2000

解説

ヒトのゲノムの翻訳領域は，

$$3\times10^{9}\times0.015=4.5\times10^{7}\text{塩基対}$$

ヒトの遺伝子の数は約2万個なので，遺伝子の平均の長さは，

$$\frac{4.5\times10^{7}}{2.0\times10^{4}}\fallingdotseq2\times10^{3}\text{塩基対}$$

1051 大腸菌のゲノムを5.0×10^{6}塩基対，遺伝子の数を4000とし，1つの遺伝子からつくられるタンパク質の平均アミノ酸数を375とすると，翻訳領域はゲノムの何％と考えられるか。　（北里大）

90％

解説

$$\frac{375\times3\times4000}{5.0\times10^{6}}\times100=90\%$$

1052

ヒトゲノムでは，遺伝子は翻訳される部分だけで約4500万bp，遺伝子数は約２万である。遺伝子１つからタンパク質１つができるとすると，その分子量はどれだけか。選択的スプライシングは起きないと仮定し，アミノ酸の平均分子量を100とする。

ア　2.3×10^3　　イ　2.3×10^5

ウ　7.5×10^2　　エ　7.5×10^4　　（立命館大）

エ

解説　（アミノ酸数）×（アミノ酸の平均分子量）÷（遺伝子数）で求められる。

$$4.5\times10^7\times\frac{1}{3}\times100\times\frac{1}{20000}=7.5\times10^4$$

PART

4

生物の環境応答

1053–1389

動物は，外界から刺激を受け，それに応じて適切な反応や行動を起こします。一方，植物は，動物のように自由に動き回ることができませんが，光や気温などの刺激に反応して茎や根を曲げたり，花を咲かせたりすることで，環境の変化に反応しています。

THEME 31 ニューロンとその興奮

POINT

- ニューロンは，核がある細胞体，長い突起である軸索，枝分かれした短い突起である樹状突起からなる。
- ニューロンは，刺激を受けると膜内外の電位が瞬間的に逆転する。このような電位の変化を活動電位という。
- 軸索の末端はシナプスとよばれるすきまを隔てて他のニューロンや効果器と連絡している。

ビジュアル要点

● ニューロンの種類と構造

ニューロンは，そのはたらきによって3つに大別される。

- 感覚ニューロン：受容器で受け取った情報を中枢に伝える。
- 介在ニューロン：脳や脊髄などの中枢神経系を構成する。
- 運動ニューロン：中枢から出された情報を効果器に伝える。

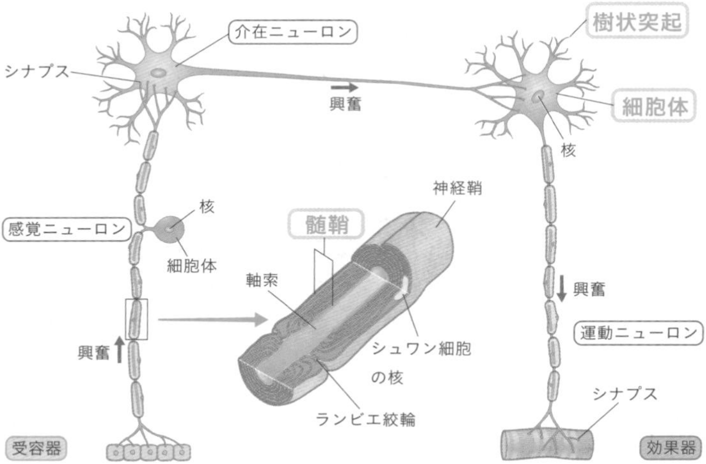

●活動電位の発生のしくみ

①刺激を受けていないニューロンでは，ナトリウムポンプがNa^+を細胞外に排出し，K^+を細胞内に取りこんでいるため，細胞膜の外側にNa^+が多く，内側にK^+が多い。さらに，一部のカリウムチャネルが開いているため，濃度勾配にしたがってK^+が細胞外へ流出し，細胞膜の外側は正に，内側は負に帯電している。

②刺激を受けると，ナトリウムチャネルが開いて細胞内にNa^+が流入し，膜内外の電位が逆転する。

③ナトリウムチャネルはすぐに閉じる。

④カリウムチャネルが開いてK^+が細胞外へ流出し，細胞内外の電位はもとにもどる。

⑤静止電位にもどった後もカリウムチャネルが開いているため，一時的にさらに分極し，過分極となる。

⑥ナトリウムポンプのはたらきによりNa^+が排出され，K^+が取りこまれ，イオンの分布がもとにもどる。

活動電位の発生と興奮の伝導

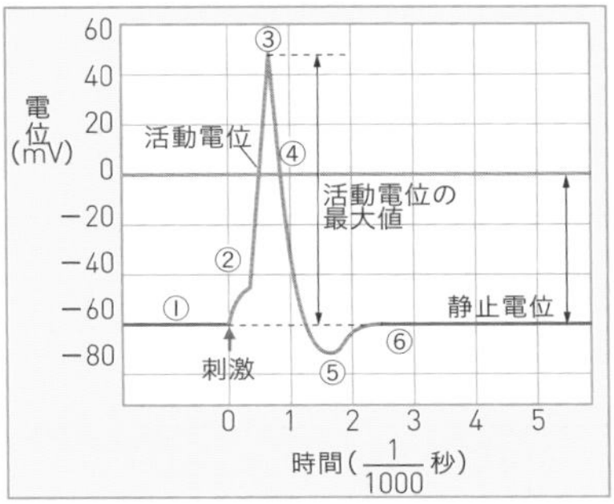

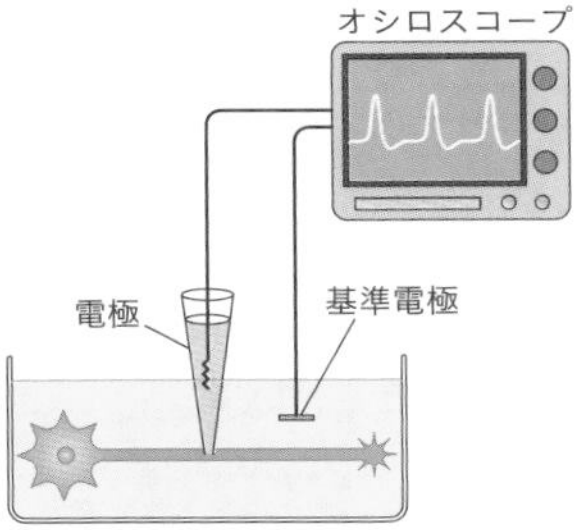

軸索内に電極を刺しこんで電位を測定。

イオンチャネルのはたらき

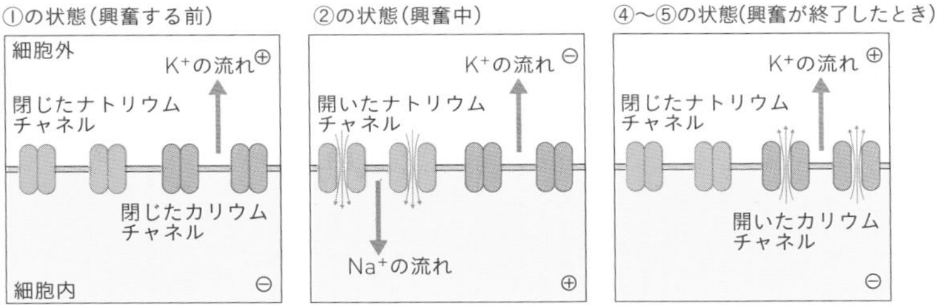

☑ 1053	動物は，耳や眼などの受容器（感覚器）で刺激を受け取り，連絡係となる神経系を経て，［　　］に伝わって反応や行動が起こる。（慶應義塾大）	効果器（作動体）
☑ 1054	神経系を構成する基本単位である神経細胞は［　　］とよばれ，細胞体，樹状突起，および軸索の3つの構造に大きく分けられる。（センター試験生物）	ニューロン
☑ 1055	外界からの刺激を受け取る，眼，耳，鼻などは［　　］とよばれる。（群馬大）	受容器（感覚器）
☑ 1056	神経細胞は核のある［①］とそこから伸びる多数の突起からなり，長く伸びた突起を［②］，枝分かれした短い突起を樹状突起という。（学習院大）	①細胞体 ②軸索
☑ 1057	［　　］は，多数のニューロンが集まって束になって形成されている。（オリジナル）	神経
☑ 1058	有髄神経の軸索は神経鞘に包まれており，この神経鞘が幾重にも巻き付いて［　　］を形成している。（島根大）	髄鞘
☑ 1059	神経細胞は細胞体と通常1本の軸索，多数の短い［　　］で構成されている。（横浜国立大）	樹状突起
☑ 1060	神経細胞の軸索の多くはグリア細胞の1つである［①］細胞でできた［②］で包まれている。（鹿児島大）	①シュワン ②神経鞘
☑ 1061	神経繊維のうち，髄鞘をもつ繊維を［①］，もたないものを［②］とよぶ。（同志社大）	①有髄神経繊維 ②無髄神経繊維

1062	各受容器には，それぞれの刺激を感知し，受け取った情報を［　　］ニューロンで伝える。（群馬大）	感覚
1063	受容器からの多様な入力情報は，［　　］ニューロンで構成された中枢神経系により必要な情報が選別・関連づけされ，統合処理される。（群馬大）	介在
1064	処理された情報は，筋肉や分泌腺などに伝える［　　］ニューロンに送られ，動物はさまざまな形で反応する。（群馬大）	運動
1065	シュワン細胞やオリゴデンドロサイトのような，ニューロンのはたらきを助ける細胞を［　　］という。（オリジナル）	グリア細胞
1066	神経繊維の細胞膜の電位は，静止状態において膜の外側は［　①　］に帯電し，内部は［　②　］に帯電している。（慶應義塾大）	①正（＋） ②負（－）
1067	通常，細胞の外側には［　①　］イオンが多く，内側には［　②　］イオンが多い。（横浜国立大）	①ナトリウム ②カリウム
1068	静止電位について，刺激を受けていないとき，Na^+の濃度は細胞内外で大きく異なる。これは［　　］とよばれる機構によって維持されている。（奈良県立医科大）	ナトリウムポンプ
1069	ニューロンには，静止状態と興奮状態がある。静止状態とは，細胞の外側を基準としたときに，細胞の内側の電位が約－70～－60 mVとなっている状態のことで，この電位を［　　］という。（群馬大）	静止電位

1070	神経細胞などの興奮性細胞では閾値以上の刺激が加えられると，電位が逆転し，膜の外側が負に，内側が正になって興奮する。細胞膜でこのように変化した膜電位を（　　）という。（横浜国立大）	活動電位
1071	活動電位が発生することを（　　）という。（群馬大）	興奮
1072	神経細胞は，ある強さ以上の刺激で興奮する。興奮を生じさせる最小の強さは，（　　）とよばれる。（東京農業大）	閾値
1073	興奮性の細胞に刺激を加えると，細胞は反応が起こるか起こらないかのいずれかを示す。これを（　　）という。（東京農業大）	全か無かの法則
1074	細胞に閾値以上の刺激が加えられると，電位変化により開閉する（　①　）が開いて（　②　）が細胞内に流入し，細胞内外の電位が逆転する。（横浜国立大）	①ナトリウムチャネル ②ナトリウムイオン
1075	活動電位が何回も連続発生すると，しだいに細胞内のNa^+濃度は上昇してK^+濃度は下がる。この状態を回復させるのは（　　）である。（大阪府立大）	ナトリウムポンプ
1076	神経細胞の興奮により生じた活動電位は軸索の（　　）により伝えられるが，これには，髄鞘間にある1 μmほどの幅をもつランビエ絞輪がかかわっている。（横浜国立大）	活動電位
1077	他のニューロンからの情報はおもに樹状突起で受け取られ，細胞体を経て，活動電位として軸索を［伝導　伝達］していく。（センター試験生物）	伝導

1078	有髄神経繊維では，興奮は髄鞘の存在しない部位である［　　］とよばれる箇所でだけ起こる。（同志社大）	ランビエ絞輪
1079	有髄神経繊維と無髄神経繊維を比較した場合，興奮の伝導速度は［　　］神経繊維の方が速い。（高知大）	有髄
1080	有髄神経繊維で，興奮がランビエ絞輪をとびとびに伝導することを［　　］という。（オリジナル）	跳躍伝導
1081	ニューロン間の接続部分を［　　］という。（群馬大）	シナプス
1082	軸索を伝わる活動電位が神経終末部まで伝導すると，電位依存性［①］が開き［②］が流入する。（京都工芸繊維大）	①カルシウムチャネル ②カルシウムイオン
1083	軸索の先端部分には，シナプスとよばれるニューロンの興奮を伝える部位がある。興奮が軸索の末端に伝わるとシナプス小胞から［　　］が分泌され，次のニューロンに興奮が伝わる。（慶應義塾大）	神経伝達物質
1084	ニューロンと他のニューロンとの間は，シナプスという構造によって連絡している。シナプスでは，シナプス前細胞とシナプス後細胞との間に，［　　］とよばれるすきまが存在している。（札幌医科大）	シナプス間隙
1085	軸索の末端は，次のニューロンの樹状突起などとシナプスにおいて連絡し，次のニューロンへと情報が［伝導　伝達］される。（センター試験生物）	伝達

1086	興奮は軸索を伝導する。軸索末端に到達すると，神経伝達物質を含むシナプス小胞は細胞膜に融合し，神経伝達物質はシナプス間隙に放出される。このような放出のしかたを［　　］という。（学習院大）	エキソサイトーシス
1087	活動電位がシナプス前膜まで到達すると［ ① ］依存性チャネルが開き，Ca^{2+}が細胞内に流入する。Ca^{2+}の流入によって［ ② ］が膜と融合し，内部の神経伝達物質がシナプス間隙に放出される。（慶應義塾大）	①電位 ②シナプス小胞
1088	シナプス後細胞に生じる膜電位の変化を［　　］とよぶ。（同志社大）	シナプス後電位
1089	シナプスには，シナプス後細胞に対して興奮的に作用する［ ① ］と抑制的に作用する［ ② ］がある。（札幌医科大）	①興奮性シナプス ②抑制性シナプス
1090	シナプス後膜において，ナトリウムチャネルが開くと［脱　過］分極性の興奮性シナプス後電位（EPSP）が生じる。（札幌医科大）	脱
1091	シナプス後膜において，クロライドチャネルが開くと［脱　過］分極性の抑制性シナプス後電位（IPSP）が生じる。（札幌医科大）	過
1092	興奮性シナプス後電位（EPSP）について，流入するイオン名を答えなさい。（京都工芸繊維大）	ナトリウムイオン
1093	抑制性シナプス後電位（IPSP）について，流入するイオン名を答えなさい。（京都工芸繊維大）	塩化物イオン

☑ 1094	シナプス後細胞の膜電位変化が脱分極性の場合を［ ① ］シナプス後電位とよび，過分極性の場合を［ ② ］シナプス後電位とよぶ。（島根大）	①興奮性 ②抑制性
☑ 1095	運動神経と骨格筋の接続部では，神経の興奮は神経伝達物質である［　　］によって筋細胞に伝達される。（高知大）	アセチルコリン
☑ 1096	軸索に関する記述として誤っているものを選べ。 ア　有髄神経繊維では，軸索が神経鞘で包まれている。 イ　髄鞘には，細胞が何層にも巻きついた，電気が通りにくい神経鞘がある。 ウ　髄鞘は，軸索における興奮の伝導を高速にしている。 エ　髄鞘は軸索に沿って一定間隔で欠けており，跳躍伝導により電気信号が軸索を伝わる。（群馬大）	イ
☑ 1097	ニューロンに関連する記述として誤りであるものを選びなさい。 ア　静止時のニューロンの細胞内外におけるNa^+とK^+の濃度勾配は，細胞膜に存在するナトリウムポンプがNa^+を内側にK^+を外側に輸送することによって形成されている。 イ　ニューロンの細胞膜には電位変化に依存して開くK^+チャネルと電位変化に依存しないK^+チャネルがあり，静止時には電位変化に依存しないK^+チャネルのみが開いている。 ウ　ニューロンの興奮は，刺激を受けた部位の局所的な膜電位の逆転変化として観察され，その部位では瞬間的に細胞内が正，細胞外が負になる。 エ　ニューロンの軸索の一部で活動電位が生じると，その部位のイオンチャネルはしばらくの間刺激に反応できない状態になるので，興奮が逆向きに伝わることはない。（明治大）	ア

1098	運動神経の興奮部におけるイオンチャネルの開き方についての記述として適切なものを選べ。 ア　電位依存性K^+チャネルと電位依存性Na^+チャネルが同時に開く。 イ　電位依存性K^+チャネルが開き，少し遅れて電位依存性Na^+チャネルが同時に開く。 ウ　電位依存性Na^+チャネルが開き，少し遅れて電位依存性K^+チャネルが同時に開く。 エ　電位依存性Na^+チャネルのみが開く。　（上智大）	ウ
1099	以下の文について，正しいものを選べ。 ア　神経の興奮がシナプスを越えて他の神経に伝わることを跳躍伝導という。 イ　有髄神経繊維にはランドルト環とよばれるくびれがある。 ウ　ニューロンの静止電位は平均－70 mVである。 エ　ニューロンの活動電位の発生にはナトリウムチャネルとカルシウムチャネルが関与している。 （奈良県立医科大）	ウ
1100	神経について正しいものを過不足なく選べ。 ア　興奮の伝導速度は無髄神経より有髄神経の方が速い。 イ　興奮の伝導速度は太い軸索より細い軸索の方が速い。 ウ　無髄神経繊維にはランビエ絞輪というくびれがある。　（熊本大）	ア

1101	通常，有髄神経細胞の軸索では活動電位は一方向に伝わる。その理由として最も適切なものを選びなさい。 ア　活動電位が伝導していく軸索末端側がより低い膜電位を示すため。 イ　活動電位の発生の後に不応期があるため。 ウ　ランビエ絞輪があるため。 エ　活動電位を受けた部位で脱分極が起きるため。 （早稲田大）	イ
1102	伝導速度の異なる同じ長さの無髄神経繊維があると仮定する。その伝導速度の違いに最も大きい影響を与えたと考えられる要素を選べ。 ア　軸索の太さ　　イ　樹状突起の太さ ウ　細胞体の形状　　エ　神経伝達物質の種類 （同志社大）	ア
1103	軸索には有髄神経繊維と無髄神経繊維の2種類があり，有髄神経繊維の方が，活動電位の伝導速度が速いことが知られている。この理由として最も適当なものを選べ。 ア　有髄神経繊維の興奮した部位は，しばらくは再び興奮できない。 イ　有髄神経繊維においては，ランビエ絞輪でのみ活動電位が発生する。 ウ　閾値より強い刺激によって，はじめて有髄神経繊維に興奮が生じる。 エ　有髄神経繊維では，活動電位が両方向に伝導する。 （センター試験生物）	イ

1104	神経伝達物質が筋細胞の膜にある受容体に結合すると脱分極性の膜電位変化が生じる。この現象についての記述として最も適切なものを選べ。 ア　伝達物質依存性のイオンチャネルが開き，Na^+が細胞内に流入する。 イ　伝達物質依存性のイオンチャネルが開き，Cl^-が細胞内に流入する。 ウ　受容体からのシグナルがセカンドメッセンジャーに伝えられてイオンチャネルが開き，Na^+が細胞内に流入する。 エ　受容体からのシグナルがセカンドメッセンジャーに伝えられてイオンチャネルが開き，Cl^-が細胞内に流入する。（上智大）	ア
1105	無髄神経繊維に関する記述として適当なものを選べ。 ア　脊椎動物は無髄神経繊維をもたない。 イ　無髄神経繊維には電流を通しやすい髄鞘がないため，伝導速度が低い。 ウ　無髄神経繊維の一部が興奮すると，興奮部と隣接する静止部との間で活動電流が流れる。 エ　無髄神経繊維の伝導速度は，軸索が太いほど低い。（センター試験生物）	ウ
1106	神経伝達物質がかかわるシナプスについての記述として誤っているものを選べ。 ア　シナプスでは，神経伝達物質による両方向性の伝達が生じる。 イ　シナプスでは，神経伝達物質が，シナプス小胞から放出される。 ウ　軸索の末端は，シナプスの一部を形成する。 エ　シナプスでは，イオンチャネルが受容体としてはたらく場合，神経伝達物質が結合することによって，チャネルの開閉が調節されている。（センター試験生物追試）	ア

1107

シナプス後電位について正しいものを選べ。
ア　ナトリウムチャネルが開くと過分極性のシナプス後電位が起きる。
イ　神経終末が接続する相手は，神経細胞ならば樹状突起や細胞体であることが多い。
ウ　シナプス間隙に放出された神経伝達物質は永久にシナプス後電位を持続させる。（同志社大）

イ

1108

座骨神経がつながったカエルの神経筋標本を使って，神経筋接合部から座骨神経上の60 mm離れたA点を刺激すると0.0035秒後に筋肉が収縮し，15 mm離れたB点を刺激すると0.002秒後に筋肉が収縮した。この実験で神経の興奮伝導速度（m/秒）を求めよ。（横浜国立大）

30 m/ 秒

解説　A点からB点までの距離60−15＝45 mmを，興奮が伝導するのに0.0035−0.002＝0.0015秒かかったので，求める速度は，

$$\frac{45}{0.0015}\times\frac{1}{1000}=30\ \text{m/秒}$$

1109

神経と筋の接続部から18 mm離れた部位を1回だけ電気刺激すると4.9ミリ秒後に収縮が起きた。次に神経と筋の接続部から54 mm離れた部位を同様に電気刺激すると5.7ミリ秒後に収縮が起きた。この神経の興奮が，神経と筋の接続部に到達してから筋の収縮が起きるまでに何ミリ秒を要するか。（高知大）

4.5 ミリ秒

解説　求める潜伏時間をxミリ秒とすると，
$18:4.9-x=54:5.7-x$　より

$$\frac{18}{4.9-x}=\frac{54}{5.7-x}$$

$x=4.5$ミリ秒

THEME 32 刺激の受容

POINT

- ▶ それぞれの受容器が受け取ることのできる刺激の種類を 適刺激 という。
- ▶ ヒトの視細胞のうち，うす暗い場所でよくはたらくものを 桿体細胞，色の識別に関与しているものを 錐体細胞 という。
- ▶ 近くのものを見るときは，毛様筋 が収縮し，チン小帯がゆるみ，水晶体 が厚くなる。

ビジュアル要点

● ヒトの眼の構造

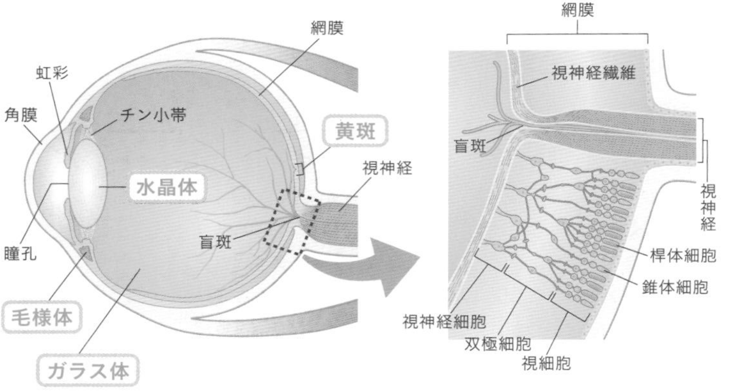

● 視細胞

・錐体細胞：明るい場所でよくはたらき，色の識別に関与する。網膜の中心部の 黄斑 とよばれる部分に多く分布している。

・桿体細胞：うす暗い場所でよくはたらく。色の識別はしない。黄斑の周辺部に多く分布している。

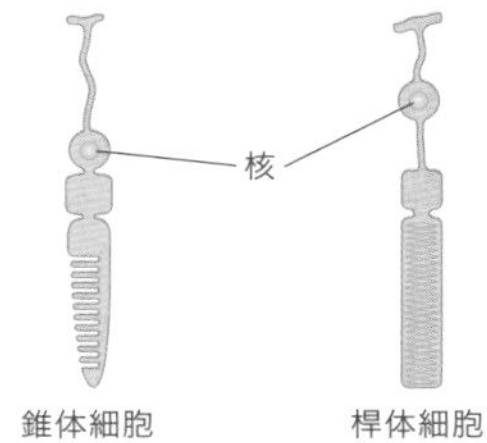

遠近調節のしくみ

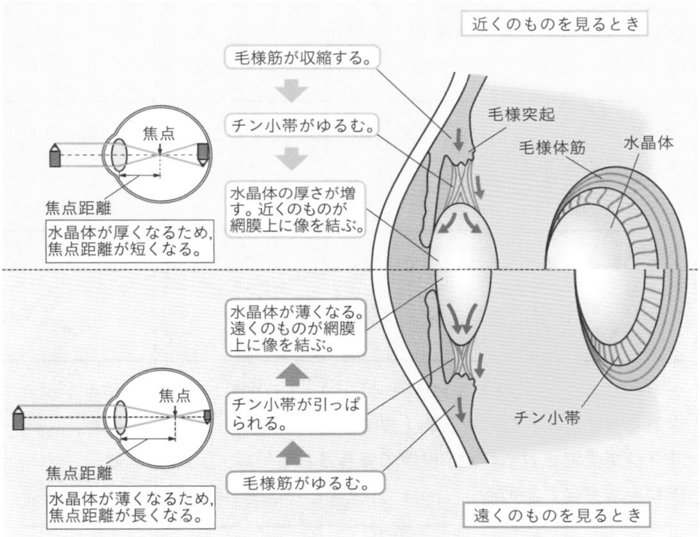

ヒトの耳の構造

ヒトの耳には，音を受容する**コルチ器**や，からだの傾きを受容する**前庭**，からだの回転を受容する**半規管**がある。

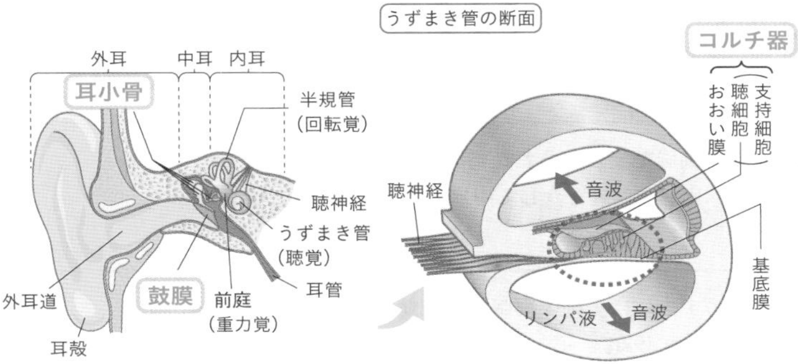

1110	受容器で生じた信号は神経系を通じて脳などの中枢神経系に伝えられ，大脳の中枢で［　　］が生まれる。（東京農業大）	感覚
1111	受容器は特定の刺激に対してだけ敏感に反応することができ，この刺激を［　　］という。（旭川医科大）	適刺激
1112	ヒトの感覚はすべて［　　］で生じる。（獨協医科大）	大脳
1113	ヒトの感覚には，眼で受容される［①］，内耳で受容される［②］と平衡覚，嗅上皮で受容される［③］，味覚芽で受容される味覚，皮膚で受容される触覚，圧覚，痛覚，温覚などがある。（獨協医科大）	①視覚 ②聴覚 ③嗅覚
1114	ヒトの眼の構造はカメラと比較され，カメラのレンズに相当するのが［　　］，しぼりに相当するのが虹彩である。（麻布大）	水晶体
1115	眼の［　　］には，暗所ではたらく桿体細胞と，明所ではたらく錐体細胞とよばれる視細胞が存在し，これらが異なる光環境ではたらく。（筑波大）	網膜
1116	視神経細胞で受け取られた情報は，［　　］から眼球の外側へ出た視神経を介して中枢へと送られる。（筑波大）	盲斑
1117	網膜の中央には，錐体細胞が密に並んだ［　　］とよばれる部分がある。（センター試験生物追試）	黄斑

1118	網膜の光受容細胞には明暗に反応する[①]細胞と色の識別にかかわる[②]細胞があり，これらは光刺激を電気信号に変換する。（旭川医科大）	①桿体 ②錐体
1119	光刺激となる可視光は，まず眼の[ ]や水晶体で屈折して網膜上に像を結ぶ。（旭川医科大）	角膜
1120	光受容細胞で生じた電気信号は，連絡神経細胞を経て視神経細胞へ伝わり，さらに，その細胞から伸びている[ ]繊維へと伝わる。（旭川医科大）	視神経
1121	ヒトの網膜には，青・赤・[ ]の3色に感受性が高い3種類の錐体細胞が存在し，色覚を担っている。（広島大）	緑
1122	視覚は動物種によって異なり，我々の身近な動物であるイヌとネコも，それぞれに特徴がある。色覚をどの程度幅広く認識できるかは，もっている[ ]の種類の多さによって決まる。（東京農工大）	錐体細胞
1123	網膜の中心部の黄斑には[①]細胞が多く分布し，黄斑の周辺部では[②]細胞が多く分布している。（金沢大）	①錐体 ②桿体
1124	網膜上に分布する桿体細胞と錐体細胞の2種類の視細胞により，光刺激が受容される。受容された情報は，視神経により大脳に伝えられ，[ ]として認識される。（麻布大）	視覚
1125	両眼の内側半分の網膜から出た視神経が交さすることを[ ]という。（金沢大）	視交さ

1126	明るさが異なる場所では，[　　]の大きさが変化して網膜に達する光の量が調節されるだけでなく，視細胞の感度も変化する。（センター試験生物追試）	瞳孔
1127	ヒトの眼では，外界から入る光は角膜を通過し，カメラのしぼりに相当する[　　]によって光量が調節される。（金沢大）	虹彩
1128	暗所から明所へ出ると，まぶしくてよく見えないが，しばらくすると見えるようになる。この現象を[　　]という。（東京農業大）	明順応
1129	明るい場所から暗い場所に入ると，初めのうちは何も見えないが，しだいにものが見えるようになる。この現象を[　　]という。（旭川医科大）	暗順応
1130	瞳孔の大きさは，虹彩の筋肉のはたらきによって調節されており，明るいときには[①]が収縮し，暗いときには[②]が収縮する。（旭川医科大）	①瞳孔括約筋 ②瞳孔散大筋
1131	明るい所から暗い所に移動すると，瞳孔が開くとともに，視細胞では暗順応が起きる。暗順応はおもに[①]細胞中で視物質である[②]が蓄積することによって起きる。（上智大）	①桿体 ②ロドプシン
1132	遠近調節は，水晶体の厚みの変化によって行われている。遠くのものを見るときは，毛様筋が[①]，チン小帯が[②]，水晶体の厚さは[③]なる。（東京農工大）	①ゆるみ ②引っ張られ ③薄く
1133	近い対象を見るときは，毛様筋が[①]ため，チン小帯が[②]，その結果，水晶体が[③]なる。（センター試験生物追試）	①収縮する ②ゆるみ ③厚く

1134	桿体細胞は視物質としてロドプシンをもっている。ロドプシンは［ ① ］とよばれるタンパク質に，ビタミンAの一種である［ ② ］が結合したものである。（琉球大）	①オプシン ②レチナール
1135	外耳は，耳殻と［ ］からなり，空気の振動として伝わってきた音を集めて中耳へと導く。（横浜国立大）	外耳道
1136	鼓膜の振動は，中耳の耳小骨によって卵円窓を直接揺さぶり，内耳の［ ］内のリンパ液へ伝わる。（横浜国立大）	うずまき管
1137	音が内耳のリンパ液の振動として伝わり，それに反応して基底膜が振動する。その結果，聴細胞の感覚毛が［ ］と触れあって，聴細胞が興奮する。（横浜国立大）	おおい膜
1138	音波に由来する内耳のリンパ液の振動は基底膜の振動に変換され，コルチ器の聴細胞を興奮させる。この興奮は［ ］を介して聴覚中枢に伝達される。（東京慈恵会医科大）	聴神経
1139	うずまき管の内部は，3層構造になっており，その中間部分を［ ］とよぶ。（横浜国立大）	うずまき細管
1140	うずまき管は［ ］で満たされている。（横浜国立大）	リンパ液
1141	うずまき細管の下側の基底膜の上には，おおい膜と感覚毛をもった［ ① ］が並んでいる。おおい膜と［ ① ］を合わせて，［ ② ］とよぶ。（横浜国立大）	①聴細胞 ②コルチ器

1142	音の高低は，音波の振動数の違いにより生じる。1秒間の振動数が多い場合には［ ① ］音として感じ，振動数が少ない場合には［ ② ］音として感じる。（横浜国立大）	①高 ②低
1143	高音の振動は，うずまき管の入口に［近い　遠い］部分の基底膜を振動させる。（横浜国立大）	近い
1144	［　　］は互いに直交するリング状の管で構成され，その中のリンパ液が流れることにより有毛細胞が刺激され，回転運動などが感知される。（横浜国立大）	半規管
1145	［　　］には，平衡石（耳石）がのっている有毛細胞があり，からだが傾いたり，前後左右に動くことにより平衡石が動いて有毛細胞を刺激し，からだの傾きなどが感知される。（横浜国立大）	前庭
1146	［ ① ］は，液体中の化学物質を適刺激として受け取る受容器であり，舌の味覚芽に，［ ② ］という感覚細胞が分布している。（オリジナル）	①味覚器 ②味細胞
1147	空気中の化学物質に対しては，鼻腔の奥にある［ ① ］が受容器としてはたらく。［ ① ］には，［ ② ］とよばれる感覚細胞が存在する。（岐阜大）	①嗅上皮 ②嗅細胞
1148	黄斑に関する記述として適切なものを選べ。 ア　この場所では，視神経繊維が網膜を内側から外側に向かって貫いている。 イ　この場所には視細胞がない。 ウ　この場所では，色を識別する能力が他の2か所に比べて高い。 エ　この場所では，光を検出する感度が他の2か所に比べて高い。（上智大）	ウ

1149

視覚器についての説明文として，適切でないものを選べ。

ア　ヒトには光の波長によって感度の異なる３種類の錐体細胞がある。これらは最もよく吸収する波長が短い順に，緑錐体細胞，青錐体細胞，赤錐体細胞である。

イ　ヒトの眼はカメラに似た構造をしている。カメラのレンズに相当するのが水晶体で，フィルムに相当するのが網膜である。

ウ　視神経が眼球から出る所である盲斑には視細胞がなく，そこでは光は受容されない。

エ　桿体細胞の感度は，細胞内のロドプシンの量によって変化する。（東京農業大）

ア

1150

コルチ器における音の受容と聴細胞のはたらきに関する記述として最も適当なものはどれか。

ア　内耳に音の振動が伝わると，おおい膜が振動し，それにより聴細胞の感覚毛が変形する。

イ　内耳に音の振動が伝わると，基底膜が振動し，それにより聴細胞の感覚毛が変形する。

ウ　聴細胞に生じた興奮は，遠心性神経を経由して大脳の聴覚野に伝わる。

エ　聴細胞に生じた興奮は，求心性神経を経由して中脳に伝わる。（獨協医科大）

イ

1151

ヒトが音の高低を聞き分けることができる理由として正しいものを選びなさい。

ア　音の高低によって，感覚ニューロンに生じる興奮の大きさが異なるから。

イ　音の高低によって，感覚ニューロンに生じる興奮の頻度が異なるから。

ウ　音の高低によって，興奮する感覚ニューロンの数が異なるから。

エ　音の高低によって，興奮する感覚ニューロンの位置が異なるから。（旭川医科大）

エ

THEME 33 情報の統合

POINT

- ▶ 脊椎動物の神経系は，脳と脊髄からなる 中枢神経系 と，それ以外の 末しょう神経系 から構成されている。
- ▶ 細胞体が集まっている大脳皮質は 灰白質 ，軸索が集まっている大脳髄質は 白質 とよばれる。
- ▶ 意識とは無関係に起こる反応を 反射 という。

ビジュアル要点

● 脳の構造

脊椎動物の脳は，前端から後方へ向かって，大脳， 間脳 ， 中脳 ，小脳， 延髄 に分けられる。

大脳の 大脳皮質 は，細胞体が集まって灰白色をしているため灰白質とよばれる。また， 大脳髄質 は，軸索が集まって白色をしているため白質とよばれる。哺乳類の大脳皮質は，辺縁皮質と新皮質からなり，ヒトでは新皮質が発達している。

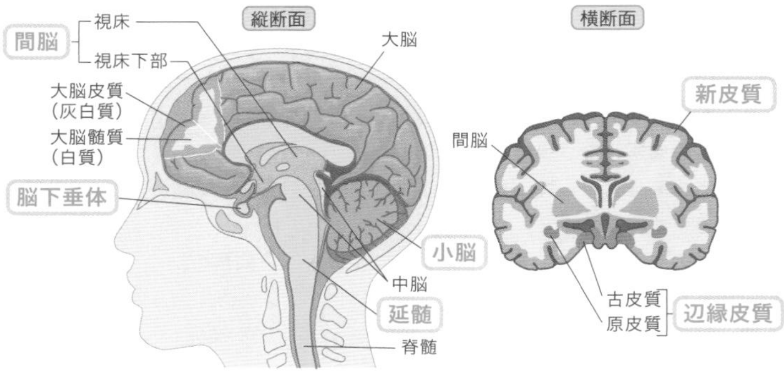

脊髄の構造

脊髄は皮質が 白質 , 髄質が 灰白質 になっている。感覚神経は 背根 を通って脊髄に入り，運動神経や自律神経は 腹根 を通って脊髄から出ている。

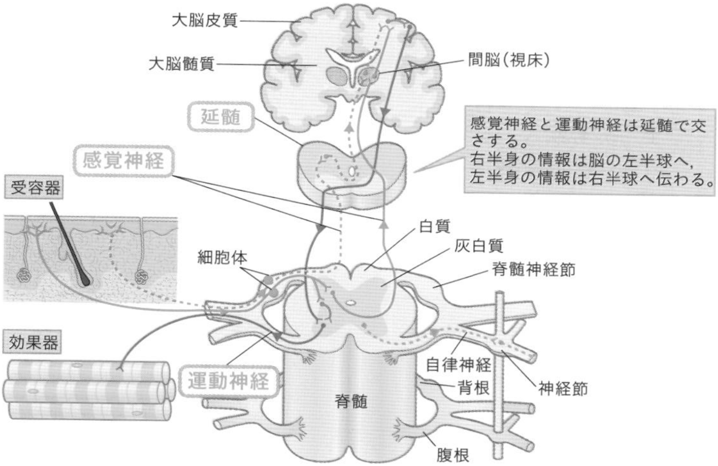

反射のしくみ

反射は，「受容器→感覚神経→反射中枢→運動神経→効果器」という経路を興奮が伝わることで起こる。このような興奮伝達の経路を 反射弓 という。

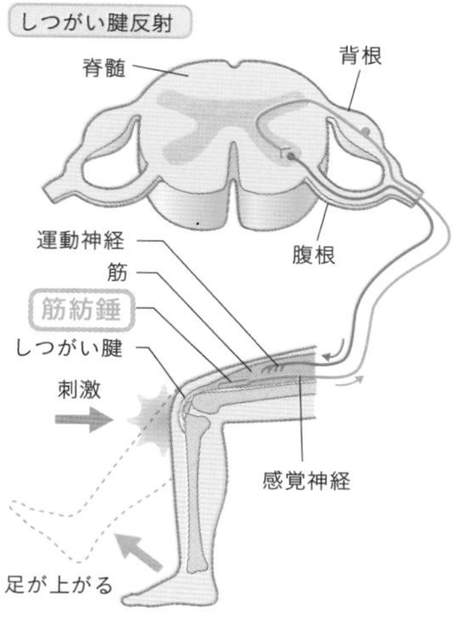

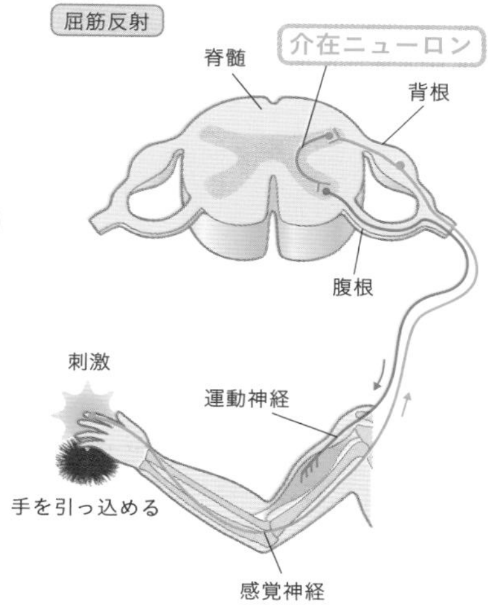

1152	脊椎動物の神経系は中枢神経系と（　　）神経系に大別できる。（横浜国立大）	末しょう
1153	神経系には，ニューロンがからだに散在し，網目状に分布する（①）と，脳などにニューロンが集まった（②）がある。（高知大）	①散在神経系 ②集中神経系
1154	脊椎動物ではニューロンが脳と脊髄に集中しており，これらをまとめて（　　）という。（慶應義塾大）	中枢神経系
1155	末しょう神経系は，はたらきの上では，感覚や運動に関与する（①）と，消化や循環などの調節を行う（②）からなっている。（センター試験生物）	①体性神経系 ②自律神経系
1156	脊椎動物の中枢神経系は，脳と（　　）からなる。（高知大）	脊髄
1157	大脳の表面に近い部分は神経細胞の細胞体が集まっている大脳（①）で覆われ，内部には神経細胞の軸索が集まっている大脳（②）がある。（京都大）	①皮質 ②髄質
1158	脳は，大脳，間脳，中脳，小脳，延髄などからなる。間脳，中脳と延髄をまとめて（　　）とよぶ。（大阪大）	脳幹
1159	大脳皮質は（①）や（②）（古皮質・原皮質）などから構成され，それらに含まれる領域ごとに役割分担がある。（京都大）	①新皮質 ②辺縁皮質
1160	大脳は左右の半球に分かれており，それらはおもに（　　）によって連絡されている。（京都大）	脳梁

1161	新皮質のうち，視覚や感覚などの特定の感覚に特異的に関与する領域を［①］，それらの情報を結びつけて言語や記憶などの複雑な情報処理に関与する領域を［②］とよんでいる。（京都大）	①感覚野 ②連合野
1162	新皮質のうち，おもに随意運動に関与する領域を［　］とよんでいる。（京都大）	運動野
1163	だ液分泌，心拍動，呼吸運動などの中枢は［①］，眼球運動，瞳孔反射や姿勢保持の中枢は［②］に存在する。（獨協医科大）	①延髄 ②中脳
1164	運動や平衡の調節の中枢は［①］に存在し，自律神経系と内分泌系を調節・統合する最高中枢は［②］である。（獨協医科大）	①小脳 ②間脳
1165	大脳や脊髄では，ニューロンの［①］が集まった灰白質と，［②］が集まった白質が区別される。（獨協医科大）	①細胞体 ②軸索
1166	脊髄は感覚神経の興奮を脳に伝え，脳からの興奮を［　］神経に伝える神経回路である。（高知大）	運動
1167	脊髄の横断面を見ると，中央に［①］があり，その周辺に［②］がある。（高知大）	①灰白質 ②白質
1168	脳からの命令は，運動神経の経路である脊髄の［腹根　背根］を通過し，効果器に伝わる。（高知大）	腹根

1169	脊髄が中枢としてはたらく反射を［　　］という。 (オリジナル)	脊髄反射
1170	反射における興奮伝達の経路は［①］とよばれ，しつがい腱反射では受容器は［②］であり，反射中枢は腰髄にある。 (滋賀医科大)	①反射弓 ②筋紡錘
1171	脊髄反射には，熱いものに触れたときに瞬時に手を引っ込めるなどの［　　］もある。 (滋賀医科大)	屈筋反射
1172	ひざ頭の下にあるしつがい腱を打撃すると足が上がる。これを［　　］とよび，筋紡錘が重要な役割をはたしている。 (横浜国立大)	しつがい腱反射
1173	ヒトは屈筋反射を示すことが知られている。この反射の反射中枢は［　　］である。 (神戸大)	脊髄
1174	中枢神経系に関連する記述として誤りのあるものを選びなさい。 ア　ヒトの中枢神経系は脳と脊髄からなり，脳と脊髄は脳梁とよばれる神経繊維の太い束でつながれている。 イ　大脳の表面は神経細胞の細胞体が多く集まった灰白質，内部は神経繊維が集まった白質になっているが，脊髄では外側に白質，内側に灰白質がみられる。 ウ　小脳にはからだの平衡を保つ中枢があり，筋運動を調節するはたらきがあるため，小脳に障害を受けると円滑にからだを動かすことが困難になる。 エ　ヒトの大脳皮質は新皮質と辺縁皮質（古皮質および原皮質）に大別され，思考や学習などの高度な精神活動を担う中枢は新皮質にある。 (明治大)	ア

1175 延髄のはたらきに該当する事項を選べ。
ア　眼球の運動の調節　　イ　血糖値の調節
ウ　高度な精神活動　　エ　呼吸の調節　（高知大）

エ

1176 脊椎動物の神経系について正しいのはどれか。
ア　呼吸の中枢は，大脳にある。
イ　屈筋反射の中枢は，延髄にある。
ウ　脊髄神経の背根は，感覚神経の軸索が束となったものである。
エ　運動神経の興奮は，脊髄から背根を通って効果器に伝わる。　（自治医科大）

ウ

1177 運動神経についての記述として適切なものを選べ。
ア　脊髄の白質に細胞体をもち，軸索は腹根から脊髄を出る。
イ　脊髄の灰白質に細胞体をもち，軸索は腹根から脊髄を出る。
ウ　脊髄の白質に細胞体をもち，軸索は背根から脊髄を出る。
エ　脊髄の灰白質に細胞体をもち，軸索は背根から脊髄を出る。　（上智大）

イ

1178 右側の大脳半球で，運動神経と感覚神経が完全に切断されたと仮定する。首から下のおもな感覚障害はどこに生じるか。最も適切なものを選べ。
ア　右の上半身と右の下半身
イ　左の上半身と左の下半身
ウ　右の上半身と左の下半身
エ　左の上半身と右の下半身　（同志社大）

イ

THEME 34 刺激への反応

POINT

- 骨格筋は，筋繊維とよばれる多核の筋細胞からなっており，その細胞質には多数の筋原繊維の束がある。
- 筋原繊維のZ膜とZ膜の間をサルコメア（筋節）という。
- 筋原繊維は２種類のフィラメントからなり，太い方をミオシンフィラメント，細い方をアクチンフィラメントという。

ビジュアル要点

筋肉の構造

筋原繊維は太いミオシンフィラメントと細いアクチンフィラメントからなる。ミオシンフィラメントがある部分は，顕微鏡で観察すると暗く見えるため暗帯とよばれ，それ以外の部分は明帯とよばれる。

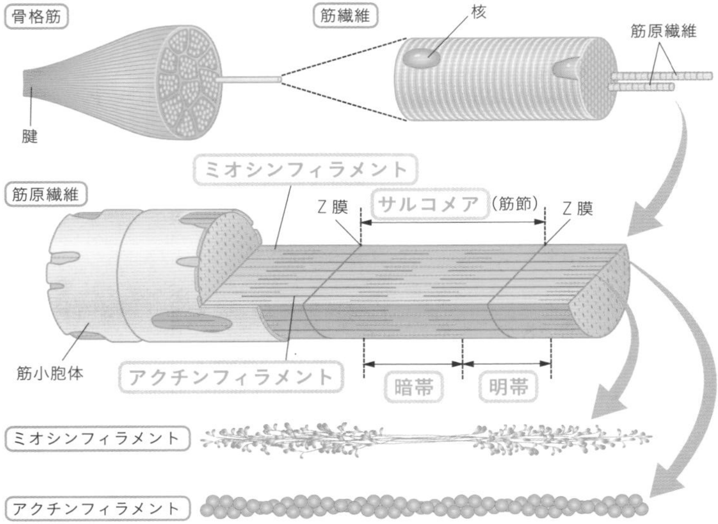

筋収縮のしくみ

①興奮が筋細胞に伝わると，筋小胞体から Ca^{2+} が放出される。

② Ca^{2+} 濃度が上昇すると，筋原繊維のミオシンとアクチンフィラメントが結合できる状態になる。

③ミオシン頭部は ATPアーゼ としてはたらき，ATPのエネルギーを使って立体構造を変化させる。

④ミオシン頭部の立体構造の変化により，ミオシンフィラメントはアクチンフィラメントをたぐり寄せる。

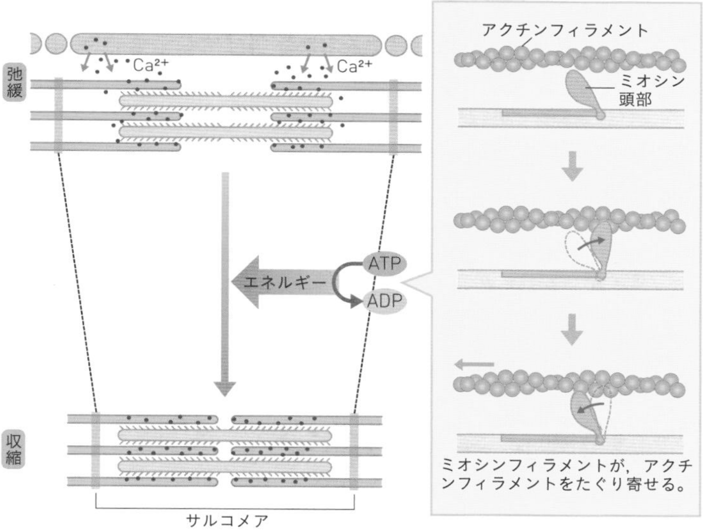

筋収縮のエネルギー源

筋収縮のエネルギー源は，呼吸や 解糖 によってつくられるATPであるが，激しい運動などを行うとATPが不足する。このような場合，高エネルギーリン酸結合をもつ クレアチンリン酸 が分解され，そのときに放出されるエネルギーを利用してADPからATPが合成される。

1179	骨格筋は［1個　多数］の核をもつ巨大な筋細胞からできている。（愛知教育大）	多数
1180	骨格筋は骨についている筋肉であり，顕微鏡で観察すると横じまが見える。骨格筋や心筋のような横じまがある筋肉を［　　］という。（愛知教育大）	横紋筋
1181	骨格筋は［　　］とよばれる筋細胞が束になった構造をしており，両端は腱で骨とつながっている。（オリジナル）	筋繊維
1182	骨格筋や［　　］を光学顕微鏡で観ると，明暗のしま模様が見えることから，これらは横紋筋とよばれる。（慶應義塾大）	心筋
1183	骨格筋を構成する筋細胞の細胞質には，アクチンフィラメントおよびミオシンフィラメントからなる［　　］が細胞の長軸方向に走っている。（上智大）	筋原繊維
1184	筋細胞の細胞質には明暗の規則的なしま模様がみられる。明るい部分は［　　］で仕切られている。（横浜国立大）	Z膜
1185	顕微鏡で観察すると，［　　］フィラメントがある部分は光の透過率が低く，他の部分に比べ暗く見えるため，暗帯とよばれ，他の部分は明るく見えるため明帯とよばれる。（愛知教育大）	ミオシン
1186	筋細胞は筋原繊維とよばれる円筒状の構造が細胞の長軸方向に平行に走っており，この筋原繊維は，［　　］とよばれる単位のくり返しによってできている。（愛知教育大）	サルコメア（筋節）

1187	筋細胞では，２種類のフィラメントが規則正しく重なり合った円柱状の構造を［　　］が取り囲むように分布している。（上智大）	筋小胞体
1188	筋原繊維を顕微鏡で観察すると，明るく見える［①］と暗く見える［②］が交互に連なっており，［①］の中央はZ膜で仕切られている。（京都工芸繊維大）	①明帯 ②暗帯
1189	筋原繊維は，太い［①］フィラメントと細い［②］フィラメントから構成されている。（京都工芸繊維大）	①ミオシン ②アクチン
1190	1954年に［　　］説が提唱された。すなわち,「筋収縮は，ミオシンフィラメントとアクチンフィラメントが互いに長さを変えることなく滑り合うことで起こる」という仮説である。（慶應義塾大）	滑り
1191	筋肉が収縮するときサルコメアの幅がせまくなるが，これは明るい部分にある［①］フィラメントが，暗い部分にある［②］フィラメントに滑り込むことで収縮するためである。（横浜国立大）	①アクチン ②ミオシン
1192	運動神経の末端は筋繊維とシナプスを形成しており，ここで神経伝達物質である［　　］が分泌され，筋繊維に活動電位が発生する。（同志社大）	アセチルコリン
1193	筋繊維の活動電位は，細胞膜から内側に伸びている［　　］とよばれる細い管によって，細胞内部に伝わる。（同志社大）	T管
1194	運動神経の終末から分泌された神経伝達物質は筋細胞の興奮を引き起こし，その結果，［　　］に蓄えられたカルシウムイオンが細胞内に放出される。（鹿児島大）	筋小胞体

1195	カルシウムイオンは（　　）と結合することにより，筋収縮を引き起こしている。（筑波大）	トロポニン
1196	骨格筋の収縮では，ATPの分解に伴い（ ① ）の形状が変化して，（ ② ）フィラメントをたぐり寄せる反応が起こる。（センター試験生物）	①ミオシン ②アクチン
1197	カルシウムイオンがアクチンフィラメントに付着しているタンパク質であるトロポニンと結合することで，（　　）の構造が変化し，アクチンとミオシンの相互作用の結果，筋は収縮する。（鹿児島大）	トロポミオシン
1198	筋収縮において，ミオシン頭部は（　　）としてはたらく。（オリジナル）	ATP アーゼ
1199	運動神経末端から分泌された神経伝達物質を筋細胞の膜にある受容体が受け取ると，筋小胞体から（　　）イオンが放出される。（京都工芸繊維大）	カルシウム
1200	骨格筋が収縮するとき横紋の中の［明帯　暗帯］の長さは短くなる。（センター試験生物）	明帯
1201	神経筋標本の神経を1回電気刺激すると，短い（　　）期の後に0.05～0.1秒間の小さな収縮が起こり，その後で，元の状態に弛緩する。（奈良教育大）	潜伏
1202	動物から取り出した神経筋標本の神経に1回の短い電気刺激を与えると，筋肉が収縮する。このときの収縮を（　　）という。（同志社大）	単収縮（れん縮）

1203	神経筋標本に刺激を与える頻度をある程度以上に増やすと，持続的な[　　]を生じる。（奈良教育大）	強縮
1204	運動神経をつけたまま骨格筋を取り出し，この神経を1秒あたり15回の頻度で電気刺激すると，筋肉は小刻みに震えながら単収縮より大きな収縮を起こした。このような収縮を[　　]という。（高知大）	不完全強縮
1205	暗帯にあるミオシンは，[　　]を分解し，そのエネルギーによってミオシンフィラメントとアクチンフィラメントの間の相互作用により滑り運動が引き起こされて，筋収縮が生じる。（京都工芸繊維大）	ATP
1206	筋肉の収縮にはATPがエネルギーとして利用される。呼吸や解糖で合成されるATPでは不足するような激しい運動においては，[　　]のエネルギーを使ってATPが合成される。（横浜国立大）	クレアチンリン酸
1207	移動のときにはゾウリムシは体表面の[①]を，ミドリムシは[②]を動かす。（立命館大）	①繊毛 ②べん毛
1208	からだには，特定の物質を分泌する器官があり，これを[　　]とよぶ。[　　]も効果器のひとつである。（オリジナル）	分泌腺
1209	汗や消化液など，物質を体外に分泌する腺を[①]という。また，ホルモンなど，物質を体液中に分泌する腺を[②]という。（新潟大）	①外分泌腺 ②内分泌腺

1210

筋肉に関連する記述として誤りであるものを選びなさい。

ア　横紋筋の筋繊維に含まれる筋原繊維を顕微鏡で観察すると，明るく見える明帯と暗く見える暗帯が交互に連なり，明帯の中央はZ膜で仕切られている。

イ　筋原繊維は，細いアクチンフィラメントと太いミオシンフィラメントが規則正しく平行に重なり合った構造をとり，Z膜にミオシンフィラメントが結合している。

ウ　神経により筋繊維が刺激されると，筋細胞膜から内側に伸びたT管を介して筋小胞体に興奮が伝わり，筋小胞体からCa^{2+}が放出される。

エ　Ca^{2+}と結合したトロポニンは，ミオシン結合部位を覆っていたトロポミオシンを外し，ミオシン頭部とアクチンフィラメントとの相互作用を可能な状態にする。　（明治大）

イ

1211

顕微鏡観察をすると骨格筋と心筋には横紋がみられるが，心筋以外の内臓筋には横紋がみられない。その理由の説明文として正しいものを選べ。

ア　内臓筋には，横紋をつくる色素が存在しないから。

イ　骨格筋や心筋では，アクチンフィラメントとミオシンフィラメントが規則正しく並んでいるから。

ウ　内臓筋には，１種類の収縮性タンパク質しか存在しないから。

エ　骨格筋や心筋には，数十種類の収縮性タンパク質が混在しているから。　（立命館大）

イ

1212

骨格筋の他に，平滑筋や心筋とよばれる筋肉もある。それらについて正しい文を選べ。

ア　平滑筋の収縮は，体性神経によって制御されている。

イ　平滑筋を顕微鏡で観察すると，規則的な明暗のしま模様がみられる。

ウ　心筋の収縮は，運動神経により制御されている。

エ　心筋を顕微鏡で観察すると，規則的な明暗のしま模様がみられる。　（同志社大）

エ

1213	サルコメアには太いフィラメントと細いフィラメントが配置されている。太いフィラメントについて誤っている文を選べ。 ア　太いフィラメントを構成するミオシンは，モータータンパク質の１つである。 イ　サルコメアの中で，太いフィラメントがある部分が明帯に相当する。 ウ　筋肉が収縮するときに，ミオシン頭部の角度が変化する。 エ　ミオシンの頭部は，ATP分解酵素として作用する。 （同志社大）	イ
1214	筋収縮において，ア～オの現象はどの順に起こるか。現象が起こる順に，アから始めて左から右へと記号を並べよ。 ア　筋小胞体からCa^{2+}が細胞質基質へ放出される。 イ　ミオシン頭部がアクチンフィラメントと結合する。 ウ　ミオシン頭部が屈曲して，アクチンフィラメントを動かす。 エ　ミオシン頭部にATPが結合し，ミオシン頭部がアクチンフィラメントから離れる。 オ　トロポミオシンのはたらきが抑制され，アクチンフィラメントのミオシン頭部との結合部位が露出する。（日本医科大）	ア→オ→イ→ウ→エ
1215	以下のうち，正しい記述はどれか。 ア　トロポミオシンにCa^{2+}が結合する。 イ　ATPは，アクチンフィラメント上で加水分解される。 ウ　筋収縮時にはミオシン頭部の角度が変わり，アクチンフィラメントがサルコメア中央部に滑り込む。 エ　ミオシンとアクチンフィラメントが離れると，ATPが結合できるようになる。（自治医科大）	ウ

THEME 35 動物の行動

POINT

- 動物に特定の行動を起こさせる刺激をかぎ刺激（信号刺激）という。
- 動物の体内から分泌される化学物質で，他個体に特定の行動を起こさせるものをフェロモンという。
- 生後の経験によって動物の行動が変化することを学習という。

ビジュアル要点

● イトヨの生殖行動

イトヨ（トゲウオの一種）の雄は，繁殖期になると，縄張りの中に入ってくる腹側が赤い雄に対して攻撃行動を示す。この行動は，腹部の赤い色がかぎ刺激となっている。このため，右図のaのように腹部が赤くない魚の形をしたモデルを近づけても反応を示さないが，b～dのように腹部が赤いモデルを近づけると攻撃行動を示す。

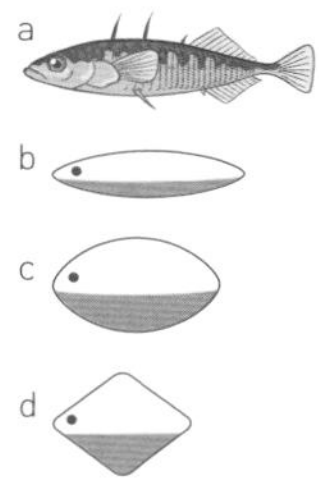

また，雌が近づいてくると，下図のように一連の求愛行動を示す。

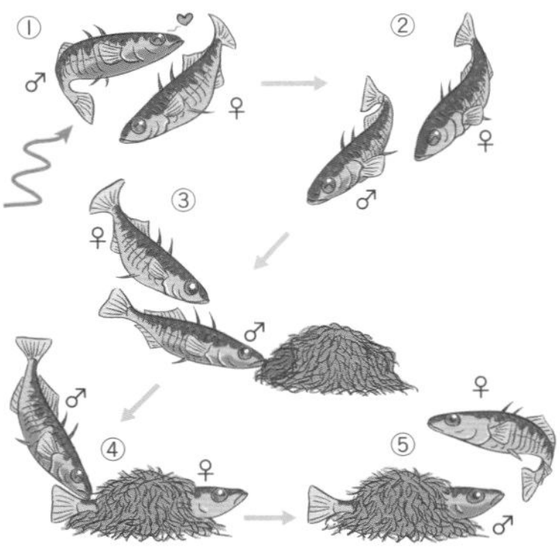

	雄(♂)の行動	雌(♀)の行動
①	ジグザグダンスで求愛。	腹のふくれた雌が姿を表す。
②	巣に誘導。	雄の求愛に反応。
③	巣の入り口を教える。	雄の後をついていく。
④	雌の尾の基部を口でつつく。	巣の中に入る。
⑤	巣に入って卵に精子をかける。	産卵し，巣から出る。

ミツバチのダンス

ミツバチは，蜜源が近くにある場合は**円形ダンス**を行い，遠くにある場合は**8の字ダンス**を行う。8の字ダンスでは，巣箱の鉛直上方が太陽の方向を示し，ダンスで直進するときの頭の向きが蜜源の方向を示している。

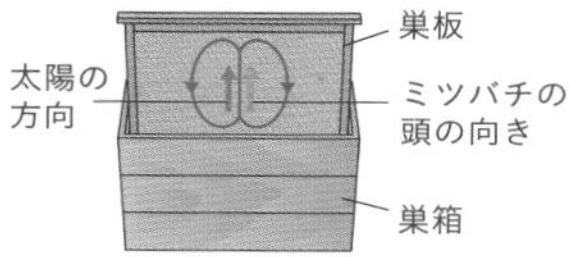

鉛直面での蜜源の方向の示し方

直進するときの頭の向き＝太陽を基準とした蜜源の方向
巣箱の鉛直上方＝太陽の方向

蜜源の方向の伝達

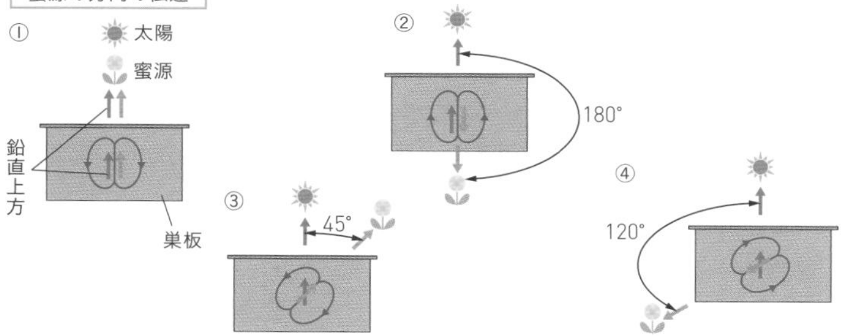

アメフラシの慣れ

アメフラシの水管を刺激すると，えらを引っ込める反射行動を示すが，水管をくり返し刺激すると，やがてえらを引っ込めなくなる。これを**慣れ**という。

これは，えらの運動ニューロンと水管の感覚ニューロンをつなぐシナプスにおいて，カルシウムチャネルが不活性化したり，神経伝達物質の量が減ったりするために起こる現象である。

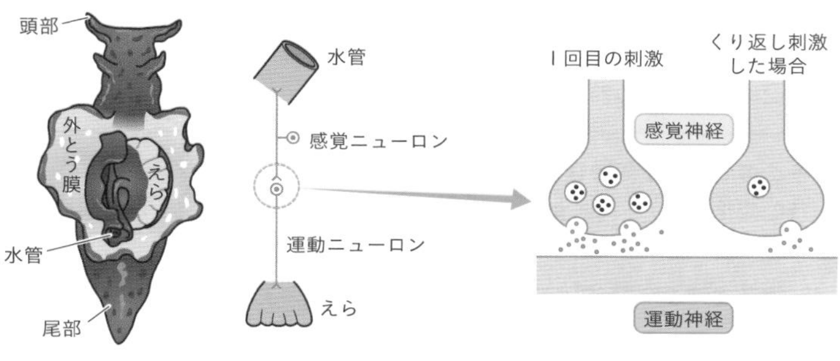

1216	動物は外界からの特定の刺激に対して，生まれつき備わった定型的な行動をとる場合がある。これは［　　］といわれ，遺伝的なプログラムに支配されている。（岡山大）	生得的行動
1217	動物がある刺激を受けて常に定まった行動を示す場合，この刺激を［　　］という。（獨協医科大）	かぎ刺激（信号刺激）
1218	イトヨの雄は，春になると腹部が［　　］色になり川底に巣をつくる。この巣に卵で腹のふくれた雌が近づくと，雄は独特の泳ぎを示した後，雌を巣に誘導し，産卵を導く。（甲南大）	赤
1219	動物が，光や化学物質などの刺激に反応して，刺激のくる方向に向かったり，またはその逆の方向に移動する行動を［　　］という。（甲南大）	走性
1220	動物が，光や音など環境中にある刺激を手がかりにして体の方向を定めることを［　　］という。（オリジナル）	定位
1221	カイコガの雄は雌が分泌する化学物質によって誘引されて，生殖行動を示す。このような化学物質は［　　］とよばれる。（岡山大）	フェロモン
1222	ミツバチは，えさ場がおよそ100 mまでの近距離の場合は，軌跡が円を描く［①］ダンスを，それよりも遠い場合は，軌跡が8の字を描く［②］ダンスを巣内の垂直面にいる仲間の前で行う。（島根大）	①円形 ②8の字
1223	多くの動物は生後の経験によって行動が変化する。この行動変化を［　　］とよぶ。（岡山大）	学習

1224	アメフラシの水管に海水を吹きかけると，危険を感じてえら引き込み反射が起こる。しかしこの接触刺激を何度もくり返すと，刺激に対して［　　］が生じ，小さな反射しか起こらなくなる。（横浜市立大）	慣れ
1225	イヌの舌の上に食物が触れると，ひとりでにだ液が分泌される。これは訓練を必要とせず無意識に起こる生得的な反応で［　　］とよばれる。（九州工業大）	反射
1226	パブロフのイヌで知られる［①］，ガンやカモのふ化直後のひなが示す［②］は学習の一種と考えられ，その神経メカニズムが解明されつつある。（静岡大）	①古典的条件付け ②刷込み
1227	アメフラシの水管で刺激を受容する感覚神経とえらを引っ込める運動神経は［　　］を介して接続している。（岡山大）	シナプス
1228	慣れを起こしたアメフラシの尾部に電気刺激を与えると，水管の接触刺激によるえらの引っ込め反射が回復する。これは，［　　］とよばれている。（京都工芸繊維大）	脱慣れ
1229	アメフラシの水管への接触刺激と，尾部への電気刺激を同時にくり返し与えると，やがて水管に弱い刺激を与えただけでも強いえら引き込み反射が起きる。この現象は［　　］とよばれる。（横浜市立大）	鋭敏化
1230	動物が異なる２つの事柄の関連性を学習することを［　　］という。（オリジナル）	連合学習
1231	ある刺激によって起こる反応がそれとは無関係な刺激と結びつく［①］や，試行錯誤により自身の自発的な行動と報酬を結びつけて学習する［②］は学習行動の例である。（獨協医科大）	①古典的条件付け ②オペラント条件付け

1232 動物の行動に関する記述として最も適当なものを選べ。
ア　哺乳類の中脳は行動を制御する中枢である。
イ　行動は効果器から受容器に至る神経回路で調節される。
ウ　体外に分泌され，同種の他個体に特定の行動を引き起こす物質をフェロモンという。
エ　動物に特定の行動を引き起こす刺激を適刺激という。（センター試験生物）

ウ

1233 カイコガの雄は雌が分泌する化学物質によって誘引されて，生殖行動を示す。これを支持する実験とその結果の記述として適当なものを選べ。
ア　ふたで密閉した透明ガラス容器に雄を入れて雌の近くにおいた結果，雄はさかんに婚礼ダンスをした。
イ　ふたを開いた透明ガラス容器に雄を入れて雌の近くにおいた結果，雌は雄の方向へ移動した。
ウ　雌の腹部末端にろ紙片を押し付けて，そのろ紙片を雄のいるガラス容器に入れた結果，雄はさかんに婚礼ダンスをした。
エ　雄の腹部末端を解剖により摘出し，抽出物を得た。それを付着させたろ紙片を雄の入ったガラス容器に入れた結果，雄はさかんに婚礼ダンスをした。（岡山大）

ウ

1234 太陽が南中した正午にえさ場から巣にもどったハチは，反重力方向（鉛直上向き）から左へ135°の方向へ直進する8の字ダンスを行った。えさ場の方角として最も適当なものを選べ。

ア　南東　　イ　南西
ウ　北東　　エ　北西　（島根大）

ウ

1235	生得的行動の例として最も適当なものはどれか。 ア　アリが警報フェロモンでえさのある場所を仲間に伝える。 イ　イトヨの雌は雄の腹部の赤い色に反応し，雄を巣に誘導する。 ウ　チンパンジーが障害物を避けてえさを得ることができる。 エ　ホシムクドリが太陽コンパスで渡りの方位を決定する。 （獨協医科大）	エ
1236	学習による行動に関する記述として最も適当なものを選べ。 ア　ガの一種は，コウモリの発する超音波に反応して捕食から逃れる。 イ　セミの雌は，同種の雄の発する音に引かれて雄に近づく。 ウ　ヒトデはさかさまにひっくり返されても，やがてもとにもどる。 エ　餌付けされているコイは人影に集まってくる。 （センター試験生物）	エ
1237	古典的条件付けに該当する行動を，次のなかから選びなさい。 ア　イヌにえさを与えるときにベルを鳴らすと，イヌはベルの音だけでだ液を流す。 イ　ミツバチは，えさのある方向を８の字ダンスで他のミツバチに教える。 ウ　バッタの脚を地面から離して，頭部に風を与えると飛翔を始める。 エ　鳥類は，初めて見た動くものを親として認識する。 （京都工芸繊維大）	ア

THEME 36 植物の配偶子形成と発生

POINT

- やくでは，花粉母細胞が減数分裂を行って花粉四分子となり，そのそれぞれが成熟して花粉となる。
- 胚珠では，胚のう母細胞が減数分裂を行って胚のう細胞となり，3回の核分裂を経て，8個の核をもつ胚のうとなる。
- 被子植物では，精細胞と卵細胞が受精し，さらにもう1個の精細胞は中央細胞と融合し，受精する。このような受精の様式を重複受精という。

ビジュアル要点

● 被子植物の配偶子形成

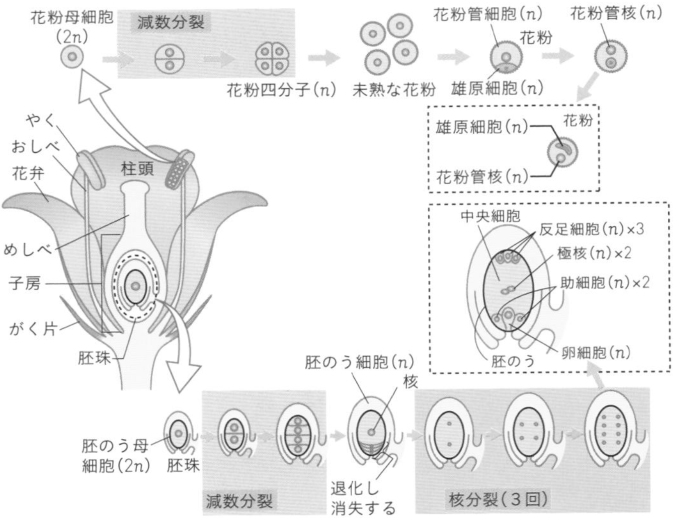

重複受精

受粉すると，花粉管の中で雄原細胞が分裂して２個の 精細胞 が生じる。花粉管が伸びて胚のうに達すると，精細胞が胚のうの中に放出される。

精細胞の１個は卵細胞と受精し， 受精卵 となる。もう一方の精細胞は，中央細胞と融合し，将来 胚乳 をつくる。このような受精の様式を重複受精という。

精細胞(n) ＋ 卵細胞(n)		⇒	受精卵($2n$)
精細胞(n) ＋ 中央細胞($n+n$)		⇒	胚　乳($3n$)

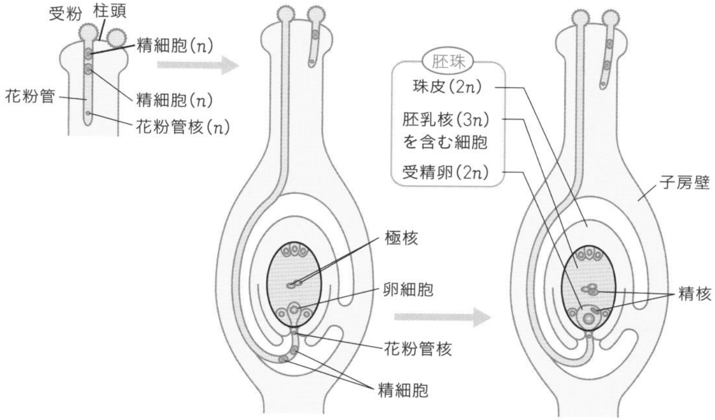

ABCモデル

花の形成過程には，A，B，Cとよばれる３つのクラスのホメオティック遺伝子がかかわっている。

Aクラスの遺伝子が単独ではたらくと がく片 ，A，Bクラスの遺伝子がともにはたらくと 花弁 ，B，Cクラスの遺伝子がともにはたらくと おしべ ，Cクラスの遺伝子が単独ではたらくと めしべ がつくられる。

また，Aクラスの遺伝子とCクラスの遺伝子は，互いにはたらきを抑制し合っている。

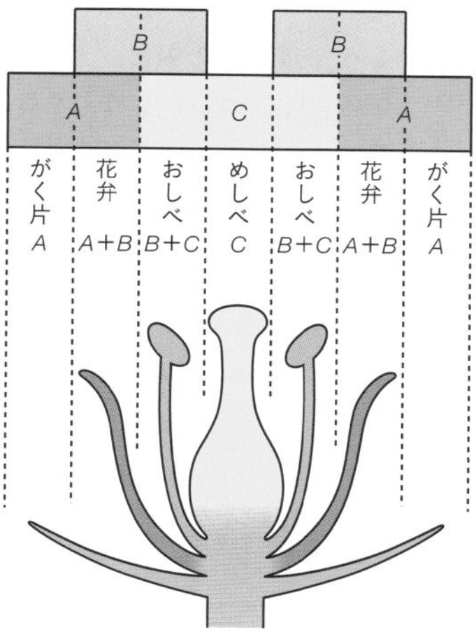

1238	おしべの先端のやくの中では，多数の［　　］が減数分裂を行って，それぞれが4個の細胞で構成される花粉四分子となる。（大阪府立大）	花粉母細胞
1239	花粉四分子は，1回の不等分裂を行い大きな［　　］と小さな雄原細胞を生じ，やがて成熟した花粉となる。（愛媛大）	花粉管細胞
1240	やくの中では，1個の花粉母細胞から［　　］個の未熟な花粉が生じた後，それぞれの花粉は核分裂を経て，最終的に花粉管核と雄原細胞を内包した成熟した花粉となる。（弘前大）	4
1241	被子植物では，花が小さなつぼみのとき，おしべのやくの中で花粉母細胞が減数分裂によって［　　］とよばれる4個の細胞になる。（東京医科歯科大）	花粉四分子
1242	成熟した花粉では，細胞膜に取り囲まれて，細胞質中に遊離している［　　］とそのままの状態で保持されている花粉管細胞が存在している。（京都工芸繊維大）	雄原細胞
1243	めしべでは胚珠の中に［　　］があり，減数分裂により1個の胚のう細胞とそれよりも小さい3個の細胞が形成され，3個の小さな細胞は後に退化する。（筑波大）	胚のう母細胞
1244	胚のう細胞の核は連続して3回分裂し，8個の核をもつ［　　］となる。（大阪府立大）	胚のう
1245	胚珠では，胚のう母細胞が減数分裂することによって［①］個の細胞が形成されるが，そのうち［②］個が胚のう細胞となり，残りの細胞は退化消失する。（弘前大）	① 4 ② 1

1246	胚のう細胞は核分裂を［ ① ］回行って［ ② ］個の核を生じ，その後細胞膜で仕切られ胚のうとなる。（島根大）	①3 ②8
1247	成熟した胚のうでは，8個のうち6個の核のまわりに仕切りができ，1個が［ ① ］細胞，2個が［ ② ］細胞，3個が［ ③ ］細胞に分化する。（京都工芸繊維大）	①卵 ②助 ③反足
1248	胚のうの中央に位置する2つの核は［ ① ］とよばれ，［ ② ］細胞の核となる。（弘前大）	①極核 ②中央
1249	めしべの子房の中にある［　　］では，胚のう母細胞が減数分裂を行って，4個の娘細胞を生じる。（大阪府立大）	胚珠
1250	胚のう母細胞は分裂を行って4個の細胞を生じるが，4個のうち3個は退化し，1個が［　　］となる。（京都工芸繊維大）	胚のう細胞
1251	花粉はめしべの柱頭につくと発芽して［　　］を伸ばす。（島根大）	花粉管
1252	花粉内の雄原細胞は，多くの場合花粉管伸長中に細胞分裂し，2つの［　　］が形成される。（弘前大）	精細胞
1253	花粉管は，［　　］が分泌する花粉管誘引物質により胚のうへと導かれ，受精が行われる。（愛媛大）	助細胞
1254	花粉管から放出された2個の精細胞のうち，1つは卵細胞と受精し，もう1つは中央細胞と受精する。この現象を［　　］という。（東京医科歯科大）	重複受精

1255	被子植物では，受精したそれぞれの細胞は種子の中に［①］，子葉，胚軸，幼根からなる胚と栄養組織である［②］を形成する。（東京慈恵会医科大）	①幼芽 ②胚乳
1256	被子植物の受精卵は，不等分裂によって大きさの異なる2つの細胞となる。大きな細胞は，一方向の分裂をくり返しやがて［①］になる。小さな細胞は，盛んに分裂を行い，やがて［②］になる。（京都工芸繊維大）	①胚柄 ②胚球
1257	胚球は，さらに分裂し幼芽，子葉，［①］，幼根からなる［②］になる。（京都工芸繊維大）	①胚軸 ②胚
1258	被子植物では，2個の精細胞のうち1個が卵細胞と受精し［①］になり，もう1個が［②］と融合し胚乳になる。（自治医科大）	①胚 ②中央細胞
1259	受精後，胚のうを包んでいる［　］が種皮となり，内部に胚と胚乳をもつ種子が形成される。ふつう，種子はしばらくの間乾燥した状態で休眠する。（東京医科大）	珠皮
1260	胚乳が発達せずに子葉に栄養分を蓄えて種子になるものがある。このような種子を［　］という。（立命館大）	無胚乳種子
1261	イネのように発芽に必要な栄養を胚乳に蓄える種子を［　］という。（同志社大）	有胚乳種子
1262	植物の地上部は，［　］とよばれる未分化の細胞（幹細胞）群からつくりだされ，その発生は茎と葉，そして側芽からなる単位がくり返した構造をとる。この単位をファイトマーという。（浜松医科大）	茎頂分裂組織

1263	植物の根の構造をみると，先端に根冠で覆われた［　　］があり，ここでは細胞分裂により新しい細胞がつくられている。（宮崎大）	根端分裂組織
1264	被子植物の花は3種類の調節遺伝子が相互にはたらき，花の形成に必要な他の遺伝子群を制御している。このしくみは何とよばれるか答えよ。（弘前大）	ABCモデル
1265	花の基本的な構造は，外側から内側に向かって，がく片，［①］，［②］，［③］が同心円状に配置されている。これら4つの部分を合わせて花器官という。（和歌山大）	①花弁 ②おしべ ③めしべ
1266	シロイヌナズナの突然変異体の研究などから，花器官の形成には3種類の調節遺伝子（A，B，C）が［　　］遺伝子としてはたらいていることがわかった。（島根大）	ホメオティック
1267	ABCモデルで，Bクラスの遺伝子がはたらかなくなった場合，がく片と［①］のみが形成される。また，Cクラスの遺伝子がはたらかなくなった場合，がく片と［②］のみが形成される。（千葉大）	①めしべ ②花弁
1268	被子植物の生殖過程で生じる助細胞について，核相を選べ。 ア n　イ $2n$　ウ $3n$　エ $4n$（筑波大）	ア
1269	体細胞における染色体数が24本であるイネでは，減数分裂により，花粉の中に染色体を［　　］本もつ精細胞がつくられる。（センター試験生物）	12
1270	被子植物の染色体数が24本（$2n=24$）の場合について，胚乳の染色体数は何本か。（大阪府立大）	36本

☐ 1271

重複受精が起きる植物を以下のなかから選びなさい。

ア　マツ　　イ　ユリ

ウ　スギゴケ　　エ　イヌワラビ　（京都工芸繊維大）

イ

☐ 1272

被子植物の生殖に関する記述として最も適当なものを選べ。

ア　1個の精細胞は中央細胞と融合し，将来，胚乳をつくる。

イ　花粉管の中で，花粉管細胞が精細胞になる。

ウ　花粉管の先端が胚のうに到達すると，1個の精細胞は卵細胞と受精し，核相が$3n$の受精卵になる。

エ　花粉四分子のうち3個は退化し，1個が成熟した花粉になる。　（センター試験生物）

ア

☐ 1273

植物の配偶子形成に関する記述として最も適当なものを選べ。

ア　被子植物の助細胞と反足細胞に含まれるDNAは，重複受精を通して，次の世代へ伝達される。

イ　被子植物の雌性配偶子である卵細胞は，動物の卵と同様，卵黄をもつ。

ウ　被子植物の花粉の雄原細胞は，花粉管核が分裂して形成される。

エ　被子植物の花粉母細胞は，減数分裂を経て花粉四分子になる。　（センター試験生物）

エ

☐ 1274

種子を包む子房壁は果皮となる。果皮と同じ遺伝情報をもつものを選べ。

ア　受精前の卵細胞　　イ　受精前の雄原細胞

ウ　珠皮　　エ　受精直後の受精卵

（立命館大）

ウ

1275	ある形質について，遺伝子型を*WW*でもつ純系の個体のめしべに，遺伝子型*ww*の純系の個体の花粉を受粉させ種子が形成される場合，胚乳の遺伝子型として最も適切なものを答えなさい。 ア　*WW*　　イ　*Ww* ウ　*WWw*　　エ　*Www*　（北里大）	ウ
1276	被子植物の生殖・発生に関する記述として最も適当なものを選べ。 ア　成熟した花粉には，1個の花粉管核と2個の雄原細胞が存在する。 イ　ある種子の胚乳核（胚乳細胞）の遺伝子型が*DDd*であれば，その胚の細胞の核の遺伝子型は*Dd*である。 ウ　重複受精の後，3個の反足細胞は合体（融合）して幼根となる。 エ　胚乳が未発達な状態で種子が完成する植物では，子葉は栄養を蓄えるために退化し，そのかわり幼芽が発達している。　（センター試験生物）	イ
1277	次の文章から誤っているものを選べ。 ア　エンドウの種子は有胚乳種子である。 イ　無胚乳種子では子葉が発達している。 ウ　受精した中央細胞は核分裂をくり返した後，核の周辺に細胞膜を形成する。　（東京慈恵会医科大）	ア
1278	無胚乳種子だけの組み合わせのものを選べ。 ア　イネ，トウモロコシ イ　イネ，ナズナ ウ　エンドウ，トウモロコシ エ　エンドウ，ナズナ　（立命館大）	エ

1279	花器官形成におけるホメオティック遺伝子産物の役割について正しく説明しているものを選びなさい。 ア　芽の細胞から分泌されて葉の細胞まで移動し，フロリゲン遺伝子の転写を調節する。 イ　花器官形成に直接かかわる他のタンパク質に結合して，そのはたらきを強める。 ウ　茎と葉の形成に直接かかわるタンパク質を分解する。 エ　花器官形成に直接かかわる他の遺伝子の転写を調節する。（千葉大）	エ
1280	植物の花器官の形成について正しいものを選べ。 ア　花の基本構造は，花弁，がく片，おしべ，めしべである。 イ　花器官形成は，２つのクラスのホメオティック遺伝子の組み合わせによって調節されている。 ウ　花器官形成は，ホメオティック遺伝子の選択的スプライシングによって調節されている。 エ　花器官形成は，ホメオティック遺伝子の翻訳の制御によって調節されている。（上智大）	ア
1281	*A*，*B*，*C*それぞれのクラスの遺伝子の関係について，正しいものを選べ。 ア　*A*クラスの遺伝子が発現する領域では，*A*クラスの遺伝子は*B*クラスの遺伝子のはたらきを抑制する。 イ　*A*クラスの遺伝子が発現する領域では，*A*クラスの遺伝子は*C*クラスの遺伝子のはたらきを抑制する。 ウ　*B*クラスの遺伝子が発現する領域では，*B*クラスの遺伝子は*A*クラスの遺伝子のはたらきを抑制する。 エ　*B*クラスの遺伝子が発現する領域では，*B*クラスの遺伝子は*C*クラスの遺伝子のはたらきを抑制する。 （立命館大）	イ

THEME 37 植物の生活と環境応答

POINT

- 植物が，刺激に対して一定方向に屈曲する反応を屈性という。
- 植物が，刺激の方向とは無関係に，一定方向に屈曲する反応を傾性という。
- 植物体が，屈性や一部の傾性のように，部分的に細胞の成長速度を変えることで起こす運動を成長運動という。

ビジュアル要点

さまざまな屈性と傾性

植物は，光屈性や重力屈性，光傾性など，さまざまな屈性と傾性を示す。屈性のうち，刺激源に近づくように屈曲する場合を正（＋）の屈性，刺激源から遠ざかるように屈曲する場合を負（－）の屈性という。

光屈性

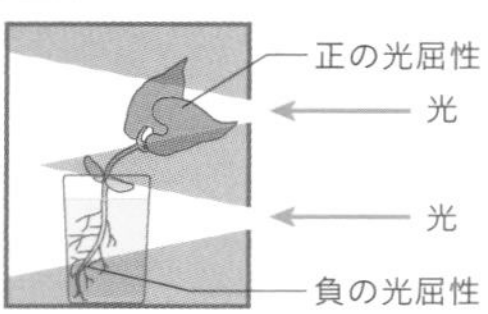

ハスの花の開閉（光傾性）

重力屈性

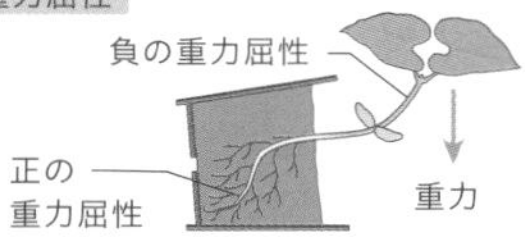

チューリップの花の開閉（温度傾性）

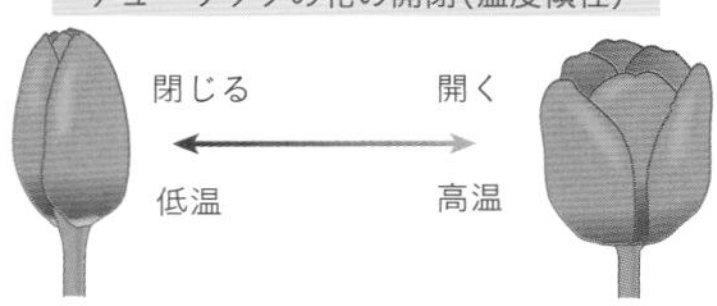

刺激	種類	例
光	光屈性	茎（＋），根（－）
重力	重力屈性	茎（－），根（＋）
接触	接触屈性	巻きひげ（＋）
水分	水分屈性	根（＋）
化学物質	化学屈性	花粉管（＋）

膨圧運動

細胞の膨圧の変化によって起こる運動を膨圧運動という。

オジギソウの葉に触れると，葉柄の付け根にある葉枕とよばれる部分の膨圧が減少し，葉が閉じてお辞儀をするように垂れ下がる。

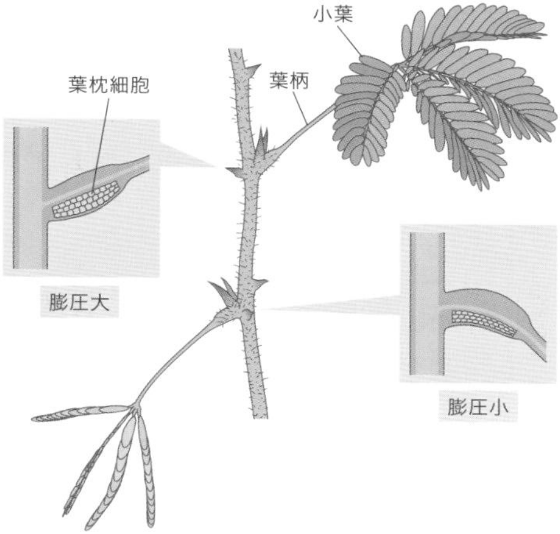

環境要因の受容と情報伝達

植物は，環境の変化をさまざまな受容体によって感知することで，環境に応答している。例えば，光は，光受容体とよばれるタンパク質によって受容される。このタンパク質には，赤色光を受容するフィトクロム，青色光を受容するフォトトロピンとクリプトクロムがある。

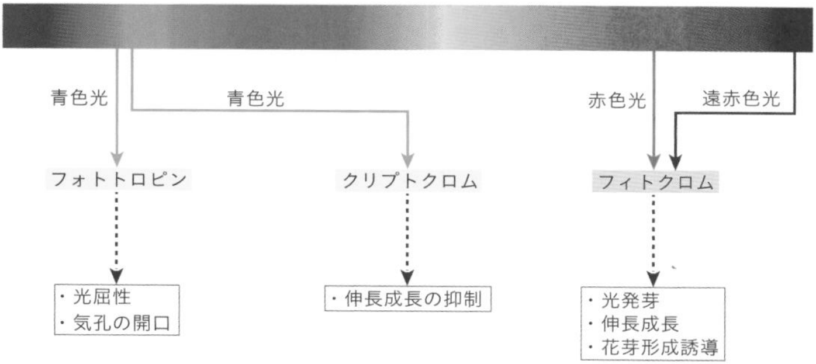

環境の変化を受容した細胞は，その情報を，オーキシンやアブシシン酸などの植物ホルモンによって他の細胞に伝達する。

1282	発芽後の植物はおもに茎および葉を成長させている。この成長過程を［　　］という。（弘前大）	栄養成長
1283	植物が刺激の方向に対して一定の角度で屈曲する反応を［　　］という。（愛媛大）	屈性
1284	植物の器官が刺激の方向とは無関係に，ある一定の方向に屈曲する反応を［　　］という。（鳥取大）	傾性
1285	植物は光や重力の刺激を受け，一定の方向に屈曲する。光が刺激の場合は［①］屈性，重力が刺激の場合は［②］屈性とよぶ。（岩手大）	①光 ②重力
1286	屈性や傾性の多くは，植物体の部分的な成長［①］の差によって生じる成長運動と，細胞の［②］が変化することによって起こる［②］運動に依存する。（香川大）	①速度 ②膨圧
1287	被子植物はある成長段階に達したとき，または環境要因に反応して，それまで茎と葉を形成していた栄養成長から，花を形成する［　　］へ移行する。（千葉大）	生殖成長
1288	植物はさまざまな［　　］をもち，周辺の光環境を検知して応答している。（愛媛大）	光受容体
1289	植物は光受容体とよばれる光刺激を受容する物質によって光環境を感知しており，そのうち赤色光と遠赤色光を受容するタンパク質を［　　］とよぶ。（宇都宮大）	フィトクロム
1290	青色光を受容する光受容体として［①］や［②］の存在が知られている。前者は気孔の開口などに，後者は茎の伸長抑制などに関与している。（愛媛大）	①フォトトロピン ②クリプトクロム

1291	植物の成長や生理的なはたらきを調節している物質は総称して［　　］とよばれている。（弘前大）	植物ホルモン
1292	オジギソウの葉に特徴的な反応として最も適切なものを選べ。 ア　接触屈性　イ　接触傾性 ウ　温度屈性　エ　温度傾性（上智大）	イ
1293	光受容体を構成する主要な成分を選べ。 ア　DNA　イ　タンパク質 ウ　脂質　エ　炭水化物（愛媛大）	イ

THEME 38 発芽の調節

POINT

- 成熟した種子は，休眠という状態になることで，生育に不適切な時期を乗り切る。
- 多くの種子では，アブシシン酸という植物ホルモンによって発芽が抑制されている。
- 光によって発芽が促進される種子は光発芽種子とよばれる。

ビジュアル要点

● 種子の発芽のしくみ

休眠している種子が温度や光などの刺激を受けると，ジベレリンが胚で合成され，胚乳の周囲にある糊粉層に作用することで，アミラーゼが合成される。

胚乳のデンプンは，アミラーゼによって糖に分解され，胚に栄養分として供給される。

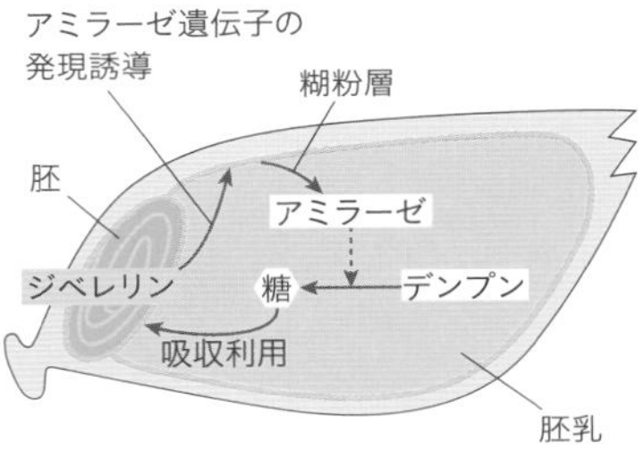

● 光発芽種子

光発芽種子の発芽は，赤色光（波長660 nm付近）により促進される。一方，遠赤色光（波長730 nm付近）を照射すると，赤色光の影響が打ち消され，発芽は抑制される。

赤色光と遠赤色光を交互に照射した場合，最後にどちらの光を照射したかによって，発芽するかどうかが決まる。

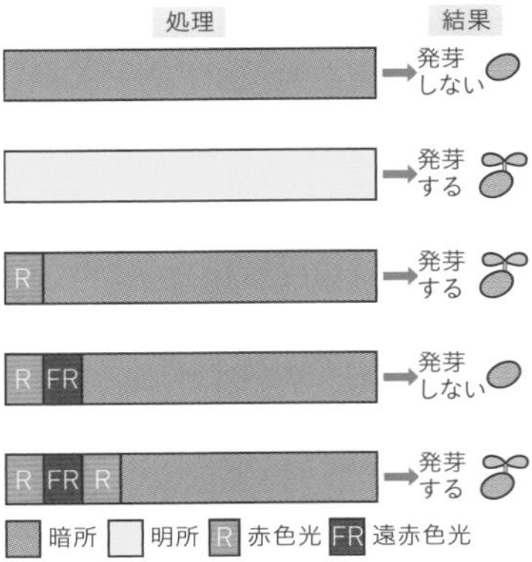

● フィトクロム

光発芽種子の発芽には，フィトクロムとよばれる光受容体がかかわっている。フィトクロムには，赤色光吸収型（P_R型）と遠赤色光吸収型（P_{FR}型）の2つの型があり，赤色光を受け取るとP_{FR}型に，遠赤色光を受け取るとP_R型に変わる。この変化は可逆的であり，種子の中でP_{FR}型が増加すると発芽が促進される。

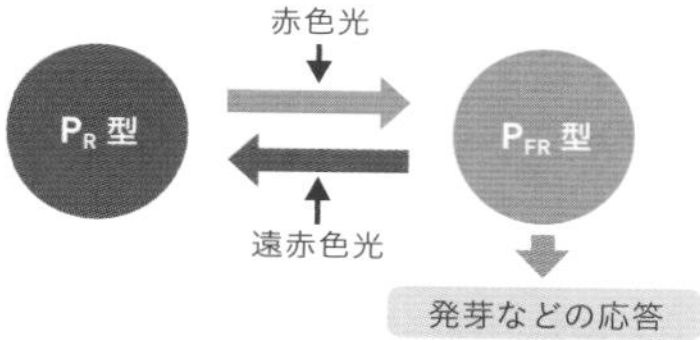

1294	胚の成長に伴い，種子は熟して乾燥してくるが，この過程で植物ホルモンである［　　］が増加し，その作用により種子の乾燥耐性が獲得される。（関西大）	アブシシン酸
1295	完成した種子は，胚の活動を停止し，植物の生育に適さない環境でも長期間耐えることができる。このような状態は種子の［　　］とよばれる。（群馬大）	休眠
1296	オオムギなどの種子では，発芽の際に，胚で合成された［　　］が糊粉層の細胞に作用し，アミラーゼの合成が誘導される。（関西大）	ジベレリン
1297	種子の発芽について，胚乳に分泌されたアミラーゼは，胚乳に含まれる［　　］を分子量の小さい糖に分解する。生じた糖は胚に吸収され，成長に利用される。（順天堂大）	デンプン
1298	種子の発芽について，ジベレリンは胚乳の外側にある［　　］にはたらきかける。（順天堂大）	糊粉層

1299	種子の中では胚などでジベレリンの含量が増加し，アブシシン酸のはたらきを上回ると，糊粉層で［　　］が分泌され，貯蔵デンプンがグルコースに分解されて，発芽のエネルギーとして利用される。（群馬大）	アミラーゼ
1300	胚乳で生成した糖は，胚に吸収され，胚の細胞の［　　］圧を高めて吸水を促進する。その結果，発芽が始まる。（千葉大）	浸透
1301	光によって種子の発芽が促進される植物が知られており，発芽が促進される植物の種子を［　　］という。（愛媛大）	光発芽種子
1302	発芽に光を必要としない種子を［　　］といい，キュウリやカボチャなどがある。（東京理科大）	暗発芽種子
1303	光による発芽の促進には光受容体である［　　］がかかわっている。（愛媛大）	フィトクロム
1304	フィトクロムが関与する現象にはレタスの種子発芽が知られており，赤色光を受けたこのタンパク質が植物ホルモンである［　　］の合成を誘導し種子が発芽する。（宇都宮大）	ジベレリン
1305	光発芽種子の発芽を促進する効果があるのは［①］色光で，［②］色光にはこの効果を打ち消す作用がある。（昭和大）	①赤 ②遠赤
1306	フィトクロムは，波長が660 nm付近の光を吸収すると遠赤色光を吸収する［①］型に，730 nm付近の光を吸収すると赤色光を吸収する［②］型になる。（近畿大）	① P_{FR} ② P_{R}

1307	[ ]型のフィトクロムが増えると，ジベレリンの合成が誘導され，発芽が促進される。（昭和大）	P_{FR}
1308	日なたとは異なり，日かげでは，上方を覆う他の植物の葉が波長［660　730］nm付近の光をよく吸収する。その結果，P_{FR}型のフィトクロムが減少し，レタスの種子の発芽率が低下する。（センター試験生物）	660
1309	光発芽種子は［小型　大型］の種子をもつ植物に多い。（九州工業大）	小型
1310	休眠および発芽に関連する記述として誤りであるものを選びなさい。 ア　イネやコムギなど多くの植物の種子では，アブシシン酸という植物ホルモンが発芽を促進し，ジベレリンという別の植物ホルモンが発芽を抑制する。 イ　光発芽種子では，赤色光を照射すると，ジベレリンの含有量の増大やアブシシン酸の含有量の減少が起きる。 ウ　光発芽種子にジベレリンを与えれば，暗所でも発芽するようになる。 エ　イネやコムギの種子では，胚から分泌されるジベレリンが糊粉層の細胞にはたらきかけ，アミラーゼの合成を誘導し，その結果デンプンが糖に分解され，それが胚の成長に利用される。（明治大）	ア

1311 正しい記述を選びなさい。

ア　レタスの種子が発芽するためには，適切な気温と水分の他に，赤色光の強度が遠赤色光の強度よりも高い必要があり，P_R型が多く存在する。

イ　レタスの種子が発芽するためには，適切な気温と水分の他に，赤色光の強度が遠赤色光の強度よりも高い必要があり，P_{FR}型が多く存在する。

ウ　レタスの種子が発芽するためには，適切な気温と水分の他に，赤色光の強度が遠赤色光の強度よりも低い必要があり，P_R型が多く存在する。

エ　レタスの種子が発芽するためには，適切な気温と水分の他に，赤色光の強度が遠赤色光の強度よりも低い必要があり，P_{FR}型が多く存在する。（東京理科大）

イ

1312 植物が他の植物（葉）の陰にいるかどうかを判断するために感知する変化として最も適切なものを選べ。

ア　紫外線の強さ

イ　赤外線の強さ

ウ　赤色光と青色光の割合

エ　赤色光と遠赤色光の割合（近畿大）

エ

1313 発芽の調節に赤色光と遠赤色光が用いられている理由を述べた記述として適切なものを選べ。

ア　赤色光は，青色光や緑色光に比べて太陽光に特に多く含まれるからである。

イ　赤色光は光合成に有効な光だからである。

ウ　遠赤色光は植物体に有害だからである。（上智大）

イ

1314 赤色光として適切な波長を選べ。

ア　560 nm　イ　660 nm

ウ　730 nm　エ　830 nm（法政大）

イ

1315	フィトクロムはどのような物質グループに分類されるか，最も適切なものを選べ。 ア　アミノ酸　　イ　脂質 ウ　タンパク質　　エ　糖　（法政大）	ウ
1316	レタスの種子の光発芽が起こるときのフィトクロムのはたらきに関する記述として最も適当なものを選べ。 ア　ジベレリンの量を増加させる。 イ　アブシシン酸の量を増加させる。 ウ　フロリゲンの量を増加させる。 エ　春化を促進する。　（センター試験生物）	ア
1317	フィトクロムに関する記述として適切なものを選べ。 ア　フィトクロムのP_{FR}型は遠赤色光をよく吸収する状態である。 イ　フィトクロムのP_R型は赤色を呈する。 ウ　フィトクロムは，赤色光を吸収する状態にあるとき，発芽を促進する活性をもつ。 エ　光を一度も当てられていない種子に含まれるフィトクロムは，P_{FR}型とP_R型のどちらの状態でもない。 （上智大）	ア
1318	赤色光を当てていないレタスの種子も，ある植物ホルモンを与えれば暗所でも発芽する。そのホルモンとして最も適切なものを選べ。 ア　アブシシン酸　　イ　エチレン ウ　サイトカイニン　　エ　ジベレリン　（上智大）	エ

THEME 39 成長の調節

POINT

- オーキシンのように，物質が，一定の方向のみに移動することを 極性移動 という。
- 光屈性では フォトトロピン という光受容体がかかわっている。
- 頂芽でつくられたオーキシンは，下方へ移動して側芽の成長を抑制する。この現象を 頂芽優勢 という。

ビジュアル要点

オーキシンの極性移動のしくみ

オーキシンは，オーキシン取りこみ輸送体（AUX）やオーキシン排出輸送体（PIN）のはたらきによって細胞間を移動する。

オーキシン排出輸送体は， 基部 側の細胞膜に集中して存在している。このため，オーキシンは茎の先端側から基部側へと決まった方向に移動する。

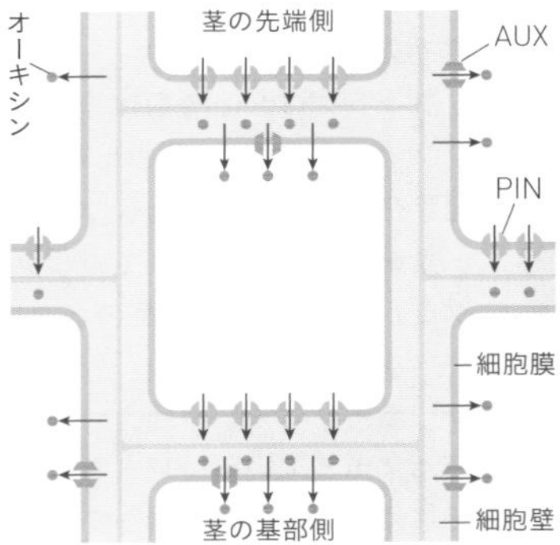

光屈性のしくみ

幼葉鞘に光が当たると，オーキシン排出輸送体の分布が変化し，オーキシンは光が当たらない側へ移動し，濃度差が生じる。

オーキシンはそのまま下方へ移動するため，伸長部では光が当たらない側の伸長が促進され，茎は光の方へ屈曲する。

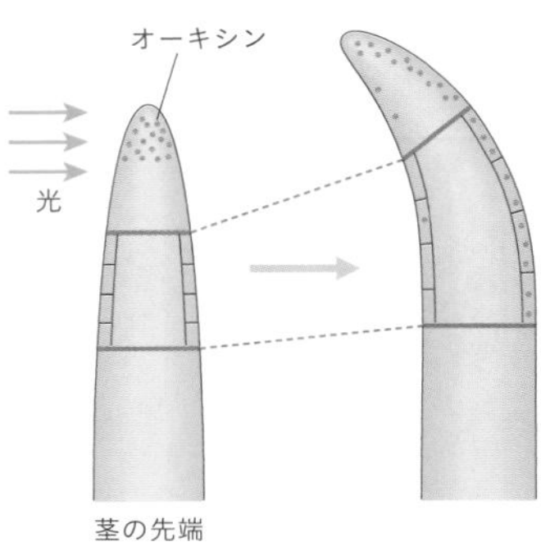

オーキシンに対する感受性

オーキシンは茎だけでなく，根や芽の成長も促進するが，成長促進作用を示す最適濃度は器官によって異なる。

一般に，最適濃度は，根<芽<茎の順に高くなる。

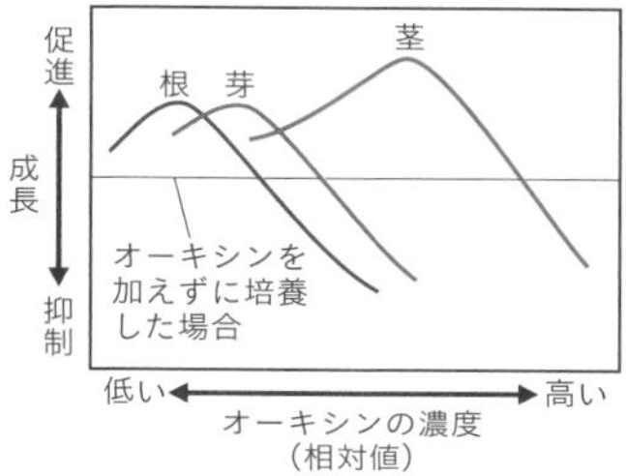

重力屈性のしくみ

マカラスムギの芽ばえを暗所で水平に置くと，茎でも根でも，オーキシンは重力の方向に移動して，下側の濃度が高くなる。この結果，茎では下側の成長が促進されて，重力の方向とは反対方向に屈曲する（負の重力屈性）。一方，根では下側の成長が抑制されて，重力の方向に屈曲する（正の重力屈性）。

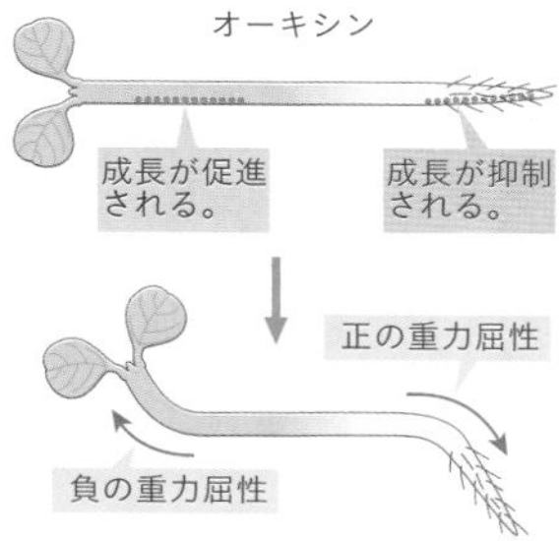

頂芽優勢

植物の頂芽を切り取ると，側芽が成長を始める。しかし，頂芽を切り取っても，その切断面にオーキシンを与えると，側芽の成長は抑制される。これは，頂芽でつくられたオーキシンが，下方へ移動して側芽の成長を抑制しているからである。

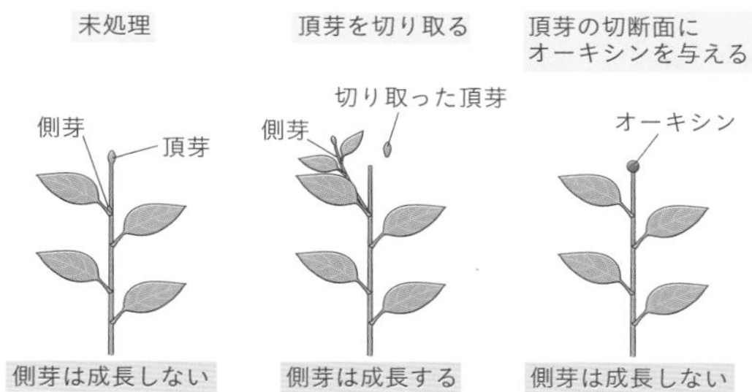

1319	[　　　]は，光屈性に関する研究を通して最初に発見された植物ホルモンであり，植物細胞の伸長成長を促進するはたらきをもつことから，成長・増加を意味するギリシャ語にちなんで命名された。（大阪市立大）	オーキシン
1320	オーキシンという名称は総称であり，植物体に含まれる天然のオーキシンは[　　　]という化学物質である。（大阪市立大）	インドール酢酸（IAA）
1321	オーキシンは茎頂分裂組織などで多くつくられ，茎の先端部側から基部側へ方向性をもって移動する。これを[　　　]という。（香川大）	極性移動
1322	植物の茎や根の細胞膜にはオーキシンを細胞外へ排出するはたらきをする[　　　]タンパク質が存在する。（宮崎大）	PIN
1323	オーキシン排出輸送体が細胞の[　①　]側に集中して存在しているため，細胞を通過するオーキシンは，茎の[　②　]側から[　①　]側へ向かって極性移動する。（香川大）	①基部 ②先端部
1324	マカラスムギなどのイネ科の幼葉鞘でみられる光屈性は，幼葉鞘の先端部で，[　①　]色の光が光受容体の[　②　]により受容されることが関与している。（北里大）	①青 ②フォトトロピン
1325	マカラスムギの幼葉鞘に一方向から光を当てると，オーキシンが[　①　]側から[　②　]側へと輸送される。そして[　②　]側の伸長成長を促進することで幼葉鞘は光の方向へ屈曲する。（香川大）	①光が当たる ②光が当たらない
1326	植物の根の分裂組織は[　①　]で覆われている。[　①　]は組織を保護しているだけでなく，[　②　]屈性において重要な役割をはたしている。（香川大）	①根冠 ②重力

1327	重力屈性に関して，根で重力を感知する細胞小器官名を［　　］という。（岩手大）	アミロプラスト
1328	根冠の中央には［　　］細胞というアミロプラストをもった細胞が存在する。（宮崎大）	コルメラ（平衡）
1329	根冠の細胞にあるアミロプラストという細胞小器官の一種は細胞内で［　　］方向に移動する。（香川大）	重力
1330	アミロプラストの移動は植物ホルモンの一種である［　　］の移動を引き起こし，その結果屈曲が起こると考えられている。（宮崎大）	オーキシン
1331	頂芽により下方の側芽の成長が抑えられる現象を［　　］といい，これにはオーキシンおよびその拮抗植物ホルモンであるサイトカイニンが関与している。（宇都宮大）	頂芽優勢
1332	オーキシンをつくっている頂芽を切り取ると，下方にある側芽は成長を［開始　停止］する。（昭和大）	開始
1333	頂芽が成長を続けているときには［　　］が頂芽に存在するために側芽の成長が抑制されている。（弘前大）	オーキシン
1334	茎頂部を切除せずに側芽にサイトカイニンを与えると側芽は成長［する　しない］。（岐阜大）	する

☑ 1335	[　　] は細胞壁をゆるめ，さかんに吸水させ，細胞の成長を促進する。（岩手大）	オーキシン
☑ 1336	ジベレリンがはたらくと細胞壁のセルロース繊維が [①] 方向に合成されるため，オーキシンが作用すると細胞は [②] 方向に成長する。（岩手大）	①横 ②縦
☑ 1337	エチレンがはたらくと細胞壁のセルロース繊維が [①] 方向に合成されるため，オーキシンが作用すると細胞は [②] 方向に成長する。（岩手大）	①縦 ②横
☑ 1338	オーキシンは細胞壁の主成分である [　　] 繊維どうしのつながりをゆるめ，その結果，細胞壁はやわらかくなり，細胞は吸水して成長する。（岐阜大）	セルロース
☑ 1339	若い細胞の細胞壁において，[①] やブラシノステロイドは横方向の繊維の形成を促進し，[②] やサイトカイニンは縦方向の繊維の形成を促進する。（岐阜大）	①ジベレリン ②エチレン
☑ 1340	イネばか苗病菌は，種子の発芽や茎の伸長を促進する植物ホルモンである [　　] を分泌し，苗の異常な伸長を誘導する。（センター試験生物）	ジベレリン
☑ 1341	[　　] は茎の伸長を制御し，これを欠損する変異体は，光が当たっていても，もやし状に成長する。（近畿大）	クリプトクロム
☑ 1342	クリプトクロムによって受容される青色光は茎の伸長成長の［促進　抑制］にはたらく。（明治大）	抑制

1343	芽ばえを水平においたとき，根は下向きに屈曲するが，茎は上向きに屈曲する。その理由として正しいものを選べ。 ア　オーキシンは，茎では上向きに移動するため。 イ　オーキシンは常に，根では成長阻害を，茎では成長促進をするため。 ウ　茎のオーキシンに対する感受性が根より高いため。 エ　茎のオーキシンに対する感受性が根より低いため。 （宮崎大）	エ
1344	アミロプラストの役割として最も適切なものを選べ。 ア　オーキシンの作用を阻害する。 イ　オーキシンの移動の方向を決める。 ウ　オーキシンを合成する。 エ　オーキシンを分解する。　（上智大）	イ
1345	肥大成長を促進する作用をもつ植物ホルモンとして最も適切なものを選べ。 ア　アブシシン酸　　イ　エチレン ウ　ジベレリン　　エ　ジャスモン酸　（上智大）	イ

THEME 40 花芽形成・結実の調節

POINT

- 日長が一定以上になると花芽を形成する植物を 長日植物，一定以下になると花芽を形成する植物を 短日植物 という。
- 植物は，日長の情報を感知すると，葉で フロリゲン（花成ホルモン）という植物ホルモンを合成し，花芽形成を促進する。
- 果実の成熟には，エチレン とよばれる気体の植物ホルモンがかかわっている。

ビジュアル要点

● 花芽形成と日長

長日植物は，暗期が一定の長さ 以下 になると花芽を形成し，短日植物は，暗期が一定の長さ 以上 になると花芽を形成する。このように，花芽を形成するかしないかの境目となる暗期の長さを 限界暗期 という。

長日植物も短日植物も，暗期の途中で光を短時間照射すると，暗期を短くした場合と同様の反応を示す。このような光照射を 光中断 という。

明 暗 周 期	長日植物	短日植物
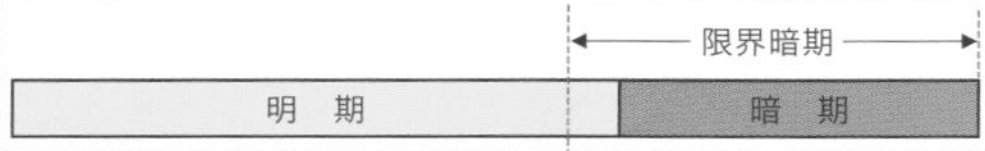	○	×
	×	○
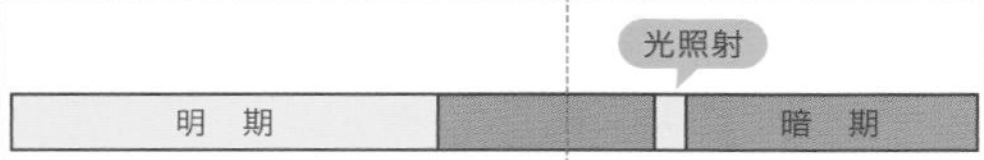	○	×
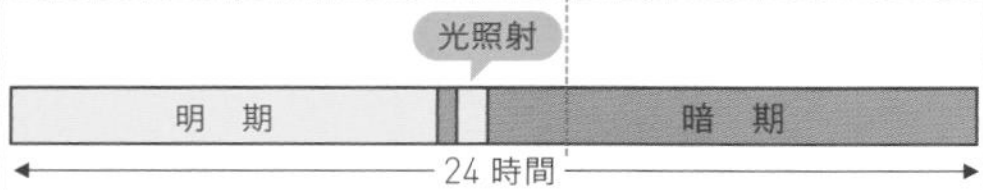	×	○

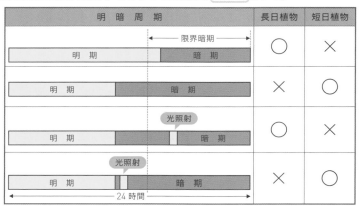

○：花芽を形成する。 ×：花芽を形成しない。

花芽形成のしくみ

花芽形成を促進する植物ホルモンをフロリゲン（花成ホルモン）という。

植物は，花芽形成に適した日長の情報を感知すると，葉でフロリゲンを合成する。その後，フロリゲンは 師管 を通って茎頂分裂組織に移動し，花芽形成に必要な遺伝子の発現を誘導する。その結果，茎の頂端に花芽が形成される。

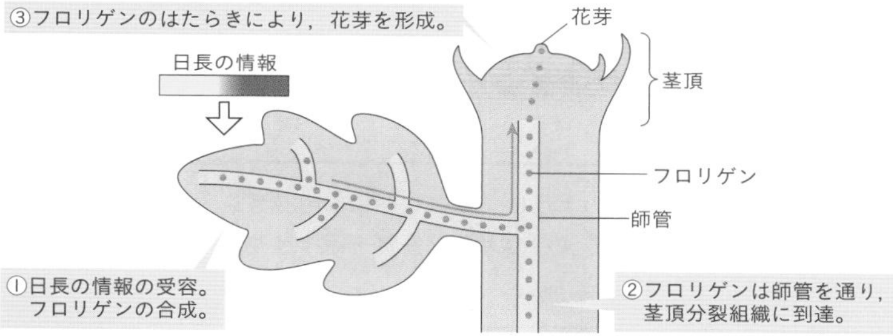
③フロリゲンのはたらきにより，花芽を形成。
花芽
日長の情報
茎頂
フロリゲン
師管
①日長の情報の受容。
フロリゲンの合成。
②フロリゲンは師管を通り，
茎頂分裂組織に到達。

果実の結実と成熟

果実の形成は， オーキシン や ジベレリン によって促進される。

一方，果実の成熟はエチレンによって促進される。エチレンは成熟した果実から 気体 として放出されるため，成熟したリンゴを未成熟なリンゴのそばにおいておくと，成熟が促進される。

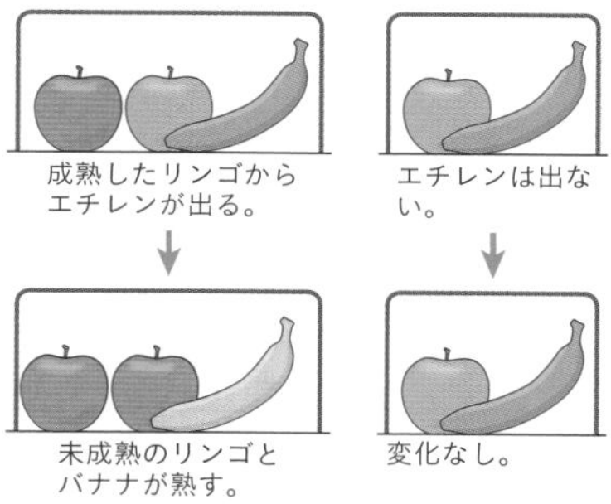
成熟したリンゴから
エチレンが出る。
エチレンは出ない。
未成熟のリンゴと
バナナが熟す。
変化なし。

落葉のしくみ

植物は，葉が老化すると，葉柄の付け根に 離層 という細胞層が形成されて，落葉が起こる。この現象にはエチレンがかかわっている。

アブシシン酸は，エチレンとともにはたらくことで，落葉を促進している。

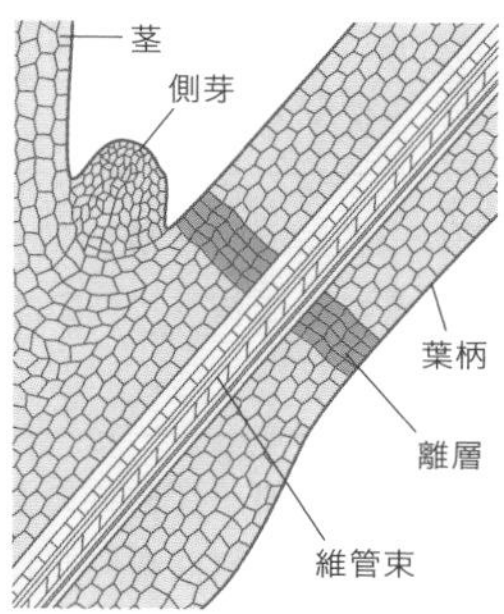
茎
側芽
葉柄
離層
維管束

1346	日長の変化に反応する性質を（　　）といい，花芽形成の他に塊茎や鱗茎の形成や落葉などにもみられる。（愛媛大）	光周性
1347	（①）植物は一定以上の連続した暗期が与えられると花芽形成を行う植物であり，（②）植物は一定以上の暗期が与えられると花芽形成を行わない植物である。（岩手大）	①短日 ②長日
1348	トマトやトウモロコシのように，日長に関係なく花芽を形成する植物も存在する。このような性質を示す植物のことを（　　）という。（信州大）	中性植物
1349	連続した暗期の長さがある一定（①）の長さになると花芽形成をするものを短日植物とよび，逆に連続した暗期の長さがある一定（②）の長さになると花芽形成をするものを長日植物という。（宇都宮大）	①以上 ②以下
1350	限界暗期より短い暗期を与えることを（①）処理といい，限界暗期より長い暗期を与えることを（②）処理という。（明治大）	①長日 ②短日
1351	多くの短日植物は8時間の明期，16時間の暗期という周期下におかれると花芽を形成するが，16時間の暗期の中間において光を短時間与えると花芽を形成しない。このような光処理を（　　）という。（滋賀県立大）	光中断
1352	一般に，短日植物の光周性には，（　　）という光受容体がかかわっていて，光中断には赤色光が有効である。（オリジナル）	フィトクロム
1353	限界暗期が10時間の長日植物がある。この植物に6時間の明期と暗期を交互に与えると花芽は［形成される　形成されない］。（広島大）	形成される

1354	短日植物のシソを短日条件下においた後，その葉を長日条件で育てたシソに接ぎ木すると，短日処理されていない植物体の花成が［促進された　促進されなかった］。（広島大）	促進された
1355	花芽形成においては，日長は葉で感知され，そこでつくられる［　　］とよばれる物質が茎頂分裂組織に移動して花芽形成を促進する。（愛媛大）	フロリゲン（花成ホルモン）
1356	オナモミについて，茎の形成層より外側をはぎ取る［　　］とよばれる処理を行い，その部分より下側だけに葉を残して暗黒下に置くと，処理をした部分より上側では花芽が形成されない。（滋賀県立大）	環状除皮
1357	オナモミの研究などから，植物の花芽形成では，［　　］で日長を感知し花芽刺激が枝から枝へ伝達されることがわかった。（京都府立大）	葉
1358	近年，シロイヌナズナなどを用いた研究から，［　　］とよばれるタンパク質が日長に応じて葉で合成され，茎頂分裂組織に移動し，細胞の遺伝子発現を制御することで花芽の分化を促進していることがわかってきた。（京都府立大）	FT
1359	近年，イネにおけるフロリゲンの正体が，［　　］とよばれるタンパク質であることが証明された。（岩手大）	Hd3a
1360	オナモミを用いた接ぎ木実験では環状除皮（茎の形成層から外側を環状にはぎ取る）により，フロリゲンが［　　］を通ることがわかった。（京都府立大）	師管
1361	フロリゲンの実体は長年にわたり不明であったが，FTやHd3aとよばれる［mRNA　タンパク質］であることが最近明らかにされている。（センター試験生物追試）	タンパク質

1362	（　　）は低温にさらされることで花芽形成ができるようになる現象で，コムギやダイコンなどにみられる。（愛媛大）	春化
1363	植物によっては，花芽形成が一時的な低温期間を経験した後に誘導される場合がある。花芽形成を誘導する目的で，植物に人為的に低温を経験させることを（　　）とよぶ。（関西大）	春化処理
1364	種なしブドウをつくる際には，単為結実を促進する作用がある（　　）が用いられる。（東京医科大）	ジベレリン
1365	果実は（　　）によって成熟が促進される。（弘前大）	エチレン
1366	冬が近づくと老化した葉や果実は（　　）が形成されて切り離される。（弘前大）	離層
1367	ある植物体から切り出した組織片を，オーキシンともう一種の植物ホルモンを含む培地で無菌的に培養すると，不定形で未分化な細胞の塊が形成された。この不定形で未分化な細胞の塊を（　　）とよぶ。（大阪市立大）	カルス
1368	葉の老化が進むと，（　　）の作用によって，葉柄の付け根に離層とよばれる特別な細胞層が形成される。離層の細胞では，細胞壁の接着をゆるめる酵素の合成が促進され，葉が脱離する。（昭和大）	エチレン
1369	短日植物として最も適切なものを答えなさい。 ア　アブラナ　　イ　エンドウ ウ　キク　　エ　トマト（北里大）	ウ

1370	長日植物について適当なものを選べ。 ア　日長に関係なく，一定の大きさに成長すると花芽形成が起こる。 イ　連続する暗期が光中断にあった場合，一定以上の長さの暗期があるために花芽形成が起こる。 ウ　連続する暗期が光中断にあった場合，一定以下の長さの暗期になったため花芽形成が起こる。（弘前大）	ウ
1371	限界暗期10時間の長日植物が花芽形成する条件を選べ。 ア　10時間明期＋14時間暗期 イ　10時間明期＋14時間暗期（暗期終了１時間前に光を短時間照射する） ウ　10時間明期＋14時間暗期（暗期終了５時間前に光を短時間照射する） エ　10時間明期＋14時間暗期（暗期開始１時間後に光を短時間照射する）（奈良県立医科大）	ウ
1372	２本の枝をもつオナモミを用意し，片方の枝から葉を除去し，もう片方の枝には葉がついたままにした。このオナモミを以下のような処理をしたとき，２本の枝で花芽が形成されるのはどれか。すべて選べ。 ア　葉を除去した枝と除去していない枝の両方に長日処理を行った。 イ　葉を除去した枝と除去していない枝の両方に短日処理を行った。 ウ　葉を除去した枝に短日処理を行い，除去していない枝に長日処理を行った。 エ　葉を除去した枝に長日処理を行い，除去していない枝に短日処理を行った。（奈良県立医科大）	イ，エ

1373	シロイヌナズナのFTタンパク質の性質として最も適当なものを選べ。 ア　FTは茎頂で合成された後，師部を通って葉に運ばれる。 イ　FTは茎頂で合成された後，木部を通って葉に運ばれる。 ウ　FTは葉で合成された後，師部を通って茎頂に運ばれる。 エ　FTは葉で合成された後，木部を通って茎頂に運ばれる。（立教大）	ウ
1374	エチレンについて書かれた文として誤っているものを選びなさい。 ア　単為結実を促進する。 イ　肥大成長を促進する。 ウ　果実の成熟を促進する。 エ　気体として放出される。（昭和大）	ア

THEME 41 環境の変化に対する応答

POINT

- ▶ 気孔の閉鎖には アブシシン酸 という植物ホルモンがかかわっている。
- ▶ 気孔が開くためには，光合成に有効な青色光を フォトトロピン が吸収する必要がある。
- ▶ 植物には，病原体の感染や食害に対するに防御機構が備わっている。例えば，ウイルスに感染すると，感染部位の周辺にある細胞を 細胞死 させ，感染の拡大を防ごうとすることがある。

ビジュアル要点

● 気孔の開閉のしくみ

・気孔が開くとき：孔辺細胞内にイオンが流入して，細胞内の浸透圧が上昇し，水が流入するため，膨圧が 高く なる。この結果，細胞が膨らむ。孔辺細胞の細胞壁は，気孔側が厚くなっているため，細胞が膨らむと，湾曲し，気孔が開く。

・気孔が閉じるとき：乾燥状態になると，アブシシン酸が合成され，孔辺細胞から水が排出される。この結果，膨圧が 低く なって，気孔が閉じる。

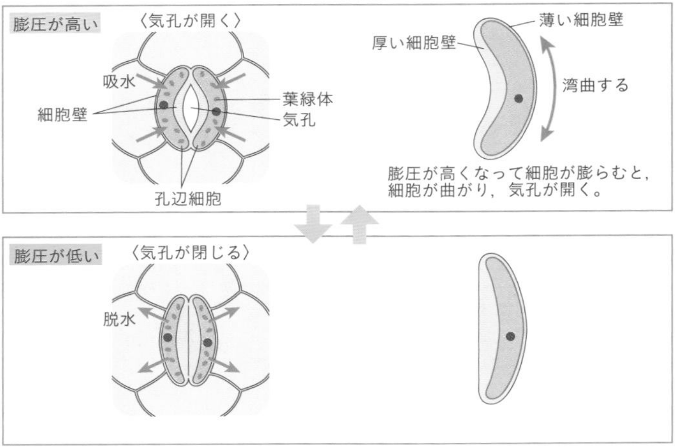

1375	植物は，呼吸や光合成を行うために，表皮にある［　　］を通して二酸化炭素と酸素の出し入れを行っている。（帯広畜産大）	気孔
1376	気孔は，表皮細胞が変化した［　　］細胞から形成されている。（神戸大）	孔辺
1377	気孔は二酸化炭素や酸素などの気体の交換，および［　　］の放出に関与している。（昭和大）	水
1378	［　　］は２つで１組の孔辺細胞ではさまれたすき間である。（千葉大）	気孔
1379	孔辺細胞の特徴の１つは，光合成にかかわる［　　］を含むことである。（オリジナル）	葉緑体
1380	孔辺細胞は，細胞壁の厚い［①］側よりも薄い［②］側の方が広がりやすいため，内側に湾曲することで，気孔が開く。（帯広畜産大）	①内 ②外
1381	気孔が閉じるときには，孔辺細胞の浸透圧が［①］し，それに伴って細胞外への水の移動が起こる。その結果，膨圧が［②］して体積が縮小して気孔が閉じる。（帯広畜産大）	①低下 ②低下
1382	気孔が開くときには，孔辺細胞の浸透圧が［　　］し，細胞内への水の移動が起こる。それに伴って膨圧が［　］して体積が増大して気孔が開く。（帯広畜産大）	上昇

1383	気孔開口にかかわる光受容体として［　　　］が知られている。（山形大）	フォトトロピン
1384	光が当たると気孔は［開く　閉じる］。（愛媛大）	開く
1385	孔辺細胞の膨圧が低下すると，孔辺細胞間のすき間が閉じる。これには植物ホルモンの［　　　］が関係している。（千葉大）	アブシシン酸
1386	孔辺細胞においてアブシシン酸のシグナルが受容されると，孔辺細胞から［　　　］イオンが流出することにより，細胞外への水の流出→細胞内の膨圧が低下→細胞体積の減少と続き，気孔は閉鎖する。（熊本大）	カリウム
1387	気孔の開口は，［　　　］色光の照射によって引き起こされることが知られている。（和歌山大）	青
1388	クワの枝や幹では気温が［上昇　低下］するときに，貯蔵デンプンがスクロースなどの水溶性の糖類に変化し，細胞内の浸透圧を高めている。（明治大）	低下
1389	フォトトロピンが光を受容してから気孔の開閉に変化が起こるまでの記述として最も適切なものを選びなさい。 ア　孔辺細胞の浸透圧が上昇して，膨圧が上昇し，気孔が開く。 イ　孔辺細胞の浸透圧が上昇して，膨圧が低下し，気孔が開く。 ウ　孔辺細胞の浸透圧が上昇して，膨圧が上昇し，気孔が閉じる。 エ　孔辺細胞の浸透圧が低下して，膨圧が低下し，気孔が閉じる。（北里大）	ア

PART

5

生態と環境

1390–1575

生態系は，同種の生物からなる個体群，さまざまな個体群からなる生物群集，さらにそれを取り巻く光・水・土壌などの非生物的環境から構成されています。生態系の中で営まれるはたらきあいを理解し，生物多様性を保全することの重要性を確認しましょう。

THEME 42 個体群

POINT

▶ 単位面積または単位体積（空間）あたりの個体数を 個体群密度 という。
▶ 個体群における世代や年齢ごとの個体数分布を 齢構成 といい，それを図で示したものを 年齢ピラミッド という。
▶ 生まれた子の数が，時間経過とともにどのように減っていくかを示した表を 生命表 といい，それをグラフで示したものを 生存曲線 という。

ビジュアル要点

● 個体の分布の３つの型

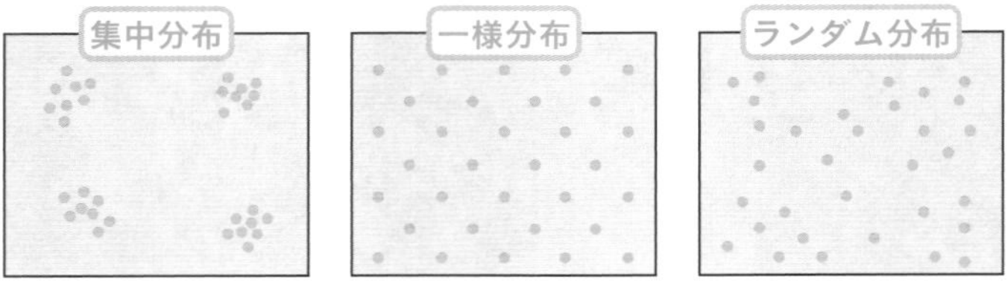

● 個体群の成長

個体群の成長のようすをグラフで示したものを 成長曲線 という。

個体群密度が高くなるにつれて，食物や生活空間をめぐる 競争 （種内競争）が激しくなり，出生率の低下や死亡率の上昇などが起こる。この結果，成長曲線は一定の値に近づいてS字状になる。ある環境で生育できる最大の個体数を 環境収容力 という。

このように，個体群密度の変化の影響を受けて，個体の発育や生理などが変化することを 密度効果 という。

〈ハエの個体群の成長曲線〉

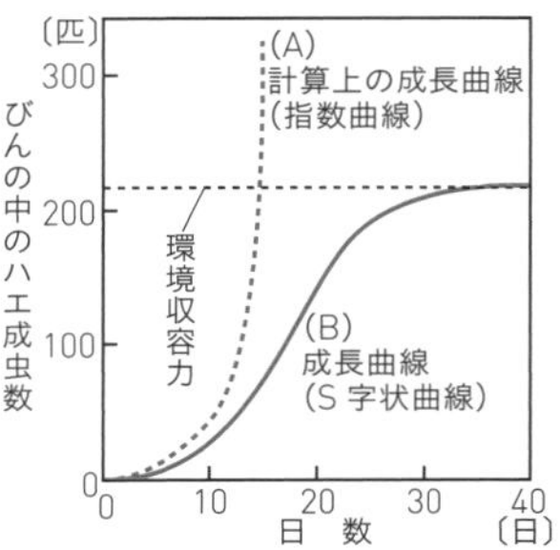

動物の密度効果

トノサマバッタは，幼虫のときの個体群密度によってその形態が変化する。

低密度のときに現れる**孤独相**は，翅が短く後あしは長く，単独生活をする。高密度のときに現れる**群生相**は，翅が長く後あしが短くなり，移動距離が大きくなる。

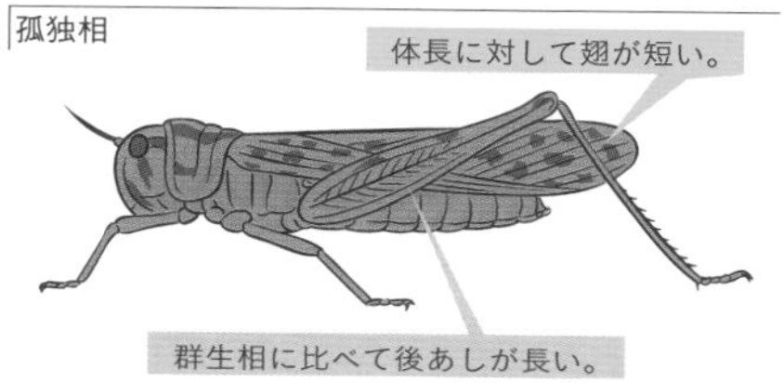

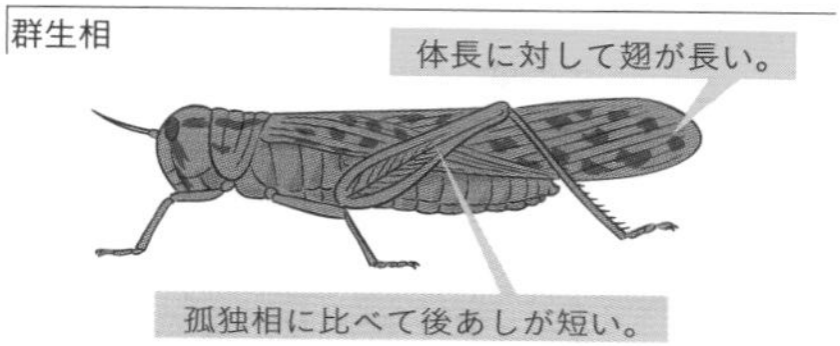

個体群の齢構成の3つの型

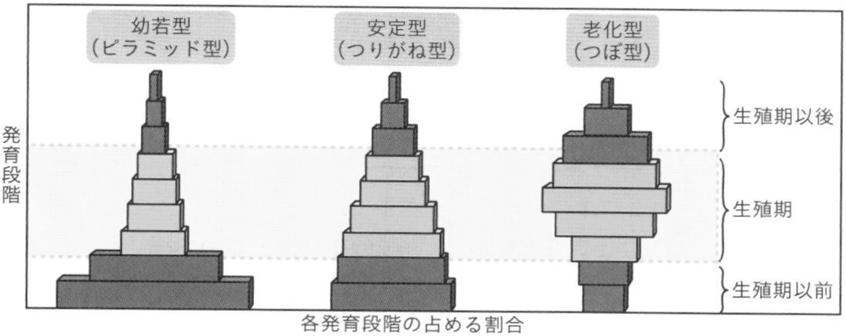

生存曲線の3つの型

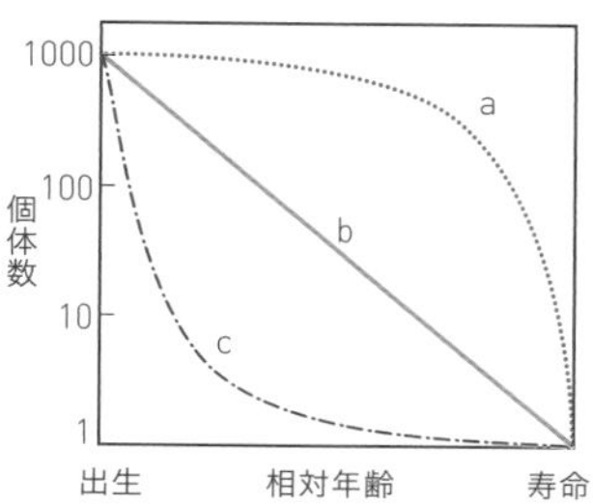

a　晩死型（老齢期に死亡が集中する）

1回の産後数が少なく，親が子の保護をするヒトやサルなどの哺乳類にみられる。

b　平均型（死亡率が一定）

小型の鳥類や，は虫類にみられる。

c　早死型（出生直後の死亡率が高い）

産卵数の多い水生無脊椎動物や魚類に多くみられる。

1390	自然界には多くの生物が生活しており，ある一定の地域に生息する同種の個体の集まりを［　　］という。（金沢大）	個体群
1391	［　　］分布は，個体が生息域の特定の場所に固まった分布である。（センター試験生物追試）	集中
1392	［　　］分布は，一定の間隔をおいた規則的な分布である。（センター試験生物追試）	一様
1393	［　　］分布は規則性のない分布である。（センター試験生物追試）	ランダム
1394	ある地域に生息する［同種　異種］の個体のまとまりを個体群という。（奈良県立医科大）	同種
1395	個体群の中での各個体の分布はさまざまで，アリのように巣をつくって生活する場合は［①］分布，食物をめぐる競争などから規則的に広がった場合には［②］分布などとよばれる。（順天堂大）	①集中 ②一様
1396	図は一定の地域で，ある生物種が［　　］分布を示す個体の空間分布図であり，黒点は各個体を表している。（金沢大） 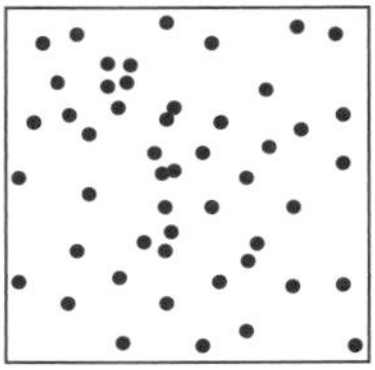	ランダム
1397	大きい種子をもつ植物では，個体が特定の場所にかたまり，［　　］分布を示すことが多い。（大阪市立大）	集中

1398	ある生物が生活する単位空間あたりの個体数は，[　　　]とよばれ，これが高くなると，1個体が利用できる食物や生活空間は減少し，個体の成長速度が低下して，死亡率は上昇する。（大阪市立大）	個体群密度
1399	動きが激しく見つけにくい動物の個体群の大きさの推定には，[　　　]を用いる。（法政大）	標識再捕法
1400	個体群を構成する個体数を推定するには，生息地域に一定の広さの区画をつくり，その中の個体数を測定する方法がよく用いられる。この方法は[　　　]とよばれる。（静岡大）	区画法
1401	草地に生息するエンマコオロギの個体数を推定する，より適切な方法を[　　　]という。（静岡大）	標識再捕法
1402	個体群の大きさが増加することを個体群の[　　　]という。（奈良県立医科大）	成長
1403	個体群は，初めは少数でも，適当な生活空間と食物などがあれば，個体数を増やし，個体群密度が高くなっていく。その変化の過程を表したグラフを個体群の[　　　]という。（静岡大）	成長曲線
1404	個体群を構成する個体にとって，食物や生活空間など必要な資源に制限がない場合，個体数は際限なく［増加　減少］する。（静岡大）	増加
1405	一定の環境のもとでの個体群の大きさには限界がある。これは，食物や[　　　]の不足，さらに排出物の蓄積などによって生活環境が悪化し，個体数の増加が抑えられるためである。（奈良県立医科大）	生活空間

1406	個体群の密度が高くなると，同種個体の間で資源をめぐる［　　］が激しくなり，出生率の低下や死亡率の増加などが起こる。（センター試験生物追試）	競争（種内競争）
1407	個体群の大きさは，一定の個体数に達するまでは急速に増加するが，やがて外圧がはたらくために増加しなくなり，［　　］字形の成長曲線を描く。（立命館大）	S
1408	雌雄同数のショウジョウバエを容器内で長期間飼育すると，飼育開始後は急激に個体群密度が増加するが，ある日数が経過して個体群密度が［　　］に達すると，個体群密度はほぼ一定になる。（徳島大）	環境収容力
1409	個体群密度が，個体や個体群の成長，あるいは個体の生理的・形態的な性質に変化を生じさせることを［　　］という。（獨協医科大）	密度効果
1410	トノサマバッタを卵から低密度で飼育するとからだが緑色の成虫となる。これは［　　］とよばれ，後あしは頑丈で飛び跳ねるのに適している。（法政大）	孤独相
1411	トノサマバッタを数世代にわたって高密度で飼育すると飛翔能力が高く集合性が高い［　　］となる。（法政大）	群生相
1412	密度効果によって，個体群内の個体の形態や行動が著しく変化する現象を［　　］という。（立教大）	相変異
1413	トノサマバッタは個体群密度が高くなると，移動性が［①］なり，産卵数は［②］し，後あしは［③］なる。（東京学芸大）	①高く ②減少 ③短く

1414	低密度で育ったトノサマバッタの個体は，①［長い　短い］後あし，②［長い　短い］翅をもち，小さい卵を③［多く　少なく］産むなどの特徴をもつ。（オリジナル）	①長い ②短い ③多く
1415	植物では個体群密度が大きいほど個々の植物体は小さくなるが，個体群全体の質量は，個体群密度の変化に関係なく，最終的には一定の値に達する。これを［　　］という。（関西大）	最終収量一定の法則
1416	一定面積に，密度を変えてダイズを栽培すると，種子が発芽して間もない頃は，単位面積あたりの総ダイズ重量は密度が高い方が［大きい　小さい］。（奈良県立医科大）	大きい
1417	十分に時間が経った時点でのスギ個体の成長が平均的によい区画は，スギを［高密度　低密度］で植栽した区画である。（徳島大）	低密度
1418	個体群について，世代や齢ごとの個体数の分布を示したものを［　　］という。（オリジナル）	齢構成
1419	個体群における世代や齢ごとの個体数分布は，［　　］とよばれる図で示されることが多い。（オリジナル）	年齢ピラミッド
1420	個体群を構成する個体数が発育段階や年齢とともに死亡により減少していくようすを，表にまとめたものを［　　］とよぶ。（九州大）	生命表
1421	ある生物個体群のある世代において，出生後の時間経過と生存率をグラフにしたものを［　　］という。（東京学芸大）	生存曲線

1422 ある草地に50 cm×50 cmの区画をランダムに6か所設け，各区画内の植物ハルジオンの個体数を測定した。その結果，区画内の個体数はそれぞれ10，13，8，7，4，6であった。この草地の面積は50 m^2とする。この草地全体に生育すると推定されるハルジオンの個体数は［　　］個体になる。（静岡大）

1600

解説 個体群密度は，

$$\frac{10+13+8+7+4+6}{0.5\times0.5\times6}=32\text{個体}/m^2$$

よって個体数は，32×50＝1600個体

1423 X島において，標識再捕法によりニホンジカの個体数調査を行った。1回目の調査で35頭が捕獲され，すべてに標識をした。2回目の調査では，24頭が捕獲され，そのうち標識個体は12頭であった。ニホンジカの推定個体数は［　　］頭である。（高知大）

70

解説

$$\text{全体の個体数}=35\times\frac{24}{12}=70\text{頭}$$

1424 ある池でフナを90個体捕獲し，ひれの一部に標識をつけて再び池に放した。4日後に110個体のフナを捕獲したところ，そのうちの10個体に標識があった。この間に個体の池への移入と池からの移出はなく，死亡した個体もなかったとする。この池のフナの全個体数は［　　］個体と推定される。（熊本大）

990

解説

$$\text{全体の個体数}=90\times\frac{110}{10}=990\text{個体}$$

1425 ある島のバッタの個体群の大きさは標識再捕法で推定することができる。ただし，この方法を用いるにあたり，複数の前提が成立しなければならない。これについて正しいものを選べ。

ア　1回目の捕獲から2回目の捕獲までの期間は，バッタの世代交代ができる十分な時間をとる必要がある。

イ　1回目の捕獲から2回目の捕獲までの期間はできるだけ短くして，1回目と2回目で島の別の場所で捕獲を行うことが必要である。

ウ　バッタの行動が標識によって影響を受けない必要がある。

エ　1回目の捕獲と2回目の捕獲の個体数が等しい必要がある。

（法政大）

ウ

1426 個体群密度に関する記述のうち，正しいものを選べ。

ア　単位時間あたりに観察された個体数のことを個体群密度とよぶ。

イ　ある環境条件のもとで上限に達した個体群密度のことを環境収容力という。

ウ　個体群密度が同じであれば，生育期間が長くても短くても単位面積あたりの植物の収量は一定の値を示す。これを最終収量一定の法則とよぶ。

（近畿大）

イ

1427 密度効果の具体例として適切なものを選べ。

ア　十分なえさが入った容器内で，ショウジョウバエの密度を変えて一定期間飼育したところ，ある密度を超えると雌1個体あたりの産卵数が減少した。

イ　森林の高木が倒れたよく光の当たる林床に，スダジイの芽生えが高い密度で集中して分布していた。

ウ　寒冷で乾燥した季節となったため，高い密度で生育していた半地中植物が芽を地表近くにつけた。

エ　タカとフクロウが同じ地域を行動圏としていた場合に，タカが昼行性を示し，フクロウが夜行性を示した。

（宮崎大）

ア

1428
密度効果に関連した文として誤っているものはどれか。
ア　種内競争は密度効果を引き起こす要因となる。
イ　密度効果がないときでも，個体数が増加するにつれて個体群の成長が抑制される。
ウ　植物では，密度効果により個体あたりの種子の生産量が低下することがある。（獨協医科大）

イ

1429
バッタの相変異について誤りはどれか。
ア　孤独相と群生相では体長と翅の長さの比が異なる。
イ　群生相は移動力が高い。
ウ　個体群密度が低いときの状態を孤独相，高いときの状態を群生相とよぶ。
エ　成虫期の個体群密度の影響が重要である。
（自治医科大）

エ

1430
トノサマバッタの群生相の特徴として最も適当なものはどれか。
ア　体色が緑褐色である。
イ　からだの大きさに対する翅の長さが短い。
ウ　孤独相に比べて後あしが長い。
エ　1個体あたりの産卵数が孤独相よりも少ない。
（獨協医科大）

エ

1431
同じ面積のいくつかの畑にダイズの種子を異なる密度でまいたときに関する記述として最も適当なものを選べ。
ア　個体群密度の高い畑ほど，個体は大きく成長するので，個体群全体の最終的な重量は大きくなる。
イ　個体群密度の低い畑ほど，個体は大きく成長するので，その個体群全体の最終的な重量は大きくなる。
ウ　個体群密度の低い畑ほど，個体は大きく成長するが，どの個体群密度の畑でも，個体群全体の最終的な重量はほぼ等しくなる。
エ　個体の成長は個体群密度にかかわらずほぼ一定で，個体群全体の最終的な重量は小さくなる。
（センター試験生物）

ウ

1432

図は生存曲線の3つの型である。ヒトの生存曲線は，ア～ウのどの型に近くなるか答えよ。

（横浜国立大）

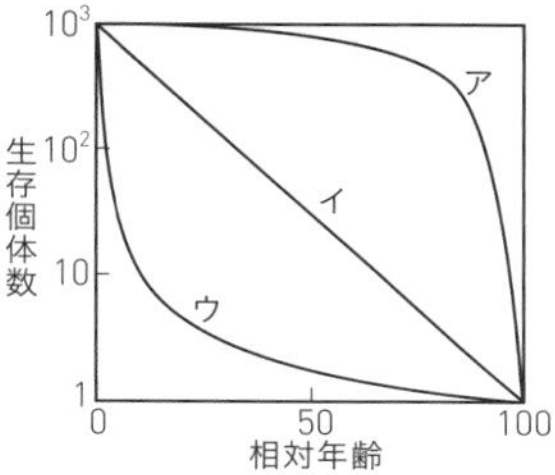

ア

1433

以下のなかから，正しいものを選びなさい。

ア　親が子の保護を行う動物では，生涯の早い時期の死亡率が低く，遅い時期の死亡率はそれに比べて高いことが多い。

イ　昆虫では親などの個体が子の保護をすることはないので，生涯の遅い時期の死亡率が早い時期に比べて高いのがふつうである。

ウ　水中で浮遊生活をする多数の子を産出する動物では，生涯の早い時期でも遅い時期でも死亡率はほぼ一定である。

（九州大）

ア

THEME 43 個体群内の相互作用

POINT

- 統一的な行動をとる同種の動物の集合を群れという。
- 動物の1個体や1家族が一定の空間を占有し，同種の他個体を寄せつけない場合，この一定の空間を縄張り（テリトリー）という。
- ミツバチ，アリ，シロアリなどのように，高度に組織化された個体群を形成して生活している昆虫を社会性昆虫という。
- オナガやバンなどの鳥類で，子育てに参加する親以外の個体のことをヘルパーという。

ビジュアル要点

動物の群れの最適な大きさ

動物は，群れをつくることで，捕食者を早く発見したり，食物を効率的に得たり，繁殖活動が容易になったりする。一方，群れをつくることで，食物をめぐる種内競争が起きたり，病気が伝染しやすくなったりする。

一般に，群れが大きくなるほど，外敵を警戒する労力（a）は減少するが，個体間の争いに費やす労力（b）は増加する。このため，（a）と（b）の和が最も小さくなる群れの大きさが，最適な群れの大きさとなる。

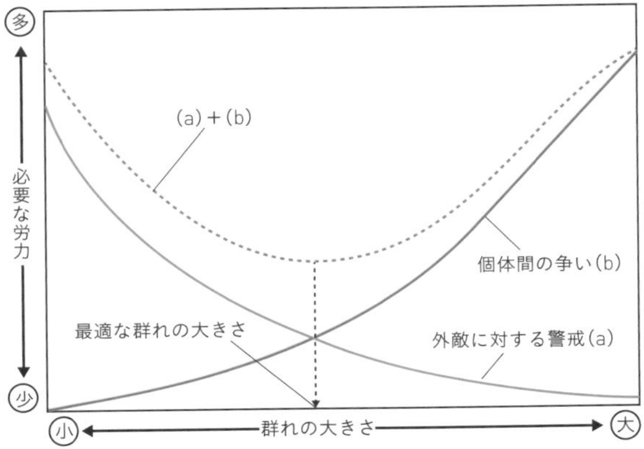

縄張りの最適な大きさ

動物の縄張りは，大きくなるほど，見回りをしたり侵入者を追い出したりするための労力が増加する。一方，縄張りが大きくなるにつれて，縄張りから得られる食物などの利益はしだいに頭打ちになる。

一般に，縄張りから得られる利益と，縄張りを守る労力との差が最も大きくなるときの縄張りの大きさが最適な縄張りの大きさとなる。

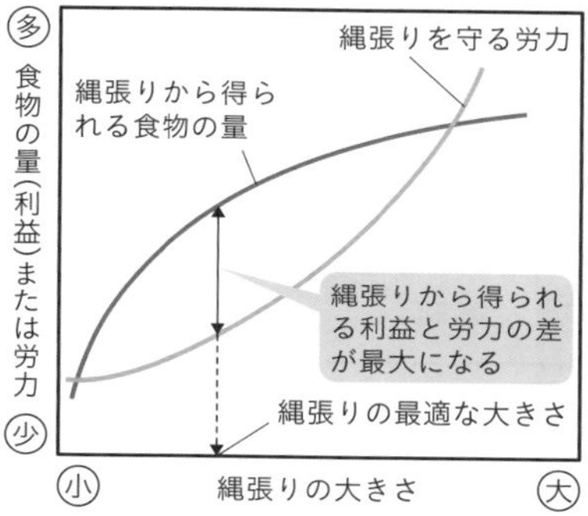

1434	集団で採食したり繁殖を行ったりする生物では，天敵に早く気づくことができたり，つがい相手を見つけやすくなる。このような多数の個体が構成する1つの集団のことを［　　］という。（岐阜大）	群れ
1435	生物によっては，一定の行動範囲を，1個体もしくは1家族で利用し，他個体が侵入した場合には闘争や追い払いの行動がみられる。このような特定の行動範囲のことを［　　］という。（岐阜大）	縄張り（テリトリー）
1436	群れをつくると，有性生殖の成功率が高まり，［　　］から逃れやすくなるなどの利点がある。（高知大）	捕食者
1437	動物個体が日常的に活動したり，移動したりする範囲は［　　］とよばれる。（宮崎大）	行動圏
1438	群れをつくることによって，［　　］を得ることや，捕食者から逃れること，配偶者の獲得が容易になるなどの効果があるといわれる。（宇都宮大）	食物

1439	縄張りをつくる利点は，おもに食物と繁殖場所や［　　］の確保である。（金沢大）	配偶者
1440	清流の魚として有名なアユでは，生息密度が［高く　低く］なると縄張りをつくらず，群れで生活する個体が多くなる。（福井県立大）	高く
1441	鳥類のなかには，つがい形成や繁殖に失敗した個体が，他個体の子育てに協力する［　　］をするものがいる。（金沢大）	共同繁殖
1442	群れの中では，個体間に優劣が生まれ，優位の個体しか繁殖できなかったり，序列にしたがって採食したりする関係が生じる場合がある。このような一定の関係を［　　］という。（岐阜大）	順位制
1443	ゾウアザラシは一夫多妻制をとる。1頭の優位な雄と，その交配相手となる多数の雌から構成される群れを［　　］という。（オリジナル）	ハレム
1444	一夫一妻制の生物では，自身の子ではない個体に対して，すなわち他個体が子育て中に，給餌や防衛に協力し，［　　］として関与する場合がある。（岐阜大）	ヘルパー
1445	ミツバチはコロニーを形成し，コロニーでは生殖個体と非生殖個体が共存し，労働の分業や共同育児を行うなど，高度に組織化されている。このような昆虫を［　　］とよぶ。（東京医科歯科大）	社会性昆虫
1446	ハチやアリには繁殖に専念する女王と，女王の繁殖を助ける不妊のワーカーや兵隊などの分業がみられ，このようなシステムを［　　］制という。（金沢大）	カースト

1447	社会性昆虫に対し，適応度を拡張した概念を[　　　]とよぶ。（関西学院大）	包括適応度
1448	群れる利益として考えられる記述として<u>誤っているもの</u>を選べ。 ア　個体どうしが近くに寄り添うことで，伝染性の病気の蔓延を防ぐことができる。 イ　個体群密度が高まるので，交配相手に遭遇する機会が増える。 ウ　多くの個体が同時に警戒することで，敵の接近をいち早く察知できる。 エ　多くの個体で探索することで，食物の多い場所を効率よく見つけることができる。（センター試験生物追試）	ア
1449	縄張りに関連する記述として最も適当なものを選べ。 ア　縄張りを形成する生物種では，個体群内のすべての個体が縄張りをもつ。 イ　縄張りが大きいほど，縄張りをもつ個体が得る利益は小さくなる。 ウ　縄張りの大きさは，個体群密度に依存しない。 エ　縄張りの機能は食物や繁殖場所，交配相手の確保である。（センター試験生物）	エ

THEME 44 異種個体間の関係

POINT

- ある一定地域に生息するいくつもの種の個体群の集団をひとまとめにして生物群集という。
- 2種の生物の食う食われるの関係を被食者ー捕食者相互関係という。
- 異種個体群どうしが，食物や生活空間などの共通の資源をめぐって競い合うことを種間競争という。
- 生物群集の中のある種が，食物連鎖，生活空間，活動時間などにおいて占める地位を生態的地位（ニッチ）という。

ビジュアル要点

● 生物群集

生物群集内において，各個体群は，種内競争や種間競争，食う食われるの関係など，さまざまな相互作用のもとで生息している。

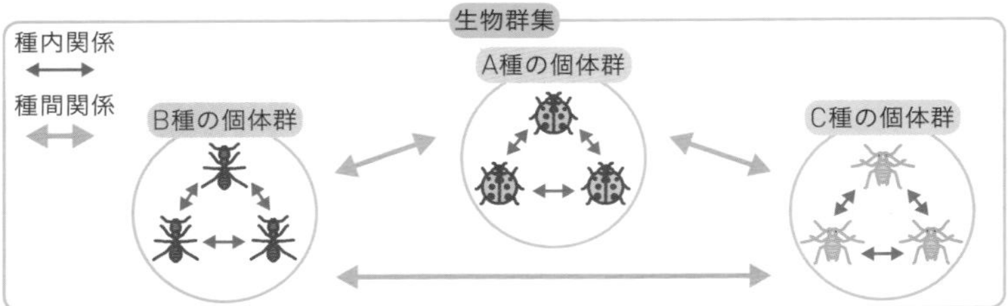

● 被食者と捕食者の個体数の変動

一般に，被食者が減少すると，食物不足により捕食者も減少する。捕食者が減少すると，被食者は増加する。このように，被食者と捕食者の個体数は，周期的に増減することが多い。

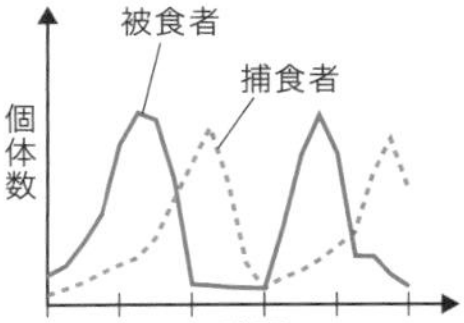

種間競争

ゾウリムシとヒメゾウリムシを１つの容器内で混合飼育すると，生活空間や食物をめぐって種間競争が起こり，やがてゾウリムシは絶滅する。このように，種間競争によって一方の種が排除されることを**競争的排除**という。

ゾウリムシとミドリゾウリムシを混合飼育すると，それぞれが要求する資源が異なっているため共存できる。

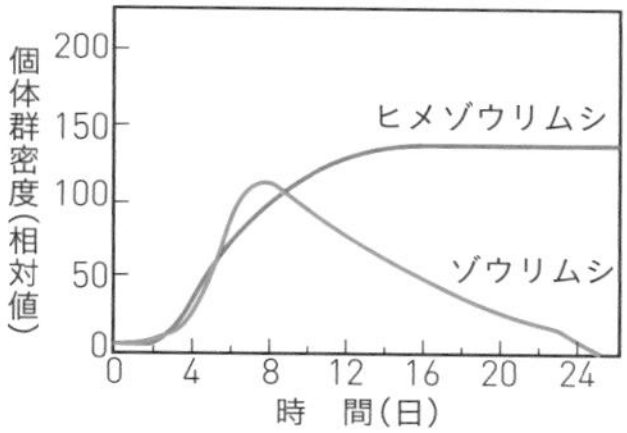

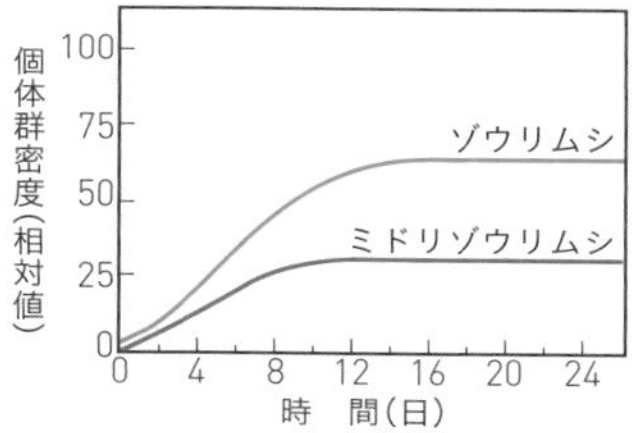

1450	いくつもの種類の生物の個体群が相互関係をもちながら集まって形成される集団を［　　］という。（岩手大）	生物群集
1451	異なる種の間で，食物，生活場所，光，栄養分などをめぐって競い合う現象を［　　］という。（センター試験生物）	種間競争
1452	ニッチが類似した２種の生物個体群を同じ容器で飼育すると，一方の個体群が著しく減少する現象を［　　］とよぶ。（近畿大）	競争的排除
1453	ある種が生活空間，食物連鎖，活動時間などの中で占める位置は［　　］とよばれる。（横浜国立大）	生態的地位(ニッチ)
1454	地理的に大きく異なる地域の生物集団内で同じ生態的地位を占める種を［　　］という。（岩手大）	生態的同位種

1455	異種の生物間には，しばしば資源をめぐる競争が生じる。生態的地位が重複する生物間ほど，種間競争は[強く　弱く] なる。（山形大）	強く
1456	えさとなる対象が似ている種間では，生息場所や活動時間を変えることによって，［　　］がみられる場合もある。（宮崎大）	すみわけ
1457	近縁種であっても，ある条件を変えることにより共存できる場合がある。特に，食べ物の種類を変えることで共存できるすみわけを一般的に［　　］という。（慶應義塾大）	食いわけ
1458	競争関係にありながら共存している2種の生物の生態的地位を考えた場合，2種の生態的地位の重複する度合いが［大きい　小さい］ほど競争関係が強くなる。（東京農工大）	大きい
1459	種間競争によって生態的地位が変化し，生物の形態や性質などの特徴に違いが生じると種の共存が可能になる場合がある。この現象は［　　］とよばれ，共進化の一例として知られている。（横浜国立大）	形質置換
1460	動物は食物を食べなければ生きていけない。食う方の生物を［①］，食われる方の生物を［②］とよび，両者の個体数は周期的に変動することが多い。（東京農業大）	①捕食者 ②被食者
1461	ハダニを捕食するカブリダニと，ハダニを同じ飼育容器で飼育して，両種が長期的に共存した場合には，ハダニだけを飼育した場合と異なり，ハダニの個体数は［周期的に変動する　ほぼ一定になる］。（山形大）	周期的に変動する
1462	被食－捕食関係にある場合，捕食者の個体数は，被食者の個体数が増加した後に［①］し，減少した後に［②］する。（静岡大）	①増加 ②減少

1463	被食ー捕食関係にある場合，被食者の個体数は，捕食者の個体数が増加した後に［ ① ］し，減少した後に［ ② ］する。（静岡大）	①減少 ②増加
1464	異なる生物種間における，食べたり食べられたりする関係は，［ ］とよばれる。（富山大）	被食者ー捕食者相互関係
1465	異種の生物が，互いにまたは一方が相手の存在によって利益を受けている関係を［ ］という。（茨城大）	共生
1466	寄生する方を［ ① ］，される方を［ ② ］という。（茨城大）	①寄生者 ②宿主
1467	別種の個体が一緒に生活する関係のなかには，一方の種の個体だけが利益を得て，他方の種の個体は不利益を受けるような関係もふつうにみられる。この関係を［ ］とよぶ。（鹿児島大）	寄生
1468	互いが利益を得るような種間関係を［ ① ］という。それに対して，一方のみが利益を受けて，他方は利益も不利益も受けない場合を［ ② ］という。（名古屋市立大）	①相利共生 ②片利共生
1469	花の花粉を運ぶミツバチのように，被子植物の受粉を媒介する動物のことを［ ］という。（オリジナル）	送粉者
1470	多くの捕食者は他方で被食者でもあるため，2種の生物間で生じる相互作用の程度は，食物連鎖を通じた［ ］により，その2種以外の生物の影響を受けることがある。（センター試験生物）	間接効果

1471	ラッコのように，生態系のバランスを保つのに重要な役割をはたしている種を［　　］という。（横浜国立大）	キーストーン種
1472	海岸の岩場では，ヒトデがイガイを捕食することで，フジツボがイガイと共存できている。この共存は，フジツボとイガイの競争関係において［優位　劣位］なイガイをヒトデが捕食することで成立している。（神戸大）	優位
1473	外部の要因によって既存の生態系やその一部が破壊される現象を［　　］という。（センター試験生物）	かく乱
1474	［　①　］なかく乱が発生すると生態系は破壊されるが，［　②　］なかく乱が発生した場合は，かく乱に強い種や種間競争に強い種も含めて多様な生物が共存できるようになり生物の多様性は増す。（島根大）	①大規模 ②中規模
1475	中規模のかく乱が起こる場合，生物群集内により多くの種が共存できるという考えを［　　］という。（オリジナル）	中規模かく乱説
1476	競争的排除の生じやすさは，捕食者の影響を受けることもある。例えば，競争に［　①　］種だけが捕食され，競争に［　②　］種が捕食されない場合には競争的排除が生じにくい。（山形大）	①強い ②弱い
1477	［大規模　中規模　小規模］なかく乱がみられる場所では，かく乱に強い少数の生物しか生存できず，共存できる種数が減少する。（山形大）	大規模

☑ 1478	種間競争の例として最も適当なものを選べ。 ア　貧栄養な土地に草本植物２種をそれぞれ複数個体植えたところ，一方の種が土壌中の窒素を効率よく吸収したため，他方の種が排除された。 イ　肉食性のキツネの個体数が激減した数年後に，同じ地域内のウサギの個体数が増加した。 ウ　アブラムシは，甘い汁をアリに提供し，アリによって天敵から守られる。 エ　ある種のハチの幼虫は，チョウの幼虫の体内にもぐり込んで組織を食べることにより，最終的にチョウの幼虫を殺す。　（センター試験生物）	ア
☑ 1479	生態的地位に関する記述として誤っているものはどれか。 ア　異なる大陸に生息している形態や生活様式が似た生物は，適応放散の結果として生態的地位が異なることが多い。 イ　生態的地位の分割があると，利用する資源がそれぞれ異なる多くの種の共存が可能になる。 ウ　生態的地位をめぐる競争の結果，形質置換が起こった場合には生態的地位が変化する。 エ　種間競争に強い生物種を食べる捕食者の存在は，生態的地位の似た生物の種数を増加させることがある。　（東京医科大）	ア
☑ 1480	共生に関する記述で，適切でないものを選びなさい。 ア　共生とは種類の異なる生物が関係しあいながら生活している現象のことである。 イ　共生している生物が互いに利益を得ている場合は相利共生とよぶ。 ウ　共生している生物のうち，片方は利益を享受するが片方は不利益を受ける関係の場合は片利共生とよぶ。 エ　相利共生の例としてアリとアブラムシがある。　（明治大）	ウ

1481	イソギンチャクとクマノミの共生関係を示す根拠として不適切なものを選べ。 ア　クマノミの排泄物や食べ残しは，イソギンチャクの食物となっている。 イ　イソギンチャクは，クマノミが一緒にいる方が成長速度が速い。 ウ　クマノミは，イソギンチャクを食べる魚を追い払っている。 エ　クマノミを捕食する魚は，イソギンチャクも捕食する。（筑波大）	エ
1482	片利共生と考えられる生物の組み合わせを選べ。 ア　アブラムシとオオクロアリ イ　ナナフシと木の枝 ウ　サメとコバンザメ エ　モンシロチョウの幼虫とアオムシコマユバチ （岩手大）	ウ
1483	相利共生の例として最も適当なものを選べ。 ア　ミミズが鳥や昆虫などの多くの動物に食べられることで，生態系が維持される。 イ　鳥類などでみられるヘルパーは，自らは繁殖をせずに，両親の子育てを助ける。 ウ　ミツバチは，植物の花の蜜や花粉から栄養分を得ており，植物はミツバチに花粉を運んでもらうことによって，受粉が行われる。 エ　アリのワーカーは生殖に参加せず，食物の運搬や幼虫の世話などを行う。（センター試験生物追試）	ウ
1484	生体間で直接栄養分を提供し合うことで，利益を相互に与えている組み合わせを選びなさい。 ア　クマノミ－イソギンチャク イ　シイタケ－シイ ウ　ダイズ－根粒菌 エ　ハチドリ－トケイソウ（横浜国立大）	ウ

1485	食う方の生物の影響を受けて食われる方の生物に生じた適応に関する記述として誤っているものを選べ。 ア　ハトは，他個体と一緒に移動したり採食したりすることで，単独でいる場合よりも素早くタカの接近を察知できる。 イ　植物には，昆虫に対して毒性をもつ化学物質を生産したり，枝や葉に鋭いトゲを発達させたりするものがある。 ウ　ホッキョクグマは，背景の氷とよく似た白色の毛をもっており，アザラシから見つかりにくい。 エ　夜間に飛びまわるガの仲間には，コウモリが発する超音波を聴くと，翅をたたんで急降下し，コウモリに進行方向を予測されにくくするものがいる。 （センター試験生物）	ウ
1486	かく乱の例として最も適当なものを選べ。 ア　草原は，しだいに森林に変化する。 イ　アユは，川底の大きな石についた藻類を独占するため，侵入した他個体を追い払う。 ウ　根粒菌は，窒素化合物を植物に提供し，植物から炭水化物を受け取る。 エ　ヤンバルクイナは，人間が導入したマングースのため絶滅した。 （センター試験生物）	エ

THEME 45 生態系における物質生産

POINT

- 植物群集の同化器官と非同化器官の空間的な分布を**生産構造**という。
- 一定面積内の生産者が一定期間内に生産した有機物の総量を**総生産量**という。
- 栄養段階において，1つ前の段階のエネルギー量のうち，その段階でどれくらいが利用されるかを示した割合を**エネルギー効率**という。

ビジュアル要点

生態系の成り立ち

生物は，独立栄養生物である**生産者**と従属栄養生物である**消費者**に分けられる。消費者のうち，有機物を無機物に分解する菌類・細菌を**分解者**という。

生態系の中では，炭素や窒素といった物質や，エネルギーの移動が起きている。

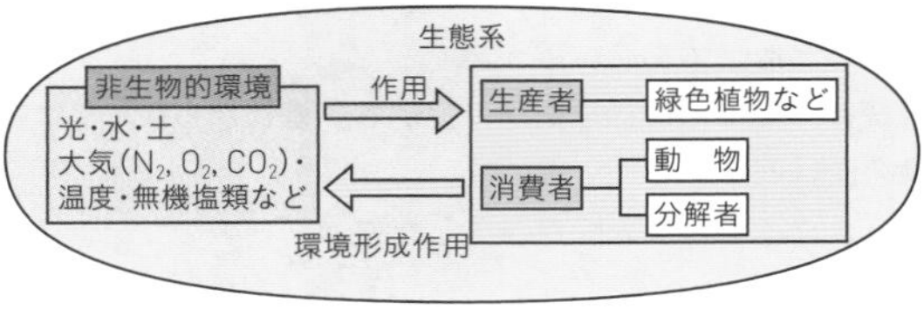

生産構造

草本植物の生産構造は，広い葉が上部に水平につく**広葉型**と，細長い葉が斜めにつく**イネ科型**に分けられる。

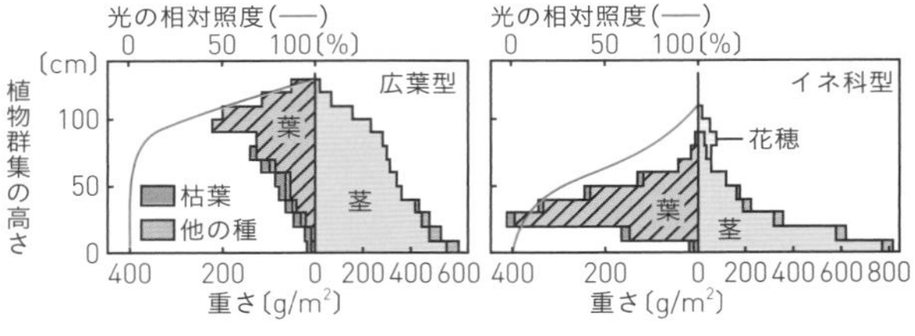

物質生産

・生産者の生産量と成長量

純生産量＝総生産量－呼吸量

成長量＝純生産量－（被食量＋枯死量）

・消費者の同化量と成長量

同化量＝摂食量－不消化排出量

成長量＝同化量－（呼吸量＋被食量＋死滅量）

・エネルギー効率

$$\text{生産者のエネルギー効率（\%）}=\frac{\text{総生産量}}{\text{太陽の入射エネルギー量}}\times 100$$

$$\text{消費者のエネルギー効率（\%）}=\frac{\text{その栄養段階の同化量}}{\text{1つ前の栄養段階の同化量}}\times 100$$

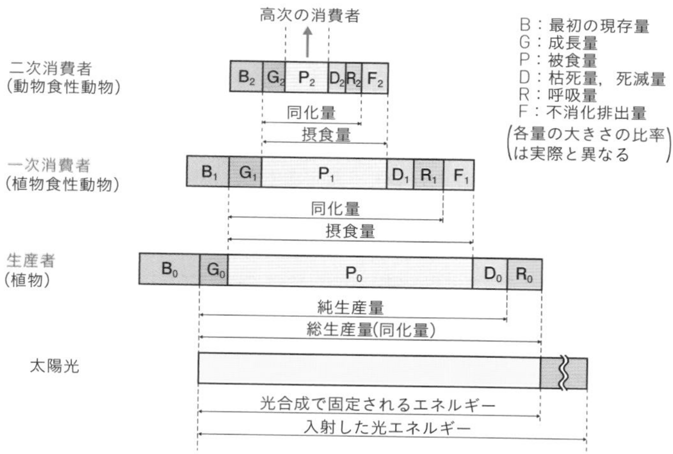

1487	ある地域に生息しているすべての生物と，それをとりまく環境を一つのまとまりとしてとらえたものを［　　］という。（埼玉大）	生態系
1488	大気中の［ ① ］は植物によって吸収され，その中に含まれる炭素は［ ② ］によってつくられる有機物に取りこまれる。（北里大）	①二酸化炭素 ②光合成
1489	植物によって合成された有機物は，植物自身に利用されるだけでなく，動物のような消費者によって食べられた後，［ ① ］によって分解され，一部は再び［ ② ］になる。（北里大）	①呼吸 ②二酸化炭素
1490	生態系の中にあって光合成などにより有機物を産生する生物を［　　］という。（自治医科大）	生産者
1491	植物のような独立栄養生物がつくった有機物を，直接または間接的に取りこんで生活する従属栄養生物を［　　］という。（熊本大）	消費者
1492	有機物を合成している植物は生産者，植物を食べる植食動物は［ ① ］，［ ① ］を食べる動物は［ ② ］とよばれ，それぞれの栄養段階に区分される。（愛媛大）	①一次消費者 ②二次消費者
1493	生物の遺体や排出物などに含まれる有機物中の炭素は，［　　］である微生物の呼吸によって大気中に戻っていく。（京都工芸繊維大）	分解者
1494	生態系では，生産者は無機物を取りこんで有機物とする［　　］生物であり，光合成を行う植物や植物プランクトンである。（関西大）	独立栄養

1495	生産者が生産した有機物は，最終的には［　　］や細菌によって無機物にまで分解される。（関西大）	菌類
1496	被食者と捕食者の連続的なつながりは食物連鎖とよばれており，栄養分の摂り方によって生物を段階的に分けるとき，これを［　　］という。（岡山大）	栄養段階
1497	生物が非生物的環境から受ける影響を［①］といい，生物が非生物的環境におよぼす影響を［②］という。（千葉大）	①作用 ②環境形成作用
1498	捕食や競争，共生など，生物間にみられる関わりあいは［　　］とよばれる。（金沢大）	相互作用
1499	植物体の地上部分の形によって，直立形，ロゼット形，つる形のように植物を分類したものを［　　］という。（オリジナル）	生育形
1500	植物群集におけるエネルギーの生産に関係する器官と関係しない器官の空間的分布状態を［　　］という。（関西大）	生産構造
1501	生産構造を調べる方法を［　　］とよぶ。（関西大）	層別刈取法
1502	植物の物質生産は，おもに同化器官である［　　］で行われる。（宇都宮大）	葉
1503	ある植物群落において，地表から一定の高さごとに階層に分け，各階層にどれだけ同化器官と非同化器官が分布しているのかを示した図を［　　］という。（宇都宮大）	生産構造図

1504	草本植物の生産構造は，広い葉が水平に上部につく植物にみられる［①］と，細長い葉を斜めにつける植物にみられる［②］に分けられる。（オリジナル）	①広葉型 ②イネ科型
1505	木本植物の生産構造は，［同化器官　非同化器官］が上層部から下層部までの多くの部分を占めているのが特徴的である。（オリジナル）	非同化器官
1506	生態系内で生産者が光合成によって生産する有機物の総量は，［　］とよばれる。（九州工業大）	総生産量
1507	ある時点で一定空間内に存在する生物量のことを［　］という。（オリジナル）	現存量
1508	総生産量から呼吸量を差し引いたものを，生産者の［　］という。（センター試験生物追試）	純生産量
1509	純生産量から被食量と枯死量を差し引いた残りが，生産者の［　］となる。（九州工業大）	成長量
1510	生産者の純生産量は次のようになる。 純生産量＝［①］－［②］（明治大）	①総生産量 ②呼吸量
1511	消費者の摂食量から不消化排出量を引いた値は［　］とよばれる。（福岡教育大）	同化量
1512	幼齢林では，森林の成長とともに［同化器官　非同化器官］の現存量が増えるため，総生産量が増加していくが，高齢林では総生産量がほぼ一定の値となる。（獨協医科大）	同化器官

1513	消費者の同化量から消費者自身の呼吸量を引いた値が生産量となる。この生産量から［　　］と被食量を引いた値が，その消費者の成長量となる。（福岡教育大）	死滅量
1514	水界では，ある水深になると光の量が少なくなり，植物プランクトンの純生産量が0になる。このときの水深を［　　］という。（オリジナル）	補償深度
1515	生産者によって生態系内に取りこまれたエネルギーは，各栄養段階の生物の間を有機物とともに［①］エネルギーとして移動し，最終的に［②］エネルギーとして生態系から系外へと移動する。（獨協医科大）	①化学 ②熱
1516	［　　］とは，食物連鎖の各栄養段階において，前段階で利用されたエネルギーのうち，その段階でどのくらいのエネルギーが利用されたかを示したものである。（宮崎大）	エネルギー効率
1517	一定期間内に各栄養段階で獲得されるエネルギー量を，ピラミッド状に積み重ねたものを［　　］という。（オリジナル）	生産力ピラミッド
1518	生物群集の物質の生産と消費に関する記述のうち，正しいものを選べ。 ア　成長量と呼吸量と死滅量の合計が純生産量になる。 イ　生産者の被食量は一次消費者の摂食量と等しい。 ウ　生産者の純生産量は総生産量より大きくなる。 （近畿大）	イ

1519	生産者の純生産量を表す式として最も適当なものを選べ。 ア　純生産量＝成長量＋被食量＋枯死量 イ　純生産量＝成長量＋被食量－枯死量 ウ　純生産量＝成長量－被食量＋枯死量 エ　純生産量＝成長量－被食量－枯死量 （センター試験生物追試）	ア
1520	以下の記述のうち，誤りはどれか。 ア　現存量＝同化量－呼吸量 イ　消費者の成長量＝生産量－（被食量＋死滅量） ウ　純生産量＝総生産量－呼吸量 エ　生産者の成長量＝純生産量－（被食量＋枯死量） （自治医科大）	ア
1521	食物網を通して生態系内での物質とエネルギーの移動が起こる。生態系内の物質循環とエネルギーの流れに関する記述として最も適当なものを選べ。 ア　生態系内の物質の移動は一方的で，生態系内を循環することはない。 イ　捕食者が捕食により獲得した有機物の量が，捕食者の同化量となる。 ウ　どの生態系でも，高次の消費者ほど同化量は小さくなる。 エ　生態系内を移動したエネルギーは，最終的に化学エネルギーとして大気中に放出される。 （センター試験生物追試）	ウ

1522	生物群集のエネルギーの流れに関する記述のうち，正しいものを選べ。 ア　一次消費者より二次消費者の方が，多くの場合そのエネルギー効率は小さくなる。 イ　一次消費者より二次消費者の方が，その利用できるエネルギー量は大きくなる。 ウ　深海などの一部を除いて，生物群集が利用するエネルギーの起源は太陽光エネルギーである。　（近畿大）	ウ
1523	窒素同化や光合成を経て生産された有機物は，さまざまな栄養段階の生物を介して生態系の中を移動する。この過程に関する文として正しいものを選べ。 ア　消費者の摂食量のうち，消化されずに排出される分を不消化排出量とよび，具体的には糞や尿がこれに相当する。 イ　消費者の同化量から被食量と死亡量を差し引いたものを成長量とよぶ。 ウ　二次消費者は通常，生態ピラミッドの頂点に位置するため，これより上位の栄養段階が存在することはまれである。　（愛知教育大）	ア

THEME 46 物質循環

POINT

- 大気や水に含まれる二酸化炭素（CO_2）は，生産者に吸収され，光合成による有機物の合成に利用される。
- 合成された有機物は，呼吸によって二酸化炭素（CO_2）として体外に放出される。
- タンパク質や核酸，ATP，クロロフィルなどの窒素を含む有機物を有機窒素化合物という。
- 有機窒素化合物を合成するはたらきを窒素同化という。植物は無機窒素化合物から有機窒素化合物を合成することができる。
- 大気中の窒素（N_2）を取りこんでアンモニウムイオン（NH_4^+）にするはたらきを窒素固定という。

ビジュアル要点

植物の窒素同化の流れ

①大気中の窒素は，根粒菌などの窒素固定細菌によってNH_4^+になる。
②土壌中のNH_4^+は，亜硝酸菌や硝酸菌などによって硝酸イオン(NO_3^-)になる。
③植物は，土壌中のNH_4^+やNO_3^-を根から吸収し，有機窒素化合物を合成する。

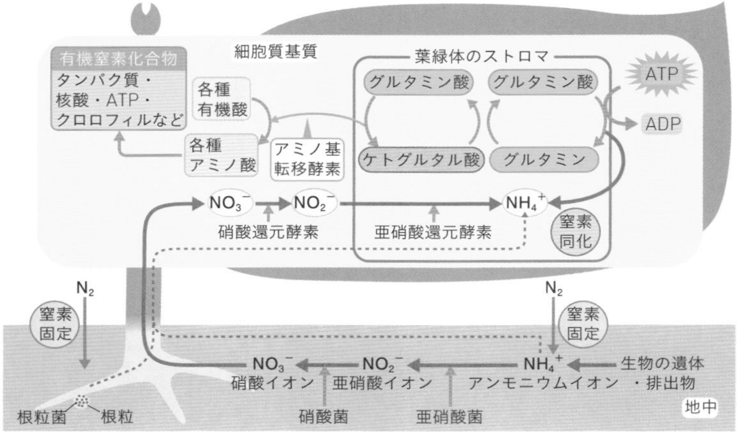

1524	有機物に蓄えられた太陽光のエネルギーは，最終的に［　　］となり，生態系の外に放散される。（オリジナル）	熱エネルギー
1525	下記の各物質のうち，窒素原子を含むものを選び，記号で答えよ。 ア　ヘモグロビン　　イ　グルコース　　ウ　脂肪酸 （愛知教育大）	ア
1526	土壌中のアンモニウムイオンは亜硝酸菌と硝酸菌のはたらきで硝酸イオンになる。これらの細菌はあわせて［　　］とよばれる。（島根大）	硝化菌
1527	土壌中では，生物の遺骸や排出物などに含まれる有機窒素化合物が分解されて生じるNH_4^+が［　　］となり，最終的にはNO_3^-に変化する。（茨城大）	NO_2^-
1528	NH_4^+が酸化されてNO_3^-になる反応を［　　］とよぶ。（山形大）	硝化
1529	アンモニウムイオンを硝酸イオンに変える反応に関与する細菌には，［　①　］菌と［　②　］菌がある。（関西大）	①亜硝酸 ②硝酸 （順不同）
1530	利用されずに残った硝酸イオンは，ある種の細菌のはたらきで窒素に変えられ，大気中に放出される。これを［　　］という。（関西大）	脱窒
1531	多くの植物は，硝酸イオンやアンモニウムイオンの形で土壌中に存在する無機窒素を根から吸収して有機窒素化合物の合成に用いている。このはたらきは［　　］とよばれる。（山形大）	窒素同化

1532	NH_4^+のほとんどは土壌中で硝酸イオンに変わり，これが植物に吸収される。硝酸イオンは［　　］を通って葉の細胞に輸送される。（中央大）	道管
1533	硝酸イオンは細胞質で亜硝酸イオンになる。この反応に関与する酵素を［　　］という。（中央大）	硝酸還元酵素
1534	アンモニウムイオンは植物体内で［　　］と結合し，グルタミンがつくられる。（島根大）	グルタミン酸
1535	グルタミンのアミノ基はケトグルタル酸に渡され，続いて別の有機酸を経て，さまざまなアミノ酸となる。この反応の触媒となる酵素は［　　］である。（茨城大）	アミノ基転移酵素
1536	グルタミンとケトグルタル酸は，グルタミン酸合成酵素の作用によって［　　］分子のグルタミン酸となる。（中央大）	2
1537	植物の窒素同化では，酵素のはたらきで，グルタミン酸とアンモニウムイオンから［　　］が合成される。（センター試験生物）	グルタミン
1538	窒素は大気中で約［　　］%を占めているが，多くの生物は，大気中の窒素を直接利用することができない。（関西大）	80
1539	ある細菌は，大気中の窒素を取りこんでNH_4^+に還元することができる。このようなはたらきを［　　］とよぶ。（宮崎大）	窒素固定

1540	水田などに生息する（　　）の一種であるネンジュモや，土壌中のアゾトバクターなどの細菌は窒素N_2を取りこんでアンモニウムイオンに変えることができる。（島根大）	シアノバクテリア
1541	窒素固定を行う生物のうち，植物の根に共生するものを（　　）という。（愛知教育大）	根粒菌
1542	ある細菌は，植物から与えられる有機物をエネルギー源として窒素固定を行い，アンモニウムイオンをその植物に提供する。このように互いに利益を与え合って生活している関係を（　　）という。（島根大）	相利共生
1543	動物は，［無機窒素化合物　有機窒素化合物］を直接または間接的に取り入れて利用している。（関西大）	有機窒素化合物
1544	タンパク質を構成するアミノ酸のうち，ヒトの体内では合成できないか合成量が不十分で，食物から摂取が必要となるものを（　　）とよぶ。（弘前大）	必須アミノ酸
1545	硝化菌についての記述として，適切でないものを選べ。 ア　独立栄養生物である。 イ　化学合成細菌である。 ウ　光リン酸化を行う。（北里大）	ウ

THEME 47 生態系と生物多様性

POINT

- 生物多様性には，小さい方から順に，遺伝的多様性，種多様性，生態系多様性の3つの階層がある。
- 本来の生息場所から移されてきて定着した生物を外来生物という。
- 人類が生態系から得ている，食料や薬品の原料，景観などの恩恵を生態系サービスという。

ビジュアル要点

生物多様性

・遺伝的多様性：個体群における遺伝子の多様性のこと。遺伝的多様性が大きい個体群は，環境が変化しても，その変化に適応できる個体がいる可能性が高い。

・種多様性：生態系における生物種の多様性のこと。一般に，種数が多く，どの種も均等に生息しているほど多様性が高いと評価される。

・生態系多様性：森林や草原，湖沼，海洋など多様な生態系が存在すること。

かく乱と生物多様性

火山の噴火や山火事などのような大規模なかく乱が起こると，生態系のバランスがくずれ，生物多様性は低下する。これに対し，台風により森林にギャップができるような中規模なかく乱が一定の頻度で起こる場合，生物多様性は増すことがある。

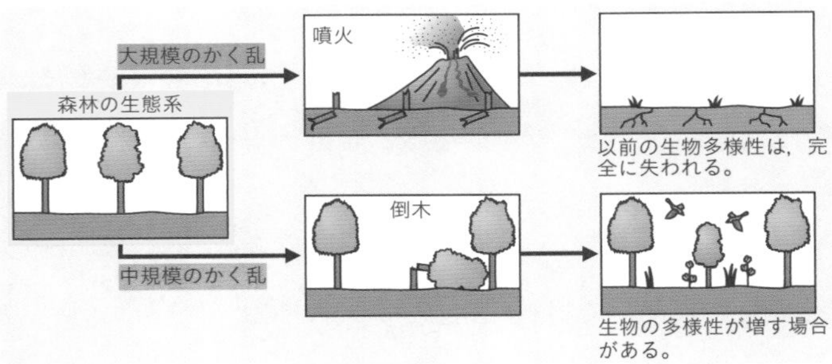

分断化と孤立化

ある生物の個体群の生息地で，宅地開発が進んだり，道路が通ったりすると，生息地が小さく **分断化** される。これによりできた小さな個体群を **局所個体群** という。また，それぞれの局所個体群が，他の個体群から隔離された状態になることを **孤立化** という。

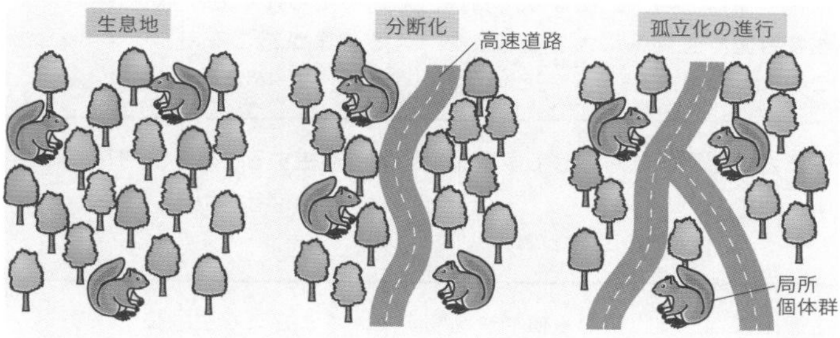

絶滅の渦

個体群が分断化され，孤立化が進行すると，局所個体群では近親交配などによって生物の出生率が低下する。その結果，遺伝的多様性が減少して，環境の変化に適応できなくなり，さらに個体数が減少する。このようにして個体数が減少した局所個体群は， **絶滅の渦** に巻き込まれ，容易にはもとの個体数にもどすことができなくなる。

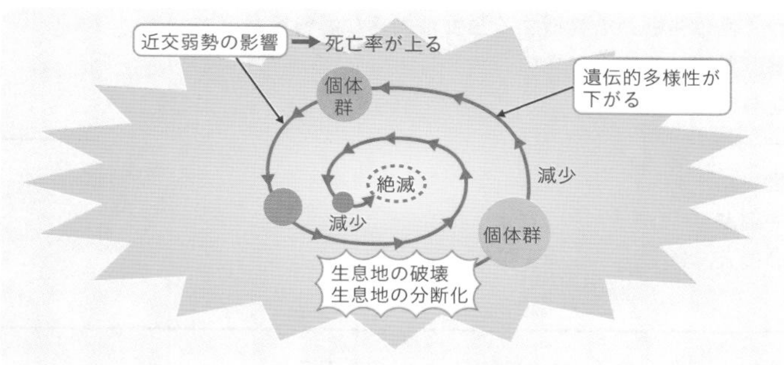

1546	地球上に存在する生物は，形態，生理，行動，生活様式などさまざまな面で多様である。生物が多様であることを［　　］という。（宇都宮大）	生物多様性
1547	自然界では，噴火，山火事，台風，河川の氾らんなど，生物群集や生態系に大きな影響を与える現象が起こる。このような現象を［　　］という。（宇都宮大）	かく乱
1548	さまざまな環境に対応して多様な生態系が存在することを［　　］という。（茨城大）	生態系多様性
1549	生態系には，微生物から植物や動物まで，さまざまな生物種の個体群が含まれている。このような，ある生態系における生物種の多様さを［　　］という。（茨城大）	種多様性
1550	同じ種であっても，山地や海洋などによって離れている個体群どうしでは，遺伝子の構成が異なっていることが多い。このような，同種内における遺伝子の多様性を［　　］という。（茨城大）	遺伝的多様性
1551	かく乱は生態系を構成する生物に大きな影響を及ぼす。とりわけ，生物多様性のなかでも［　　］多様性に影響を与える。（早稲田大）	種
1552	世界的には，土地利用の改変による生物の生息地の消失や道路が開通することによる土地の［　　］，外来生物の侵入，過剰な生物の採取などが共通した問題である。（島根大）	分断化
1553	孤立化が進んで個体数が減少した個体群内では［　　］交配が起こりやすく，繁殖力や生存率が低下することがある。（琉球大）	近親

1554	生息地が分断されることによって孤立した個体群を（　　　）という。（琉球大）	局所個体群
1555	個体数の減少は（　　　）多様性の減少につながり，環境の変化に対する適応進化を困難にする。（神戸大）	遺伝的
1556	絶滅の要因の一つとして，動物では，近親交配の確率が高まり，産子数や子の生存率が低下することが挙げられる。この現象を（　　　）とよぶ。（神奈川大）	近交弱勢
1557	野生生物はさまざまな要因によって個体数を減少させているが，その減少自体が加速要因となり，さらに個体数の減少を引き起こすことになる。このような悪循環に陥った状況を（　　　）という。（岐阜大）	絶滅の渦
1558	種多様性が［高い　低い］生態系は，かく乱を受けた場合に物質生産，種数，個体数を一定の範囲内で安定させることは難しい。（岐阜大）	低い
1559	人間の活動によって，本来の生息場所から本来生息していない場所へ移され，そこで定着した生物を（　　　）という。（琉球大）	外来生物
1560	近い将来絶滅のおそれのある生物を（　　　）という。（岐阜大）	絶滅危惧種
1561	環境省と農林水産省は，在来の生態系に及ぼす影響が特に大きな外来生物を（　　　）に指定し，オオクチバスもその１つに選定している。（岡山大）	特定外来生物

1562	環境省は，絶滅の恐れのある野生生物種の生息状況などをまとめた＿＿を刊行している。（岡山大）	レッドデータブック
1563	人里とその周辺にある農地や雑木林などでは，人間の継続的なはたらきかけによって多様な生物が維持されてきた場所がある。このような場所を＿＿とよぶ。（愛知教育大）	里山
1564	最近では，＿＿によると考えられる極地や高山帯の生物の絶滅が危ぶまれている。（島根大）	地球温暖化
1565	大気中の二酸化炭素やメタンなどは，地表面から放射される熱エネルギーを吸収し，その熱の一部は地表面に向かって放射されるため，これらの成分が増えると地表面や大気の温度は上昇する。この現象を＿＿という。（早稲田大）	温室効果
1566	大気中の二酸化炭素は，地表から放出される［赤外線　紫外線］を吸収し，その一部を再放射して地表や大気を暖める。（茨城大）	赤外線
1567	人間が生態系から受ける恩恵を＿＿といい，これの持続的な享受には，生態系のバランスを保ち，生物多様性を保全することが重要である。（札幌医科大）	生態系サービス
1568	種多様性について最も適切なものを選びなさい。 ア　ある生態系における全生物種に占める絶滅危惧種の割合によって評価される。 イ　生息する生物の種類の多さと，それぞれの種の個体数の均等さの2つの尺度から評価される。 ウ　生態系ピラミッドの頂点に位置する生物種のタイプによって評価される。（早稲田大）	イ

1569

生物多様性に関する記述として最も適当なものを選べ。
ア　ある個体の遺伝的多様性は，その個体が環境変動を乗り越えて生存することによって高くなる。
イ　生態系多様性は，その生態系に含まれる生物の種数と，それらの種が相対的に占める割合で決まる。
ウ　ある個体群の遺伝的多様性が高いと，環境の変化に対応できる個体が存在する可能性が高いため，環境が変化してもその個体群は絶滅しにくい。
エ　一般に，かく乱が中規模で適度にはたらく場合には，強いかく乱や弱いかく乱の場合に比べ，種多様性は低くなる。　（センター試験生物）

ウ

1570

近親交配は子の生存力や繁殖力を低下させることがある。その理由として最も適当なものを選べ。
ア　生存や繁殖に不利な遺伝子の転写・翻訳が，促進されるため。
イ　遺伝子に突然変異が，生じやすくなるため。
ウ　生存や繁殖に不利な顕性対立遺伝子が，ホモ接合になりやすくなるため。
エ　生存や繁殖に不利な潜性対立遺伝子が，ホモ接合になりやすくなるため。　（センター試験生物追試）

エ

1571

次の文章のうち，適切なものを選べ。
ア　生息地が分断化された個体群の方が，分断化されていない同数の個体群よりも絶滅する可能性が高い。
イ　近親交配は，有害遺伝子がヘテロ化する可能性が高まるため避けるべきである。
ウ　日本のライチョウの生息地に，海外に生息するライチョウの近縁種を放鳥することで，日本のライチョウの保全につなげることができる。　（岐阜大）

ア

1572	生息地の分断化に関して誤っているものを選べ。 ア　分断化された生息地の中心部は，周縁部に比べて外界からの影響が大きく，生息環境として安定していない。 イ　分断化された生息地の間を道路や線路を越えて横断しようとする生物が現れ，交通事故による死傷個体が増える。 ウ　分断化された生息地間のカメの移動が制限され，それぞれの生息地内で繁殖することになり，近親交配が起こる確率が高まるため，近交弱勢を招くおそれがある。 エ　分断化されたそれぞれの生息地では，分断化されていない単一生息地よりも絶滅確率が高まる場合がある。（岐阜大）	ア
1573	北米から日本の湖沼やため池に持ちこまれた［　　　］は在来の魚類や水生昆虫を捕食により著しく減少させている。空欄に入る特定外来生物を選びなさい。 ア　ゲンゴロウ　　イ　ソウシチョウ ウ　ブルーギル　　エ　ミヤコタナゴ（信州大）	ウ
1574	日本における外来生物を選べ。 ア　テン　　イ　オオクチバス ウ　ハブ　　エ　ヤンバルクイナ（島根大）	イ
1575	日本のレッドリストに記載されている生物の組み合わせとして最も適切なものを選べ。 ア　ブナ，イタドリ イ　ソメイヨシノ，シロツメクサ ウ　キキョウ，セイタカアワダチソウ エ　タガメ，アマミノクロウサギ（東京農業大）	エ

高校生物 一問一答 さくいん

※この本に出てくる用語を 50 音に配列しています。
※数字は用語の掲載ページ数です。

英数字

あ

い

う

え

お

か

MEMO

MEMO

MEMO

MEMO

ランク順 高校生物 一問一答 改訂版

PRODUCTION STAFF

ブックデザイン
高橋明香(おかっぱ製作所), 小林祐司

キャラクターイラスト
関谷由香理

監修
赤坂甲治

図版制作
(有)熊アート

編集協力
(株)オルタナプロ, (株)シー・キューブ, (株)ダブルウイング, 佐野美穂, 高木直子

組版
(株)四国写研

印刷
(株)リーブルテック